幼儿园公用活动室研究丛书

丛书主编 虞永平 副主编 郑楚楚 张春霞

幼儿园民间游戏馆

编　著　沈艳凤　沈珍珍

编写人员　沈艳凤　沈珍珍　孙伟青　秦秀娟
吕文艳　邱娟娥　沈小英　周华倩
孙　翊　刘小娟　钱一凡　王弘阳
刘佳宇　李晴燕　陈春红　沈一凡
沈伟芳　苏惠华　陈　青　潘学琴
周旭青　钱　婷　李晓萍　陈芳英

南京师范大学出版社

图书在版编目(CIP)数据

幼儿园民间游戏馆 / 沈艳凤，沈珍珍编著. —南京：南京师范大学出版社，2024.5

(幼儿园公用活动室研究丛书 / 虞永平主编)

ISBN 978-7-5651-5867-4

Ⅰ. ①幼…　Ⅱ. ①沈… ②沈…　Ⅲ. ①幼儿园—教室—环境设计　Ⅳ. ①G617

中国国家版本馆 CIP 数据核字(2023)第 182544 号

书　　名	幼儿园民间游戏馆
编　　著	沈艳凤　沈珍珍
丛 书 名	幼儿园公用活动室研究丛书
丛书主编	虞永平
丛书副主编	郑楚楚　张春霞
丛书策划	张　莉
责任编辑	张泽芳
出版发行	南京师范大学出版社
地　　址	江苏省南京市玄武区后宰门西村 9 号(邮编:210016)
电　　话	(025)83598919(总编办)　83532185(客户服务部)　83375685(区域渠道部)
网　　址	http://press.njnu.edu.cn
电子信箱	nspzbb@njnu.edu.cn
照　　排	南京开卷文化传媒有限公司
印　　刷	南京迅驰彩色印刷有限公司
开　　本	787 毫米×1092 毫米　1/16
印　　张	13.25
字　　数	264 千
版　　次	2024 年 5 月第 1 版
印　　次	2024 年 5 月第 1 次印刷
书　　号	ISBN 978-7-5651-5867-4
定　　价	42.00 元

出 版 人　张　鹏

总　序

——让公用活动室成为给予孩子的宝贵礼物

这套丛书的筹备灵感源自两个方面：一是对幼儿教育深刻的理解和对幼儿成长需求的敏锐洞察，二是高质量学前教育发展对于幼儿园环境创设、保教质量提升的现实要求。

在瑞吉欧体系中，“环境”被视为儿童的“第三位老师”。空间环境是儿童成长、游戏的场所，也是儿童发展的重要资源。当教室无法满足儿童不断拓展的内在需要和发展需求时，公用活动室作为一种独立于教室之外的公共环境和活动空间，就成为幼儿园中一片蕴藏着无限可能和发展机会的创意天地。有效地创设和利用幼儿园公用活动室，能够满足幼儿游戏、操作、探索和学习的需要，为幼儿园实践保教活动、提升保教质量助力。幼儿园公用活动室的规划和运用不仅仅是空间设计，更是对高质量学前教育理念的践行。

多年来，在《幼儿园工作规程》《幼儿园教育指导纲要（试行）》等的倡导下，各级各类幼儿园陆续开始筹备和建设幼儿园公用活动室，但对于活动室的定位、材料配备、课程建设、科学使用和管理仍在探索阶段。为此，我们在全国范围内邀请了在公用活动室建设和使用上卓有成效的十余所幼儿园，分享他们在公用活动室筹建、发展、使用和管理中的宝贵经验和智慧结晶，汇编成了这套“幼儿园公用活动室研究丛书”。

整套丛书涵盖了科学、艺术、游戏、民俗、阅读、工程、生活等各类主题的公用活动室。每一本书都是对一个活动室多元功能的深度挖掘。书中不仅会详细展示幼儿园公用活动室的布置、区域的规划、材料的投放和管理，而且提供了大量完整、鲜活、优质的公用活动室活动方案，呈现出公用活动室是如何提供一个充满想象力和探索欲望的环境，成为儿童生活和教育互动的一部分，并为儿童多样化的探索和表达提供机会和可能的。我们希望通过这套丛书，为幼儿园教育者、家长以及关心幼儿成长的所有人在幼儿园公用活动室的建设和使用上提供启发和指导。

丛书的顺利出版离不开社会各界的支持和帮助。感谢所有参与丛书编写的成员幼儿园，是你们的实践探索和慷慨分享，使得丛书的诞生成为可能。感谢南京师范大学研究生李可心、向诗雨、郭诗怡为书稿撰写做出的前期研究工作。感谢南京师范大学出版社学前教育分社张莉总编为丛书出版发行所付出的辛劳。

衷心希望“幼儿园公用活动室研究丛书”能够成为幼儿教育的得力助手，为幼儿的快乐成长添砖加瓦。愿每一位读者都能在这套丛书中找到灵感，让公用活动室成为给予幼儿的宝贵礼物，为幼儿创造一个充满欢笑和美好的世界！

谨以此序，献给所有关心幼儿成长的您。

郑楚楚

民间游戏馆:园本课程建设的一块试金石

苏州市吴江区横扇幼儿园围绕“民间游戏”的研究已有20年的历史,这条孜孜不倦的探寻之路,我们走得既艰辛又欢乐。艰辛的是为了这种“草根”式的研究,我们付出了太多的精力,遇到了太多的困难与质疑;欢乐的是我们能和孩子一起回到童年,祖辈家长、父辈家长与幼儿园建立起深厚的情感联结,幼儿园的团队更具凝聚力,更具温情。民间游戏馆是一直在研究又屡被放弃的一个存在。每当研究热情高涨,积累一定研究成果的时候,民间游戏馆就会在克服种种困难中立足于幼儿园内;而每当幼儿园被其他事务所累,放松研究时,民间游戏馆的创建就会被搁置。回首二十年里民间游戏馆的浮浮沉沉,折射着我们幼儿园园本课程建设之路的曲曲折折,也反映了我们横幼人不屈不挠为儿童追寻最适宜课程的决心和毅力。

首先,民间游戏馆是幼儿园特色课程实施的重要基地。幼儿园关注到特色资源的引入,有了初步的课程建设的意识。民间游戏馆作为班级活动的补充,儿童可以在馆内玩“七巧板”“挑花线”“炒蚬子”等游戏,玩到了从来没有玩过的游戏,体验到了更多类型的游戏,丰富了一日活动,获得了新的技能和经验。

其次,民间游戏馆是园本课程建设的实验场。有一段时间,幼儿园正在尝试以各个民间游戏为切入口,架构主题活动,鼓励教师观察发现幼儿在民间游戏活动中的兴趣和问题,并以此为出发点,生成主题活动。因此,民间游戏馆成为各班的热点活动场所,在馆内幼儿可以投入到更多的民间游戏中,教师也更有机会发现幼儿的兴趣点。例如在民间游戏馆的洋片区域活动,教师观察到幼儿对洋片上的人物形象感兴趣,于是和幼儿展开讨论,生成了“好玩的洋片”主题活动。

再次,民间游戏馆是园所活动的交会点。新学期一开始,小班幼儿在大班哥哥姐姐带领下,来到民间游戏馆,参观、体验各类民间游戏。由于民间游戏馆面积大、活动场景多，在排班时基本以两个班级共同活动为主，也有多个班级的部分幼儿一起活动，这样就形成了各方面的交叉，幼儿、教师、班级等都有交会的机会。在一些特定的节日里，例如端午、民间游戏节、春节等都是园所大型活动的一个交会点。由于民间游戏馆的存在，让全园24个班级的幼儿、教师有了更多交会的机会，彼此之间建立起更多的联结。

最后，民间游戏馆是园本课程建设的试金石。目前我园的园本课程已完成初步的架构，三个年龄段的主题活动内容涉及方方面面。民间游戏馆在开展有关民间游戏、节庆、自然的主题活动时，不管是主题资源的提供，还是活动方式的启发，都能发挥很好的辅助功能，甚至有时候起到关键的作用。例如在开展“家乡的羊毛衫”主题活动时，在民间游戏馆的线绳区，幼儿可以感受各种各样的线绳，利用馆内特制的工具开展纺线、编织等活动。

通过建设一个馆，管理一个馆，我们收获的不仅仅是民间游戏馆的精彩纷呈，更多的是对课程建设进阶式的认识，在课程实践上的不断改进、修正和良性循环演进。

目录

第一章　民间游戏馆简介

民间游戏历史悠久，花样繁多。随着时光流逝，时代发展，经过一代又一代人口口相传的游戏，慢慢成为人们回忆中具有年代感的快乐童年的代名词。这些民间游戏似乎需要我们像保护文物一样去收藏、爱护，然而它们也是具有生命力的，如果被引入幼儿园，它们将继续发挥无穷的魅力，成就一代又一代人的童年欢乐。民间游戏馆正是幼儿园传承和创新民间游戏的一种举措，更是幼儿园课程建设的真实需求。

一、民间游戏馆的创建背景

幼儿园民间游戏馆是指根据幼儿的年龄特点，充分考虑特定的民间游戏样式与特定的材料、活动空间等因素，在幼儿园建立的符合幼儿发展要求的，幼儿能够理解、乐意接受、愿意实践的民间游戏体验与实践的特定场所。

（一）民间游戏馆的创建依据

幼儿园创建民间游戏馆并非求新求异的心血来潮，而是依据有关法律法规，充分考虑幼儿园的实际情况，满足幼儿活动需求的教育实践探索。

1. 游戏是儿童的基本活动

民间游戏馆的创建从某种意义上来讲，就是在贯彻落实《幼儿园教育指导纲要（试行）》（以下简称《纲要》）、《幼儿园工作规程》等国家指导性文件中有关“游戏是幼儿的基本活动”的精神。《纲要》强调，幼儿园应与家庭、社区密切合作，共同为幼儿的发展创造良好的条件。幼儿园教育应充分尊重幼儿作为学习主体的经验和体验，尊重他们身心发展的规律和学习特点，以游戏为基本活动，引导他们在与环境的积极相互作用中得到发展。

中共中央办公厅、国务院办公厅印发的《关于实施中华优秀传统文化传承发展工程的意见》倡导“中华优秀传统文化要贯穿国民教育始终”。幼儿园作为国民基础教育的基础，对于传承中华优秀传统文化有着不可推卸的责任。民间游戏是地方文化的重要组成部分，蕴含着当地人的生活方式、思维模式、民情习俗，同时又是幼儿喜闻乐见的娱乐方式，将其融入幼儿园的课程中具有重要的教育价值，是对当地民间文化的传承与创新。因此，幼儿园设置了民间游戏馆这一公共区域，期望幼儿在民间游戏馆中体验、感受到民间游戏这一优秀传统文化的魅力。

2. 幼儿园课程需要游戏化

2014 年，江苏省教育厅的“幼儿园课程游戏化”建设项目，提出了“以游戏精神为切入点，全面实施幼儿园课程改革，贯彻落实《3—6 岁儿童学习与发展指南》”项目建设目标。课程游戏化改革需要每一所幼儿园践行游戏精神，因地制宜地优化课程，提升保教质量。幼儿园的课程建设需要有丰富的课程环境来支持，民间游戏馆作为一个特定的公共区域，在课程服务上起着独特的作用。课程建设需要丰富多样的课程资源，民间游戏作为课程资源可以丰富幼儿园的课程内容、提升课程的多样性。在课程资源开发中，幼儿园将民间游戏这一非物质资源的开发作为幼儿园课程资源开发的一项重点内容来加以研究。在收集、整理、开发与运用民间游戏的研究过程中，幼儿园意识到民间游戏对于课程建设的重要性，并将民间游戏馆的创建作为课程资源开发的一种重要途径。园本课程建设的实质就是促使幼儿园课程更加具有适宜性、有效性，更好地促进幼儿的发展，从而全面提升幼儿园的保教质量，实现高质量的发展。民间游戏馆作为幼儿园课程建设中的一个部分，体现了幼儿园课程建设以幼儿为出发点的课程建设理念。民间游戏馆的建设与实践活动也是在实现课程规划，关注幼儿、教师自下而上的参与，让课程更具有情境性，更加生动、有趣。

3. 满足幼儿游戏的需求

幼儿的学习特点是“直接感知、实际操作、亲身体验”，游戏是幼儿园最基本的活动方式。民间游戏馆的创建，就是为了满足幼儿的游戏需求，为幼儿提供一个具体的、有趣的、丰富的游戏场景。幼儿游戏的需求包括幼儿自己创设游戏环境、寻找游戏材料、展开游戏情境、分享游戏经验等。民间游戏馆的“博物”“游戏”“资源”三个中心可以满足幼儿的这些需求。“博物中心”“游戏中心”的环境是由幼儿和教师一起创设的，且每学期根据幼儿的兴趣变化进行调整。幼儿参与“资源中心”各类游戏材料、工具和数据资源的收集和管理。在民间游戏馆，幼儿自主选择、自由结伴开展各类游戏活动，通过肢体、语言、绘画、制作等来表征游戏、分享经验。

（二）民间游戏馆的创建目的

民间游戏馆为幼儿创设了特定的游戏条件，作为班级开展游戏活动的补充，也为幼儿开展多样化游戏提供了可能。幼儿园民间游戏馆，为幼儿创造了一片自由的天地，让民间游戏成为幼儿的一种自然生活方式，赋予幼儿园民间游戏灵活性与开放性，让民间游戏充分发挥其自然性与未完成性，不断生发出新的民间游戏来。

1. 传承文化，延续民间游戏

民间游戏脱胎于丰富的民间传统文化，自带深厚的文化底蕴，是一种历久弥新的文明遗产。民间游戏也是家庭文化传承的媒介，家庭中最初的母婴游戏是人类文化演进历程中保留下来的游戏范式，游戏在这种形式和内容的传承中成为文化的一种载体。民间游戏传递着家庭生活的共同记忆，同时影响着不同时代儿童的文化价值观，培育着一个民族中儿童的文化性格。民间游戏馆的创建不是单向刻板的文化复制，而是融合时代特征进行的文化筛选和延展，不断传承人类文明的优秀成果。

民间游戏因其丰富的功能与价值而具有了传承的必要性，但社会的剧烈转型导致当代民间游戏面临传承的困境。幼儿园通过积极利用外部有利的游戏资源，引导家庭的游戏观念，在创建和实践民间游戏馆的过程中，积极发挥民间游戏传承的主导作用。从文化的角度讲，本真的传统民间游戏既是对历史文化的肯定，也是对历史文化的传承。民间游戏馆内展示民间游戏演变的过程，幼儿通过观看实物玩具和游戏视频资料，在与材料、同伴和成人的互动中认识民间游戏的器具，理解民间游戏的由来与发展。在民间游戏馆内幼儿进行民间游戏的体验，尝试制作游戏器具，自主参与、自由活动，在实践中感受民间游戏的多样性、趣味性和所蕴含的文化内涵。

2. 联结生活，提升保教质量

民间游戏大多数来源于人们的生活与生产劳动，所使用到的器具基本以日常生活中常见的物品为主，或就地取材，或稍加改造。幼儿玩民间游戏就需要在生活中取材，在游戏的过程中了解现在的、父辈的及祖辈的生活。幼儿在民间游戏馆里体验到的游戏与生活息息相关，在不同的季节中玩不同的游戏，例如在春季放风筝、踢毽子、斗草等，在夏季拍大麦、赛龙舟、捉蜻蜓、打水仗等。民间游戏馆的创设所提供的玩具、材料、工具等都来源于幼儿的生活，在游戏探究中，幼儿能够与生活建立起多元的联结，不但可以在馆内玩民间游戏，还可以在日常生活中玩这些游戏，例如午饭后与小伙伴一起“挑花线”“叠手绢”，户外活动时三三两两一起“斗鸡”“捉虫”“斗草”，幼儿将游戏与生活无缝对接，将生活与游戏相互融合，自然他们所感受到的是自由、自主、愉悦，师幼互动也得以改善，保教质量得以提升。

3. 增进童趣，获得独特体验

民间游戏之所以源远流长，最主要是因为它能带给孩子无穷的乐趣。幼儿也愿意长时间地投入到他们喜欢的活动中，在兴趣的引导下，体验到游戏带给他们身心的愉悦和发展，例如在翻洋片游戏中感受到力的方向、力的大小、产生力的不同方式。这些都是他们主动探究所得，一个翻洋片高手对于力的掌握可以纯熟到令成年人叹为观止，令小伙伴们无限崇拜。民间游戏馆内的游戏丰富多样，有各个类别，所需要掌握的技能方法各不相同，每一位幼儿都能成为某一类游戏的高手，体验到成功的快乐与自豪。这个高手也可能是某一类游戏的新手，需要向同伴学习和讨教方法。这种游戏中的同伴关系，高手、新手、熟手身份的不断切换，给幼儿的体验是独特而有意义的。

二、民间游戏馆的创建历程

民间游戏馆在幼儿园的发展中多次更换位置。直到 2005 年，随着新园的搬迁，基础设施有了保障，民间游戏馆才有了固定的场所，也真正走上了公用活动室创建与运行的实践之路，民间游戏馆的创建愿景、基础设施、教育实践等方面有了从量到质的飞跃。

（一）零散增补：民间游戏馆的雏形（2003—2013 年）

1. 一间玩民间游戏的空教室（2003—2005 年）

在民间游戏开发的过程中，幼儿园有了创设一间民间游戏室的想法。2003 年，在李炳珍园长的带领下，幼儿园的骨干教师将一间空置的活动室创建成为民间游戏室。这间民间游戏室的面积约 40 平方米，里面放置了民间游戏玩具，如皮筋、绳子、洋片等，老师们还模仿桌球台，利用旧桌子创设了一个打弹珠的场景。民间游戏室外面的走廊上用粘贴纸贴成跳房子的格子，成为孩子们玩跳房子的场地。

2. 散落于角角落落的民间游戏区域（2006—2011 年）

随着幼儿园生源的增加，民间游戏室又回归成幼儿的活动室，民间游戏室的材料被移至二楼的走廊和楼梯间。走廊里有张贴了挑花线图谱的挑花线区域，放置了蚬子壳、螺蛳壳的贝壳区域，狭小的楼梯间里创设了打弹弓和打弹珠的游戏场景，供幼儿体验和取放相应的游戏材料。

3. 预备期的民间游戏室（2012—2013 年）

随着民间游戏的深入开发，幼儿园挖掘、开发的民间游戏种类越来越多，许多教师认为幼儿园需要有一个专门的场所，让幼儿来体验民间游戏。于是，幼儿园将一间会议室改造成民间游戏室，其中陈设了各类民间游戏玩具，创设了洋片、弹珠、七巧板、蚬子壳等区域。一间不到 30 平方米的小小公用室内设置了多个区域，空间狭小，只能进行桌面的操作。此时幼儿园正处于异地新建时期，这间由会议室改造的民间游戏室，除了为幼儿的游戏增加一个特定的场所，更是为新园民间游戏馆的创建做准备。

(二) 整体设计:第一代民间游戏馆(2013—2016 年)

1. 设计图纸上的民间游戏馆(2013—2014 年)

2013 年,民间游戏馆作为幼儿园众多公用室中的一个出现在新园的设计蓝图中。2014 年,新园内装修设计师在与幼儿园的沟通中,提出了设计困惑:对于设计幼儿园的公用室如阅览室、美工室,设计师都有经验,但对于民间游戏馆,他们毫无经验,也没有参考的资料。为此,设计师向幼儿园详细了解了有关民间游戏馆的一些设想,以及横扇幼儿园开展民间游戏实践研究的历程。拿到民间游戏的相关资料后,设计师就借用了当时较为流行的"美食一条街"的设计规划,并配置了一些古色古香的桌椅板凳。在设计师眼中,民间游戏馆就是让幼儿玩一些老游戏的地方,所以在环境的色彩搭配和家具的设计上都是仿古的,希望营造一个回归过去时代的场景,让幼儿进入这个场景就能玩起民间游戏,就像演员穿上古装在影视基地就能演古装戏一样。

2. 教师现场规划的民间游戏馆(2014—2015 年)

教师们看到设计师的图纸后,对于民间游戏馆如拍戏搭景一样的环境并不满意。这些过于固定的场景、几乎全封闭的隔断,对于幼儿游戏中的交往、教师的指导等都是不方便的。在没有一个完善的方案之前,幼儿园与设计师多次沟通,希望采用动态隔断和家具摆放的形式来规划空间。于是,教师和幼儿进入新园的民间游戏馆后只有一些简单的半隔断以及橱柜、桌椅板凳。

2015 年 2 月,横扇幼儿园搬入了异地的新园,拥有一间 180 平方米的大面积民间游戏馆。经过多次研讨,邀请专家来园指导,幼儿园根据民间游戏的分类,设置了相对固定的纸类游戏区、线绳类游戏区、综合类游戏区,以及定期更换的经典民间游戏区,如洋片区、风筝区、陀螺区等。

借助这些家具,教师们将老园民间游戏室内的游戏材料搬入新园的民间游戏馆,参照班级游戏区域划分的形式,将幼儿能玩、喜欢玩的民间游戏以图文的形式呈现出来,形成一个个区域。

3. 研讨改进中的民间游戏馆(2016 年)

幼儿园通过教研活动,梳理民间游戏馆的教育价值,探寻如何更大意义地发挥这个大面积公用活动室的价值,最终决定采用"规划空间、提供材料—观察幼儿—发现问题—研讨反思—调整空间、材料—观察幼儿"这样一个实践改进的循环过程进行民间游戏馆的创建。

例如在实践中,教师们发现幼儿并不喜欢这些古色古香的家具。确实,民间游戏馆大部分的家具是深色调的,这让整个场馆显得很沉闷,幼儿自然不喜欢这样色调的民间游戏馆。通过与幼儿的交流、教师们的研讨，以及向一些专业人士请教，设计师将民间游戏馆的大多数家具的颜色改为白色，这样可以让民间游戏馆内的游戏玩具、材料以及幼儿的作品显示出丰富的色彩，让幼儿的游戏活动来丰富民间游戏馆的色彩。

教师以幼儿为中心进行民间游戏馆各类资源的筛选，充分提供与幼儿经验相联结的民间游戏资源，让幼儿在真实的活动体验中参与各类民间游戏，感受民间游戏的魅力。

（三）动态变更：第二代民间游戏馆（2017 年至今）

随着幼儿园园本课程建设的不断深入，民间游戏馆与课程的相关度越来越高，其独特价值也得到凸显，形成了包含博物中心、游戏中心和资源中心的大场馆。

随着幼儿园课程游戏化改革的深入推进，“以儿童为本”的教育思想被越来越多的教师所接受。于是以幼儿体验为中心的民间游戏馆修缮活动拉开了帷幕。幼儿喜欢玩哪些民间游戏？幼儿园摒弃原先收集整理的各类民间游戏，重新开始基于幼儿兴趣的民间游戏调查。幼儿喜欢玩哪些民间游戏玩具？他们能自己来制作游戏玩具吗？幼儿园通过提供丰富多样的玩具材料，观察幼儿与材料的互动，分析幼儿喜欢的玩具材料。幼儿喜欢在什么地方玩？喜欢和谁一起玩？在实践中多观察、多互动、多学习，儿童心中的民间游戏馆就跃然而出。民间游戏馆里有幼儿心爱的民间游戏玩具，他们可以拼七巧板、飞竹蜻蜓、骑小木马、编小网袋……民间游戏馆里有幼儿使用的多样材料和工具，他们可以用纸折甩炮，用线绕飞盘，用螺蛳壳穿项链……民间游戏馆里有幼儿喜欢的伙伴们，他们可以和弟弟妹妹们玩，和哥哥姐姐们玩，在爸爸妈妈和老师的陪伴下玩……在民间游戏馆里，他们可以选择自己喜欢的游戏区域玩，甚至是制作好玩具带着一起去户外玩。

儿童是发展的、变化的，民间游戏馆是为不同的儿童服务的，为了更好地满足不同的儿童需要，民间游戏馆一直处于修缮之中，慢慢地按照固定区域和可变动区域相结合的方式进行规划，这样一来，可变动区域成了最受幼儿欢迎的区域，他们可以有更多的自主性，从固定区域的游戏生发新的游戏活动。

三、民间游戏馆的创建要点

（一）确定民间游戏馆的创建目标

《纲要》指出，幼儿园应综合利用各种教育资源，为幼儿提供健康、丰富的生活和活动环境。皮亚杰提出过这样一个经典理论：“在构建知识的过程中，通过与环境互动所获得的直接经验十分重要。”基于以上观点，民间游戏馆的创建与实践，关注幼儿的生活与经验，关注幼儿的行动与思维，关注幼儿的体验与感受，使民间游戏馆成为幼儿园重要的课程资源，让幼儿幸福成长。

幼儿园积极引导幼儿主动参与幼儿园民间游戏馆的创建，充分发挥幼儿的创造性、好奇心与想象力，使幼儿的民间文化意识、传统美德及想象创造的意识得到相应的提高，使幼儿的民族情感、文化认同等也能得到培养。

我们参考《3—6岁儿童学习与发展指南》中各领域的目标，并根据本园幼儿的实际发展情况，制定了如下具体目标。

小班：

(1) 愿意与家人、老师一起玩简单的民间游戏。

(2) 能掌握民间游戏中的一些童谣，并会玩一些简单的民间游戏，如“踩小蛇”“甩炮”“骑竹马”“转铜钱”等。

(3) 对各类民间游戏器具感兴趣。

(4) 体验民间游戏的乐趣。

中班：

(1) 喜欢与同伴一起玩民间游戏。

(2) 知道多种民间游戏的玩法，能基本掌握。

(3) 了解民间游戏器具的由来，并愿意尝试制作。

(4) 在游戏中了解家乡特有的民间文化。

大班：

(1) 能带领弟弟妹妹一起玩民间游戏。

(2) 能熟练地玩各类民间游戏，并能有所创新。

(3) 能主动收集各类材料，制作一些简单的民间游戏器具。

(4) 知道民间游戏是由劳动人民创造出来的，为自己能创造性地玩民间游戏而自豪。

(二) 把握民间游戏馆的创建要点

民间游戏馆创建的要点是对馆内所呈现的游戏内容的把握，对场馆空间和材料的合理规划以及如何使其保持一种持续性的优化状态。

1. 民间游戏资源的梳理

幼儿园在对民间游戏的开发与利用的研究中，收集了大量的民间游戏。本着本土化、适宜性、教育性的原则，幼儿园对这些民间游戏进行整理与分析，在各类活动中直接采用和改编后运用的游戏近两百个。这么多的民间游戏不可能都在民间游戏馆内呈现，而且没有必要都去呈现。幼儿园对于民间游戏馆里的内容需要精挑细选，筛选出适合主题馆呈现的内容，进行合理的分类。幼儿园针对已开展的民间游戏，按照游戏材料的不同将其分为纸类游戏、线绳类游戏、竹木类游戏和综合类游戏四大类。还有一类不借助任务材料的肢体游戏，以视频的形式，借助民间游戏馆的互动式电子屏进行呈现。

表 1－1　民间游戏馆内的民间游戏

类别	民间游戏
纸类 (28)	放风筝、摔方宝、翻洋片、东南西北、甩炮、小飞机、纸风车、螺旋式风车、跳跳蛙、漂纸船、纸陀螺、抽乌龟、小偷上房、老鼠进笼、拉花、编花篮、顶纸、转纸杯、书扯书、报纸滚车轮、巨人脚、包糖果、水中纸花开、扎染小人跳舞、旋转彩条、拼图、比纸环等
线绳类 (23)	挑花线、钥匙扣、编手链、搓草绳、编尾巴、鸭蛋网、纺线、打电话、织布忙、龟兔赛跑、提线木偶、编花绳、跳皮筋、踩小蛇、牵绳、油豆腐匝四角、跳大绳、跳小绳、揪尾巴、拔河、穿越火线、卷炮仗、跳高等
竹木类 (30)	挑小棒、七巧板、啪啦子枪、打水枪、竹节人、蜻蜓飞飞、吹泡泡、投壶、射箭、骑竹马、独轮推车、踩高跷、赶小猪、玩花球、梅花桩、套圈、打陀螺、打弹弓、抖空竹、抬轿子、打连厢、跳竹竿、拨浪鼓、打竹板、竹地笼、竹片滑道、平衡竹圈、竹片排排队、小小演奏家、木琴等
综合类 (29)	打弹珠、踢毽子、玩沙包、捻皮筋、挑五角星、橡皮筋钉板、捉七子、转铜钱、射铜板、降落伞、翻牌、配对子、多米诺骨牌、系红绸、兔耳朵、粘粘手掌、扔石子打水漂、吹泡泡、玩泥巴、斗草、拓印、压干花、做书签、炒蚬子、抓一把、比大小、拈蚬子、蚬子壳棋等
肢体类 (22)	斗鸡、吹泡泡、摇小船、木头人、迷迷转、石头剪刀布、背萝卜、切西瓜、网小鱼、三人套圈、老狼老狼几点钟、踩影子、金锁银锁、荷花荷花几时开、炒毛豆、跨大步、娃娃推小车、踏水车、拍大麦、猜中指、抬轿子、编花篮等

2. 场馆空间与材料的留白

在民间游戏馆空间的规划设计中，通过对墙面、地面，甚至是天花板、门窗的整体设计，形成一种富有民间文化的游戏氛围，而这也不是一蹴而就的，而是从开始时的多处“留白”到慢慢填补的过程。幼儿园在建设装修时只做了最简单的吊顶，主要想让天花板方便悬挂物品，隔断方面也做了四分之一的区域，形成了既有固定的半封闭空间，又有开放式的空间，空间布局可以随时改变。不管是墙面、天花板还是门窗，都留给幼儿与教师更多的空间，以便在创建与使用过程中不断完善、不断更替。

区域的划分主要采用灵活机动的方法，运用橱柜、屏风、桌椅等物品进行隔断，形成一个个相对固定的民间游戏区域，中间的大部分地方以线绳贴纸进行分区提示，是一个个精心“留白”的地方。幼儿可根据自己的需求及时调整分区规划，让场馆的空间布局最大可能地体现其价值。我们将五大类游戏进行相对划分，纸类游戏中折纸、剪纸等制作游戏相对分区，作品及游戏材料的制作过程有固定的区域，作品的展示也有固定的区域，而运用这些制作好的物品进行游戏活动时可以选择中间画线的任意区域开展。

3. 场馆资源建设持续的优化

民间游戏馆确立了适宜的游戏内容，做好了各区域的规划和创建后，并不是一成不变的。随着各班主题活动的开展，时节的变更，幼儿园对于课程建设进程的推进，对于民间游戏馆的需求也会发生变化。例如在上半个学期里，幼儿园面向三个年龄段的幼儿在课程中安排了“民间游戏节”，让幼儿通过这个特定的节日，在近一个月的时间里集中体验、感受民间游戏。这个时候民间游戏馆就要配合节庆活动的开展，在游戏玩具展中呈现这一届幼儿收集到的玩具以及幼儿与家长共同制作的玩具说明书，或者是玩具来源的故事。班级里各类过程性展板，节庆中新改编和创造出来的民间游戏玩具、民间游戏玩法等，需要经过相应的筛选，选择有价值的加入民间游戏馆的各区域里，作为增加或者是替换。这种场馆资源建设是一种持续性的工作，也成为一种常态。为了便于资源建设的持续优化，幼儿园还在民间游戏馆的旁边开辟了一间民间游戏的资源教室，专门陈设各类民间游戏教玩具、制作材料、工具和相关的图书等。

（三）民间游戏馆创建的一般原则

1. 多样性和典型性

民间游戏馆内所展示和体验的游戏具有多样性，是本地区或者是周边地区甚至全国范围可收集到的民间游戏，民间游戏馆呈现丰富多彩的民间游戏场景以及材料，在某种程度上可以说是幼儿民间游戏的博物馆。

同时，考虑到某一阶段每个年龄段幼儿发展的需要以及兴趣点，在场馆里呈现的典型游戏有更多的变化空间与更丰富材料的提供。如大班幼儿对“翻洋片”游戏很热衷，可以在场馆里多设置“翻洋片”的不同场景，提供各种原材料，引导幼儿自制有个性的“洋片”并自创各种玩法。在这样的游戏过程中，教师通过拍照与图文的方式记录下来，再将游戏过程的场景呈现出来，激发更多的幼儿参与到这一经典游戏中来。典型性还体现在对本土民间游戏的选择上。与其他地区的民间游戏相比，本地民间游戏与当代幼儿的生活经验有更多的联系。如与本地的渔业文化相关的有网小鱼、钓鱼、摸螺蛳等游戏，这些游戏也与幼儿的生活息息相关，对于幼儿积累生活经验，以及运用已有生活经验进行活动都是有所助益的。对于年幼的孩子来说，接触本土文化，在幼小的心灵播下民族文化的种子，在某种程度上就是对于孩子文化安全的考虑。只有播下本土民族文化的种子，才有可能发芽、开花、结果，才能理性地面对外来文化。

2. 教育性和娱乐性

民间游戏能从远古时代流传至今的重要原因是其所具有的娱乐性。在为民间游戏馆选择适宜的游戏内容时，娱乐性也是教师考虑的一个重要因素。只有幼儿觉得好玩、愿意去玩的游戏才是他们真正喜欢的，他们才能主动投入其中，从而获得相应的经验和发展。而民间游戏之所以被引入到幼儿园，其中最重要的一个原因是民间游戏具有教育性，也就是说对于幼儿来说民间游戏有着独特的教育价值。在为民间游戏馆选择相关的游戏时，我们既要考虑到民间游戏的教育性，也要考虑到其娱乐性，做到两者兼顾，这样才能让民间游戏馆发挥其应有的功能。对于幼儿来说，民间游戏馆是玩游戏的地方，是一个令人开心的地方；对于教师来说，民间游戏馆是一个实施教育的地方，是一个让幼儿实现发展的地方。

3. 稳定性和动态性

民间游戏馆的创建价值之一是作为幼儿自主性学习、个别化学习的补充，所以区域分布应呈现开放式，便于幼儿根据自己的兴趣和能力，选择材料自由体验，开展互动、合作、分享、交流。要达成这样的目标，在民间游戏馆的内容设置与空间规划上要具有动态性。这样做一方面确保各区域所展示的、幼儿可体验的民间游戏是可变的；另一方面，为了满足民间游戏活动具体场景的要求，方便幼儿体验活动，需要对各区域的空间进行及时调整。民间游戏馆作为幼儿园公共区域，是为了满足所有班级所有幼儿的活动需求，每名幼儿在一个学期里甚至是一个学年中，去民间游戏馆活动的时间和机会并不是很多，对于幼儿来说，特别是小班、中班的幼儿，如果馆内所呈现的内容和环境经常变化，也不利于他们深入地开展活动，获得持续的经验。因此，场馆空间的规划既要考虑其动态性，更要保持一定的稳定性。

民间游戏馆的创建，就是从幼儿的生活出发，顺应幼儿的经验，使课程生活化、游戏化，做好民间游戏的传承与创新，从而促进幼儿的全面发展，为幼儿的一生幸福奠基。

第二章　民间游戏馆的规划设计与活动安排

民间游戏馆如何布局、如何规划，怎么才能将民间游戏这一非物质资源以幼儿能感知、可操作的方式在馆内有序地呈现出来，一直是民间游戏馆共建人在思考并实践改进的事情。历经多次更新迭代，民间游戏馆慢慢成了符合幼儿需求的游戏场所，馆内开展的活动也越来越成熟。

一、民间游戏馆的整体环境

环境的布置与设施设备的添置是幼儿园公共区域的物质基础，也是创建民间游戏馆最为关键的一个环节。民间游戏馆位于幼儿园综合楼二楼的最西面，面积达 270 平方米。民间游戏馆包括一个 180 平方米的大开间，一个 60 平方米的房间，外加一条十来米长的南北向走廊和一条 8 米长的东西向走廊，还配有一个面积约 20 平方米小型的幼儿卫生间。

（一）场馆规划的原则

民间游戏馆的规划既要将这一特定公共区域的功能发挥出来，还要让这个场馆持续地保持一定的新鲜感，吸引不同年龄段的幼儿进入其中，产生良好的互动，从而获得有益的经验。

1. 契合场馆预期的功能

幼儿来到这个公共区域后，既能感受到民间游戏各类玩具的丰富多样，又能通过多种感官体验到民间游戏的有趣好玩，还能根据自己的需求变更场馆的游戏内容。为此，民间游戏馆规划了三大中心，即博物中心、游戏中心和资源中心。

博物中心让幼儿集中体验收集、购买、自制的各类经典民间游戏玩具。这些藏品大多数是通过幼儿和家长一起收集的。博物中心为幼儿的藏品提供展示和交流的场所，也能更好地让藏品和幼儿建立起联系。游戏中心让幼儿通过与玩具、材料、同伴或成人的互动中，学会玩各类民间游戏或自制民间游戏玩具。资源中心确保了游戏中心有源源不断的材料可以更新与替换，也让幼儿在游戏中心玩过的民间游戏器材、材料、工具得以进入各个班级，让民间游戏延伸到班级中，让各类活动之间形成互通。这三个中心的规划，让民间游戏馆的博物、体验、操作功能得以实现。

2. 符合游戏特征的分类

在收集到的众多民间游戏中，幼儿园对于符合幼儿年龄特点的游戏进行了梳理，并根据游戏的特征进行了分类。目前对于民间游戏的分类包括三大类：一类是用到特定材料制作玩具的，有纸类民间游戏、线绳类民间游戏、竹木类民间游戏、综合类民间游戏；另一类是不需要借助任何材料和器具的肢体类民间游戏，例如“石头剪刀布”“斗鸡”“摇小船”等；还有一类是需要借助特定场景的场景类民间游戏，例如“抢四角”“捉蚂蚁”“打水漂”“龙头龙尾”等。其中馆内的游戏中心选择了用到特定材料制作玩具的这四类游戏，并筛选其中适合在室内开展的游戏进行规划，分为纸类游戏区、线绳类游戏区、竹木类游戏区及综合类游戏区。而博物中心的另一条长廊里有相应的模拟场景，展示场景类游戏，让幼儿在户外特定场所开展的民间游戏活动与模拟场景对应起来，从而与民间游戏馆建立联系。不借助器材的肢体类游戏，则通过一体机以视频、图片的形式向幼儿展示，让幼儿感受到民间游戏的丰富多样、有趣好玩。

（二）场馆规划的布局

民间游戏馆分为博物中心、游戏中心和资源中心三大板块。博物中心设置在通道里，借助墙面打造了立体展示架，集中展示老玩具，还在另一个通道内设置了玩民间游戏的模拟场景。游戏中心根据民间游戏玩具所用到的主要材料来划分区域，目前包括纸类游戏区、线绳类游戏区、竹木类游戏区和综合类游戏区。资源中心设置在隔壁的一个独立房间，放置有关民间游戏的各类资源，有玩具、材料、工具，暂时不用的家具、摆设，替换的游戏展示架等。三大中心的设置体现了民间游戏馆博物、体验、操作的功能：博物中心的玩具藏品拓宽幼儿的视野，激发幼儿活动的兴趣；游戏中心满足幼儿游戏、操作的需求；资源中心为幼儿的操作提供物质保障。三个中心相互依存，互为联通。

民间游戏馆平面示意图，如下图所示：

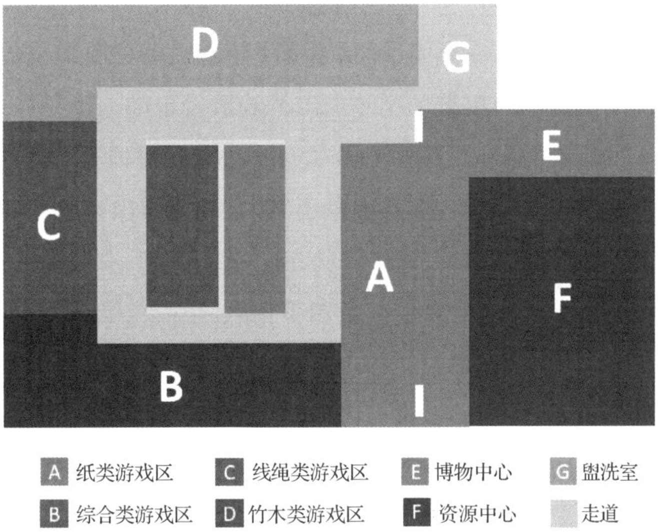

▲吴江区横扇幼儿园民间游戏馆布局示意图

上图 A、B、C、D 为民间游戏馆的游戏中心：A 为纸类游戏区，B 为综合类游戏区，C 为线绳类游戏区，D 为竹木类游戏区；E 为民间游戏馆的博物中心；F 为民间游戏馆的资源中心；G 为民间游戏馆配套幼儿卫生间。

二、民间游戏馆区域设置与材料设备

（一）博物中心

博物中心是一个微型的民间游戏玩具博物馆，在这个微型博物馆里，幼儿可以是参观者、体验者，也可以是创建者、探究者。博物中心的每一个藏品都配有一个展示架，架子上有与各类玩具所匹配的文字介绍、关于这个玩具的故事的二维码等。

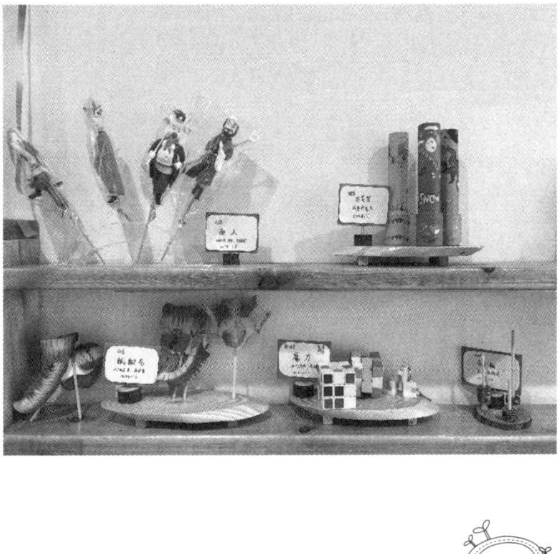

1. 老玩具

老玩具展示区借助走廊的一面墙，展示了五十余种由幼儿收集来的老玩具，每个老玩具的背后都有一个有意思的故事。这些老玩具的数量也随着每一届幼儿的参与而不断增加。每年，幼儿园都会发布收集倡议，在大厅举办老玩具展览活动。展览过后，精选一些展品，与幼儿及家长达成一致，愿意捐献出来的，幼儿园出具收藏证书，为这件藏品编制身份小档案，标明藏品的名称、来源，以及发生在这件老玩具身上的故事。为了把这些生动有趣的故事呈现给幼儿，藏品主人录制了音频，生成二维码，教师可以通过扫码，让幼儿听听老玩具和小主人的故事。

2. 幼儿制作的玩具

收集来的老玩具代表着属于幼儿长辈们的童年时光，幼儿制作的民间游戏玩具代表着他们自己童年的快乐。幼儿制作的玩具能够被选为藏品来展示，是通过幼儿在游戏中心各区的制作精选出来的。每一个被收藏的作品，都能得到一份幼儿园出具的收藏证书，上面会标明这件藏品的主人身份等信息。如果小主人有自己的故事和有意思的想法，还可以通过绘画和语音等方式表征出来，这样来到民间游戏馆的幼儿和成人都能了解到这件藏品的来源以及藏品背后的故事。藏品的小主人更是感到自豪，也会抱有更饱满的热情，参与到民间游戏馆的各项活动中。

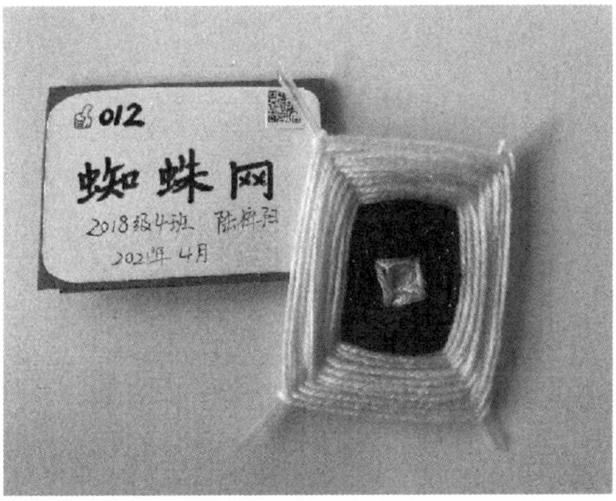

3. 游戏模拟场景

游戏模拟场景的设置是为了弥补场景类游戏无法进入民间游戏馆的遗憾。这些相对固定的模拟场景与视频区所呈现的游戏视频、图片形成动静互补。教师和幼儿合作，借助通道的橱柜、墙角等区域，创设了“跳皮筋、滚铁环、抢四角”等游戏场景。在制作和摆设陈列的过程中，幼儿对于游戏特定的场景中的空间位置，游戏中人物与人物之间的关系有了更深刻的理解，这也有利于他们在真实的场景中开展游戏。面对这些游戏模拟场景，幼儿还可以对应到幼儿园或者是园外其他场所的具体游戏情境，在看一看、聊一聊中表征游戏。

（二）游戏中心

游戏中心包括纸类游戏区、线绳类游戏区、竹木类游戏区和综合类游戏区。这四个区是根据民间游戏所用到的玩具的主要材料来划分的。游戏中心东南西北四个方位正好对应四个游戏区角，进门靠东墙的是纸类游戏区，靠南墙是综合类游戏区，西面是线绳类游戏区，北面是竹木类游戏区，东西两个区域内以南北向的木质矮墙作为隔断。各区放置游戏玩具、材料，供幼儿操作的桌椅等物品也作为各区的隔断，让四个游戏区形成相对独立的空间，呈半封闭的状态。在这样的区域里，幼儿可以沉浸其中不被打扰，而教师可以观察到整个游戏中心内幼儿活动的情况。

游戏中心作为整个民间游戏馆最为重要的场所，各区域都包含了这一类民间游戏的呈现，民间游戏的体验，游戏玩具的制作以及材料、工具的陈列。在民间游戏馆的游戏中心，幼儿与材料、同伴、成人的互动更多，也更容易展开探究游戏。（各区域游戏材料等详见第三章到第六章）

(三) 资源中心

资源中心是民间游戏馆的物资保障，主要存放了各类民间游戏玩具和制作玩具的原材料、工具、暂时闲置的家具、展板等物品，还有以电子形式存放在资源中心两台电脑中的相关游戏视频、照片、活动指导方案、相关课程文档等数据资源。

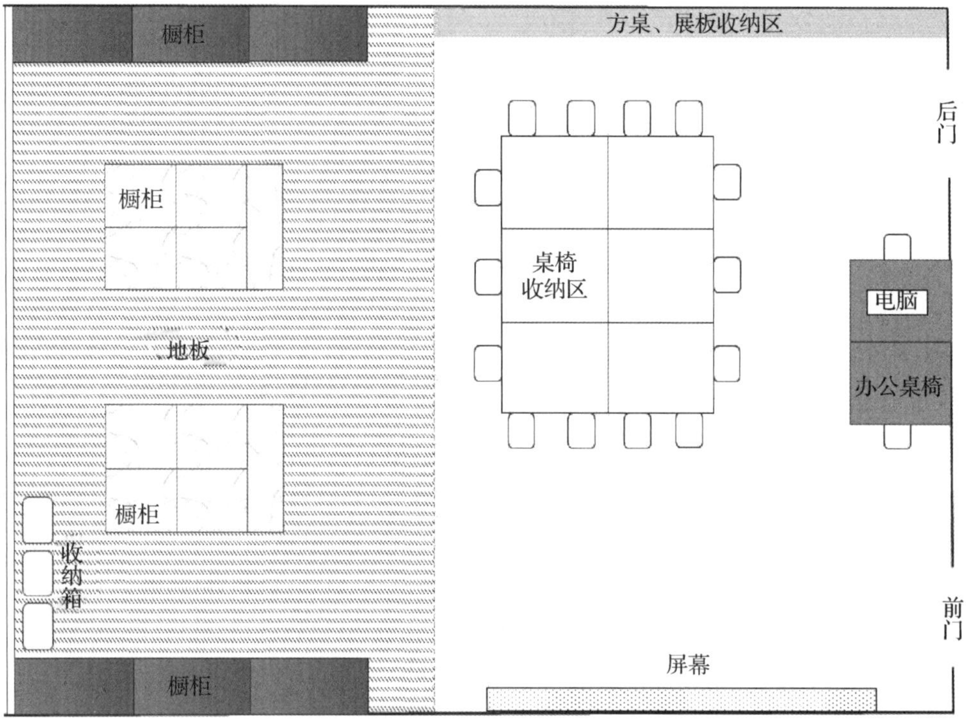

▲资源中心布局示意图

1. 民间游戏玩具

各类滚铁环、高跷、跳绳等游戏材料都分类放置在一个个的篮筐里，摆放在一排排的货架上。这些材料可以满足游戏中心区域更换新的主题，也可以用于班级开展相关的民间游戏活动。例如部分中班幼儿在民间游戏馆竹木区里体验了高跷，对这个游戏很感兴趣，大家都要去尝试，这个时候就可以到资源中心来申请借用各类高跷，到户外开展活动。等到探究活动告一段落，幼儿再将高跷归还，由教师协助做好相关的记录。

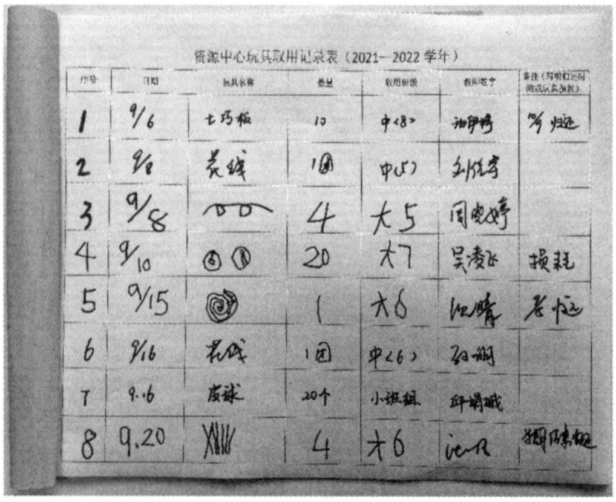

2. 制作玩具的原材料和工具

各类用于制作民间游戏玩具的原材料或者半成品以及相关工具也分门别类地摆放在货架上。我们会将这些材料随时补充到游戏中心各区域,例如幼儿在纸类游戏区制作洋片时发现硬卡纸缺少了,就可以到资源中心来申领。

3. 暂存的家具等物品

资源中心里有一类材料占了三分之一的空间,就是这些暂时闲置的橱柜、桌椅、展板。此外,还有一些用于节庆活动的场景布置类材料,有的是购买来的,例如大型的风车、彩旗等,以及上一届幼儿制作的有关民间游戏的海报、记录板,这些都需要保存起码两年以上。例如大班幼儿举办民间游戏节时可以将前两年的材料拿出来,回顾活动,激发新的创造。

4. 数据资源

数据资源被存放在资源中心的两台电脑里,电脑连接投影设备,将调取的资料投影到墙面上,可以让进入资源中心的人员都清楚地看到相关的视频、图片、文档等材料。这些数据资源使幼儿园实现民间游戏资源的数据化，便于存储与取用，也能为幼儿园的整体课程提供相关的电子资源支持。同时，电脑里的数据资源每学期进行更新，通过实践积累的最新版本的活动视频等资料会被存储进去，每学年数据资源都会得到整理和更新。

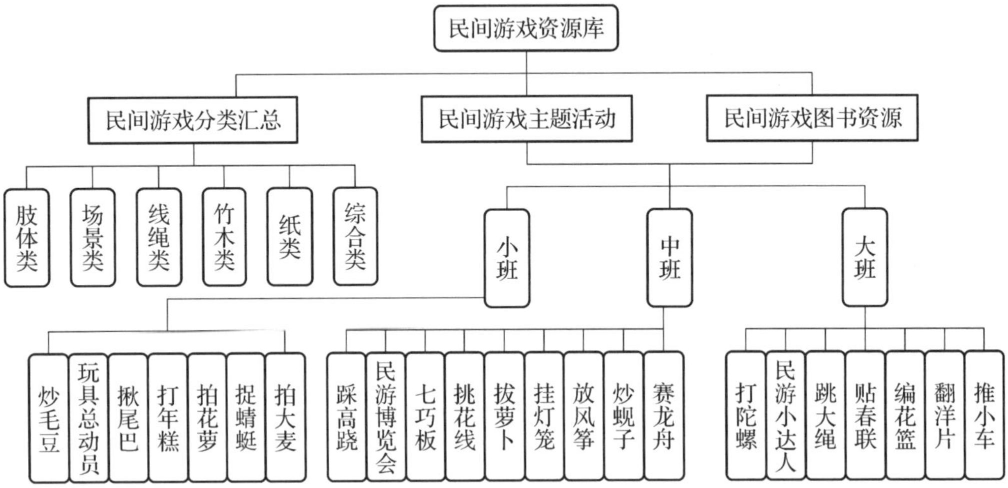

▲相关资源架构图

▲资源包内容

三、民间游戏馆的总体规则

(一) 活动的模式

民间游戏馆是幼儿园的公共区域,馆内的活动既具有班级区域活动的自主性,也具有全园共用区域活动的预设性。为发挥民间游戏馆的功用,在活动模式上幼儿园倡导的是教师主导和幼儿主导两者并行的方式,既考虑活动的自主性,也发挥其预设好的功用。

1. 教师主导

幼儿进入民间游戏馆活动开始基本上以幼儿园的安排为主,也就是说,幼儿所开展的活动也是以教师主导的为主,教师会根据各年龄段幼儿的课程活动安排,带领幼儿在民间游戏馆的各个中心开展相应的活动。例如带领刚入学的小班参观民间游戏馆,给幼儿介绍博物中心的各种玩具藏品,去游戏中心观看中、大班哥哥姐姐的游戏活动,在哥哥姐姐的邀请下,体验各区域的游戏。

教师主导的活动可以确保幼儿在园三年内,在民间游戏馆里能够体验到各类经典的民间游戏,对民间游戏有相应的熟悉度。当然,教师主导活动也需要关注幼儿的兴趣与需求,鼓励幼儿主动探索,积极分享,根据幼儿的活动情况及时调整预设的活动安排。同时,教师要在民间游戏馆活动以及日常教育实践中,及时捕捉幼儿的活动兴趣,并鼓励幼儿大胆提出自己的想法,及时记录下来,以作为班级课程的生发点和课程重点审议的内容,为幼儿主动发起活动提供强有力的支持。

2. 幼儿主导

幼儿主导的活动是指幼儿根据自己的兴趣所开展的民间游戏馆活动,这些兴趣有可能是他们在开展项目、主题探究活动中产生的,例如在“翻洋片”主题中,幼儿需要借助民游馆丰富的洋片资源,开展洋片欣赏、制作、游戏等活动。这时候幼儿可能会向教师提出延长民间游戏馆使用的时间,或者在班级区域活动时,有部分幼儿要到民间游戏馆继续之前的制作活动。对于幼儿的需求,教师要及时向场馆负责人提起申请,做好协调工作,并在幼儿活动中给予及时的支持与帮助。

还有一种情况是幼儿需要用到民间游戏馆的资源开展活动,例如幼儿对七巧板很感兴趣,但班级的区域里只有几块,不能满足他们提出的全班幼儿一起玩的需求,于是幼儿可以去资源中心借用足够多的七巧板,在一定的时间里开展七巧板的活动。其实,幼儿主导的活动也包括在教师主导的活动中,幼儿自由选择进入各个区域后开展的活动。

（二）活动的内容

民间游戏馆活动的内容，包括园本课程中所预设的内容，以及各班根据幼儿活动的兴趣和需要生成的内容。以民间游戏馆内资源运用的广度来分，幼儿的活动内容包括场馆体验共建活动（即幼儿通过体验、互动进而参与场馆建设的活动），游戏中心各区域活动和资源管理活动。

1. 场馆体验共建活动

各年龄段幼儿进入民间游戏馆开展的活动内容是不同的。小班幼儿初次进入这个陌生的场馆，需要在大班哥哥姐姐的带领下，初步感受民间游戏馆是幼儿园里一个可以玩很多游戏的有趣的地方。他们会在老师以及其他成人的带领下感受到更多的民间游戏内容，如“爷爷奶奶的玩具”“问问东问问西”，认识场馆内的各类玩具，与玩具进行互动，在摸一摸、动一动、玩一玩中完成民间游戏的体验。中班幼儿在小班的基础上，开始自己设计场馆的游戏体验卡“打卡民间游戏馆”，在充分了解民间游戏馆布局、材料的基础上“办张游戏护照”，在设计、使用体验卡中开展民间游戏馆的自主活动。大班幼儿以场馆的共建人角色进入其中。教师预设了“我是民游小主人”系列活动，鼓励大班幼儿参与到民间游戏馆的动态创建之中。

表 2－1　场馆体验共建活动列举表

活动内容	活动目标	教师指导要点
大带小活动：好玩的民间游戏	1. 通过参观，初步了解并感受民间游戏馆的环境。 2. 了解哥哥姐姐在民间游戏馆内游戏的方式，并愿意分享自己的感受。	1. 鼓励小班幼儿与大班幼儿进行互动交流，帮助大班幼儿更好地带领弟弟妹妹玩他们感兴趣的游戏。 2. 关注胆小、内向的幼儿参与集体活动。 3. 用照片和视频的形式记录下幼儿的活动，并鼓励幼儿简单说说自己游戏的感受。 4. 活动后建议幼儿把喜欢的游戏介绍给家人，和家人一起进行游戏。
亲子活动：问问东问问西	1. 愿意参与收集民间游戏玩具的活动，体验收集的快乐。 2. 能认真倾听家长珍藏的玩具背后的故事，一起参与视频拍摄、故事记录等活动。	1. 发动家长和幼儿开展老玩具的收集活动，建议家长在收集的过程中向幼儿介绍玩具背后的故事，和幼儿一起进行玩具故事的视频录制或图文记录。 2. 鼓励把收集的玩具和故事分享给同伴，引导幼儿仔细倾听别人的故事，并说说自己最喜欢谁分享的玩具。 3. 建议教师把收集来的老玩具和故事进行筛选，把具有收藏意义的老玩具进行归档，出具收藏卡给家长。

续　表

活动内容	活动目标	教师指导要点
小班小组活动:爷爷奶奶的玩具	1. 参观爷爷奶奶的玩具展,感受各种玩具的玩法,有尝试玩多样玩具的兴趣。 2. 乐意与同伴分享交流,感受不同时代玩具带来的乐趣。	1. 在博物中心介绍玩具时,建议从幼儿熟悉的玩具开始介绍,拉近玩具与幼儿的距离。 2. 播放爷爷奶奶、爸爸妈妈与玩具之间的故事视频,引发幼儿对老玩具的兴趣。 3. 组织幼儿玩老玩具时可通过自身示范、视频播放、手把手教授的方式来让幼儿了解玩法。 4. 建议要保护好老玩具,选取不易破损的玩具进行游戏,让幼儿懂得珍爱玩具。
中班集体活动:打卡民间游戏馆	1. 了解民间游戏馆各个游戏区的特点和内容。 2. 愿意与同伴一起玩民间游戏馆的游戏,并能遵守基本的游戏规则。 3. 能根据各区域的标记、图示自主进行游戏和整理材料。	1. 引导幼儿从民间游戏的材料来了解各区域分布的特点。 2. 幼儿自由分组进入各区游戏时,重点关注幼儿选择的游戏项目,了解幼儿选择的原因,针对幼儿的行为表现进行个别指导。 3. 引导幼儿学会看各区的标记、图示,游戏后按照标记整理游戏材料。 4. 鼓励幼儿分享自己游戏的过程、发现和感受。
中班小组活动:办张游戏护照	1. 了解游戏护照的功能与作用,愿意主动参与制作游戏护照。 2. 能在活动中大胆表达自己的想法,感受民间游戏馆游戏的乐趣。	1. 建议师幼讨论制作游戏护照的目的,如用于记录幼儿各区的游戏时间及内容、了解幼儿的游戏情况、根据记录情况做出相关的调整。 2. 回顾各区的游戏及分区的特点,讨论用适宜的标志来代表每个区域。 3. 给幼儿欣赏体验卡、游戏护照等图片,提供一些简单的民间游戏馆示意图,引导幼儿在示意图上画出标志及体验盖章的图形,鼓励有能力的幼儿自己画游戏护照。 4. 交流制作的游戏护照,引导幼儿分享设计的理由和体验后记录的方式。
中班集体活动:带着护照去游戏	1. 能根据自己的意愿进行游戏并将其记录在游戏护照上。 2. 大胆分享自己喜欢的游戏,感受与同伴一起游戏的快乐。	1. 关注幼儿游戏后是否在护照上进行记录,记录的方式是什么。 2. 引导幼儿结伴进行游戏,并彼此交流游戏的感受,鼓励乐于交往的幼儿带领内向、胆小的幼儿进行游戏。 3. 组织幼儿展示自己的游戏护照,按照游戏护照上记录的内容进行分享,如:去了几个区?玩了哪些游戏?和谁一起?认为最好玩的游戏是哪个?最想挑战的游戏是哪个? 4. 从幼儿的游戏情况判断幼儿最喜欢的区域、最喜欢的游戏,为后期指导做好功课。
大班小组活动:我是民游小主人	1. 了解制作民间游戏馆区域标签、游戏步骤等图示的要点,并能初步尝试进行制作。 2. 愿意为集体做事,能主动承担帮助弟弟妹妹的任务。	1. 引导幼儿按照自己的意愿进入各区,为各区制作标签、示意图等。 2. 分组指导时,引导幼儿仔细观察各区域现有的标签和示意图,相互协商要新增或替换的标签、示意图。关注幼儿之间小组合作、协商的方式,适时引导。 3. 引导幼儿用区域里的现有材料制作标签和示意图,可提供一些示范图片给幼儿一点启发,做好之后布置在相应的位置。 4. 鼓励小组间相互分享各自的标签和示意图,并介绍标签和示意图的用途,可拍成视频分享给其他班级的幼儿。

2. 各区域的活动

幼儿进入游戏中心的活动是民间游戏馆的主要活动内容。针对不同年龄段的幼儿，纸类游戏区、线绳类游戏区、竹木类游戏区和综合类游戏区都预设了相关的内容。例如：小班幼儿进入纸类游戏区，可以使用区域内的玩具开展“摔方宝”“甩炮”等游戏；中班幼儿在纸类游戏区开展“挑花线”“网小鱼”等探究活动；大班幼儿进入竹木区制作高跷、探索竹板的玩法等等。（具体活动方案详见第三章到第六章的游戏活动内容）

3. 资源管理活动

民间游戏馆的资源中心也是一个幼儿可以互动的区域，幼儿可以在资源中心参与资源的收集、分类、整理、欣赏，感受民间游戏的丰富多样，将日常生活中常见的物品经过一定的加工，收纳到资源中心，成为资源的提供者，而不仅仅是使用者。例如幼儿将家里吃的各种贝壳带到幼儿园，通过清洗、挑选、晾晒、分类等收纳到民间游戏馆的资源中心，这一资源管理过程也是民间游戏馆的重要活动，对于幼儿形成良好的个性品格有很大的帮助。

表 2－2 资源中心共建活动列举表

活动内容	活动目标	教师指导要点
小组活动：资源管理员	1. 在采访中了解民间游戏馆资源中心的材料分布、标识和资源内容。 2. 学会管理资源中心的资源，能根据需求把资源用起来。	1. 引导中、大班幼儿事先讨论好要采访的内容，准备好采访工具，如录音笔、手机、笔、纸等，再进行分工合作，确定采访人、记录人、摄像人等。 2. 资源中心的老师根据不同年龄段幼儿的特点介绍资源中心的资源分布，认识各种标识，了解资源中心的物质资源；指导幼儿操作一体机，引导幼儿通过看标识找到游戏，了解资源中心的电子资源。 3. 引导幼儿学做资源管理员，配合资源中心的老师一起做好资源管理工作。如小班幼儿可以根据需求去资源中心拿材料，帮助一起收集缺少的材料；中班幼儿不仅可以参与材料的收集，也可以尝试为新增添的材料做标识，更替和修补游戏中心破损的材料；大班幼儿可参与游戏中心材料更替的活动，根据主题需求、幼儿兴趣、季节不同等更替游戏中心的材料，并参与游戏材料的收纳整理活动。
集体活动：贝壳大搜罗	1. 参与贝壳的收集，按照贝壳的种类进行分类。 2. 能利用各种工具参与贝壳洗晒活动，体验劳动的乐趣。 3. 能将清理好的贝壳进行分类保存，有收拾、整理的意识。	1. 教师发放贝壳收集通知，鼓励全园幼儿、家长收集螺蛳壳、蚬子壳、蚌壳、花甲壳等各种壳类。 2. 引导幼儿把收集来的贝壳进行分类洗晒，了解清洁物品，如洗洁精、刷子等。鼓励幼儿一起参与洗壳、晒壳的活动，引发幼儿对洗晒工具的探索。 3. 指导中、大班幼儿将洗晒好的贝壳分类整理到资源中心并做好标识，引发幼儿对收纳活动的兴趣，引导他们探索收纳工具的使用，总结收纳整理的方法，养成良好的收纳整理意识。

续 表

活动内容	活动目标	教师指导要点
集体活动:竹林修理站	1. 和竹匠一起参与竹林修理工作,了解剪刀、锯子等简单的修理工具。 2. 能按照一定数量整理竹制品并收纳到资源中心。	1. 每到初春季节,幼儿园百草园的竹林就需要修剪,教师可引导大班幼儿与竹匠一起参与修剪工作,引导幼儿尝试运用剪刀、锯子等工具进行竹林的修理活动,让幼儿认识各种绿化修理工具的同时提醒幼儿要安全使用工具。 2. 观察竹匠把竹子加工成竹筒、竹篾、竹片的过程。 3. 指导幼儿将制作好的竹筒、竹篾、竹片等进行分类,按照一定的数量分装在一起,做好标识收纳到资源中心。
小组活动:小小陀螺展	1. 乐于参与民游馆材料替换、陀螺角布置活动。 2. 通过同伴协商进行陀螺角规划活动,并根据需求进行标识制作、整理收纳等活动。	1. 当大班开展“陀螺转转转”主题活动时,为了能让民间游戏馆与主题有更好地互通,民间游戏馆布置的陀螺角要进行新的规划。教师可引导大班幼儿一起进行规划,替换原有材料,保留基础材料,让陀螺区更好地留白给幼儿。 2. 引导幼儿一起进行陀螺区的规划,如商量哪些材料要收纳起来,哪些材料需要保留,各个区角的功能如何分布等问题。
集体活动:百家线	1. 乐于参与线的收集活动。 2. 了解线的种类和用途,根据某一特征进行线的分类整理活动。 3. 尝试用自己的方式记录收集来的线的数量。	1. 教师发放收集通知,鼓励全园幼儿、家长一起参与到线的收集活动中来。 2. 引导幼儿认识线的种类、用途,指导幼儿按照某一特征进行分类整理。可引导大班幼儿同时按两个维度进行线的分类。 3. 鼓励幼儿寻找收纳工具,更好地收纳收集来的线,用自己的方式记录收集的数量并公示在收集站中。 4. 指导大班幼儿把毛纱线利用带子机加工成粗线收纳起来。 5. 把收纳整理好的线归类整理到资源中心。
集体活动:民间游戏节布展	1. 知道每年 11 月是幼儿园的民间游戏节,了解往年民间游戏节开展过的活动。 2. 乐于参与民间游戏节环境布置活动。	1. 每年民间游戏节前夕幼儿园都会为节日进行布置,以期幼儿能更好地沉浸其中。教师可根据幼儿的年龄特点,让他们参与布置。 2. 引导小班幼儿收集爸爸妈妈、爷爷奶奶小时候的玩具,和教师一起布置民间游戏玩具展;引导中班幼儿把资源中心的风车等布置在幼儿园的各个角落,制造氛围感;引导大班幼儿了解往年开展的民间游戏节活动,用绘画、泥塑等各种表征方式记录自己对民间游戏节的感受,并布置在幼儿园公共区域中。 3. 鼓励中、大班幼儿协商规划布置的地点,布展的方式,寻找或制作布展的材料及工具。教师把幼儿整个布置的过程用照片、视频的形式记录下来,帮助幼儿回顾总结,也为下一年的活动做好经验积累。

续 表

活动内容	活动目标	教师指导要点
小组活动：游戏小玩家	1. 通过展示、投票的方式选出各个项目的民间游戏小玩家。 2. 在游戏视频的拍摄中锻炼语言表达能力和肢体表现力。	1. 引导幼儿通过展示最拿手的民间游戏、投票谁是民游小达人的活动确定各个民间游戏项目的小玩家。 2. 鼓励获得游戏小玩家的幼儿进行游戏演绎的准备，如游戏规则玩法的介绍准备、游戏材料的准备、拍摄地点的选择等。 3. 教师帮助拍摄视频，重点指导幼儿如何边展示游戏边清晰地介绍游戏的规则和玩法，鼓励幼儿大胆表现自我。 4. 教师对各类游戏视频进行制作、整理并储存到游戏中心的电子资源中，带领幼儿一起欣赏他们新拍摄的游戏视频，帮助幼儿总结游戏拍摄时的要点。

（三）活动的形式

民间游戏馆的使用者是幼儿和教师，有时候也包括家长以及社区人员，但是最大的主体是全体幼儿，家长与社区人员的进入，也是为了满足幼儿的活动需求，增加民间游戏馆体验的方式，让幼儿获得更多的有益经验。幼儿进入民间游戏馆的形式是多种多样的，幼儿园需要从满足幼儿活动需求的角度考虑幼儿进入场馆的活动形式。目前，民间游戏馆的活动形式分为集体活动、小组活动和个别活动。

1. 集体活动

集体活动为一个班级的所有幼儿提供了共同的经验，在幼儿进入民间游戏馆的最初阶段以及幼儿在园的一些重要时刻，比如小班升入中班时，这些为整班幼儿提供共同经验的集体活动特别重要，这些共同的经验也为班级里开展的主题活动以及在民间游戏馆的其他活动奠定了基础。集体活动不仅仅指一个班级的幼儿一起进入民间游戏馆，还可以是两个平行班的幼儿一起进入，或者是不同年龄班的幼儿进入，开展班级与班级之间互动、共享的活动。例如大班的哥哥姐姐为小班的弟弟妹妹讲解博物中心的藏品故事。

2. 小组活动

集体活动时间有限，想让每位幼儿都得到参与的机会在集体活动中是很难实现的；小组活动可以让志趣相同的幼儿在同一个区域内进行操作探索，也让幼儿的学习更具有自主性。因此，民间游戏馆以小组活动为主要的活动形式。民间游戏馆的小组活动更多的是指单区活动，幼儿园预设的许多活动也都是指向单个区域的小组活动指导方案。志趣相投的三五好友，在同伴或成人的指导下开展民间游戏，也是民间游戏开展最为自然的方式。

3. 个别活动

民间游戏馆的个别活动是指幼儿独自活动，教师或其他人给予个别指导。个别活动的组织形式也比较常见，在民间游戏馆的活动中，幼儿对于初次接触的游戏、教玩具、材料等都需要个别的有针对性的指导。例如“挑花线”的两两合作的游戏需要成人一对一的指导，让幼儿体验到游戏的成功。

需要特别说明的是，幼儿进入民间游戏馆的每次活动，有可能既参与了集体活动，又参与了小组活动，还有个别活动。例如在活动之初需要一些集体活动，进行集体讨论，在分区小组活动过后，又需要分享自己的游戏、制作，谈论活动的经历，在这个过程中，他们一起构建对事物意义的共同认识，共同感受每名成员的付出与收获。

(四) 进入场馆的方式

幼儿园班级数量多，要确保每个年龄段的幼儿都能在民间游戏馆中实现体验的目的，同时让民间游戏馆成为课程实施的重要场所，就要既有管理者的统筹安排，也有班级的个性化需求的灵活安排。

1. 固定的班级时间表

这个表格安排的具体进入场馆的时间是上午 10:00—11:00 这一个小时。每个班级每学期确保有三到五次进入民间游戏馆的时间。

表 2－3　民间游戏馆轮班表

周次	周一	周二	周三	周四	周五	备注
第一周		大一班 小一班	大二班 小二班	大三班 小三班	大四班 小四班	
第二周	大一班	大五班 小五班	大六班 小六班	大七班 小七班	大八班 小八班	
第三周	大一班	大二班	中一班	中二班	小一班	
第四周	大二班	大三班	中三班	中四班	小二班	
第五周	大三班	大四班	中五班	中六班	小三班	
第六周	大四班	大五班	中七班	中八班	小四班	
第七周	大五班	大六班	中一班	中二班	小五班	
第八周	大六班	大七班	中三班	中四班	小六班	
第九周	大七班	大八班	中五班	中六班	小七班	
第十周	大八班	大一班	中七班	中八班	小八班	
第十一周	大一班	大二班	中一班	中二班	小一班	
第十二周	大二班	大三班	中三班	中四班	小二班	
第十三周	大三班	大四班	中五班	中六班	小三班	
第十四周	大四班	大五班	中七班	中八班	小四班	

续 表

周次	周一	周二	周三	周四	周五	备注
第十五周	大五班	大六班	中一班	中二班	小五班	
第十六周	大六班	大七班	中三班	中四班	小六班	
第十七周	大七班	大八班	中五班	中六班	小七班	
第十八周	大八班	中七班	中八班	小八班		

2. 灵活的预约表

预约表由具体负责人每周四在线发布，用于预约下一周的民间游戏馆除固定时间段外的其他时间段的活动安排。

表 2－4 民间游戏馆预约表

时间段	周一	周二	周三	周四	周五	备注
7:50—8:50			中一班			
9:00—9:50	中四班	大二班			中八班	
11:40—12:15			中七班	大六班		
14:45—离园		中三班			大四班	

3. 特需的申请表

各班根据实际需求，向管理人员提出特殊的使用申请。申请表主要用于填写需要协调的班级，避免安排有冲突。管理人员能根据申请表上的人员、物资的要求确认能否满足，以及如何提供，也并及时告知申请班级。

表 2－5 (大七)班民间游戏馆使用申请表

申请使用的日期和时间段	2021 年 5 月 21 日	申请人	杨晓华
申请理由	在户外活动时，孩子们发现线绳区的绳子有很多丢失了，活动讨论后孩子们想要去民间游戏馆制作一些绳子。		
预设的活动计划	1. 自主商量选择所要制作的绳子材料。 2. 分组制作不同材料的绳子，如草绳、布条绳、毛线绳等。 3. 对所制作的绳子进行不同游戏的分类，如长的用于跳小绳，短的用来揪尾巴或拼搭。		
需要提供相应协助	1. 熟悉草绳制作的老师。 2. 需要稻草、布条若干。		
申请回复	1. 当日活动涉及小三班，请与小三班教师进行协调。 2. 沈老师、周老师对草绳制作有比较多的经验，可联系她们；所需物资可以提供，已联系总务处沈老师。 管理人签字：秦××		

第三章　民间游戏馆纸类游戏区的组织与指导

一张旧报纸、一叠旧杂志、一枚小小的洋画片，都曾经是一代人童年时期的宝贝。随意找一张纸，折叠成一架回旋纸飞机，可以和小伙伴一起玩上大半天；拿一两本不用的杂志，可以和小伙伴一起翻翻叠叠，玩扯书的游戏；一枚小小的洋画片，可以珍藏起来，集成一套连环画的人物，这比什么都珍贵。随着时代的发展，各类用于制作和游戏的纸玩具、纸品越来越多，今天的孩子又能玩出多少有趣又有意义的纸类游戏呢？带着这个问题，我们在民间游戏馆设置了纸类游戏区。这里集中了各种纸类民间游戏，引领孩子进入到纸的游戏世界中。

一、纸类游戏区的总体规划

（一）区域布局

纸类游戏区位于民间游戏馆进门的一侧，占据了馆内约四分之一的面积。区域以矮柜、材料架为界，形成半开放式的围合，区域中间提供了多张桌子和十几把椅子。整个区域既有各类纸制玩具，供幼儿把玩、探索，也有相应的各类纸张，将幼儿活动中需要使用到的各类纸张分门别类地呈现出来。纸区分为三个块面：东边靠前的一排是各类纸玩具以及制作这些玩具的材料、工具；对面布置了一个陀螺制作与展示区；拐角处是探索造纸的游戏区域，有采购或收集到的各类造纸原材料和工具。

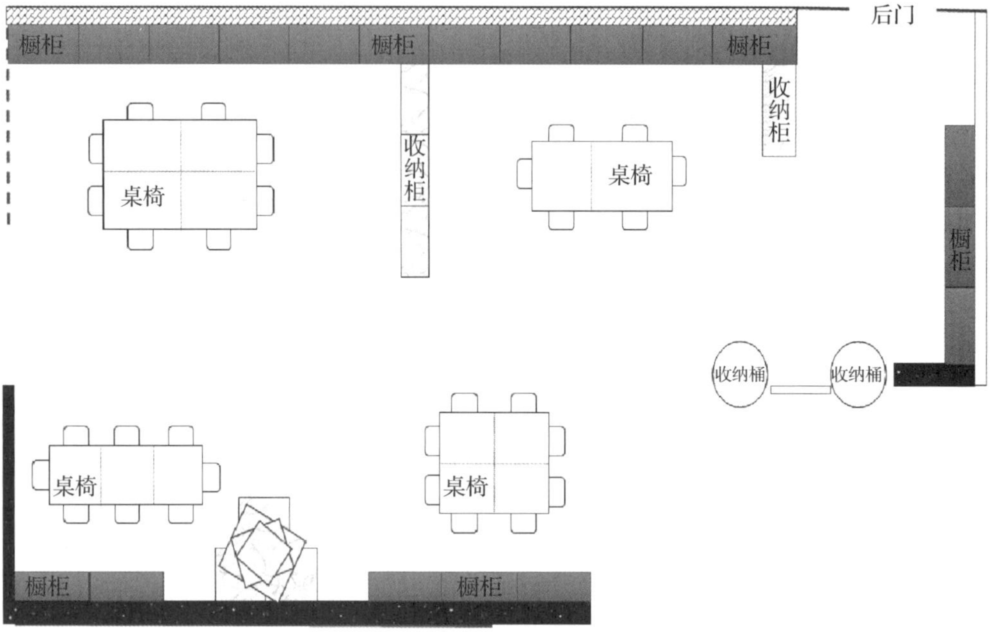

▲纸类游戏区布局示意图

（二）区域设置

1. 墙面设置

纸类游戏区朝西一整面墙上布置了各类折纸玩具，彰显了纸类游戏的丰富多彩。墙面的布置也可以根据幼儿游戏内容和制作的纸玩具来进行更换。墙面布置既可以方便幼儿或教师及其他参与者展示作品，也能营造氛围。

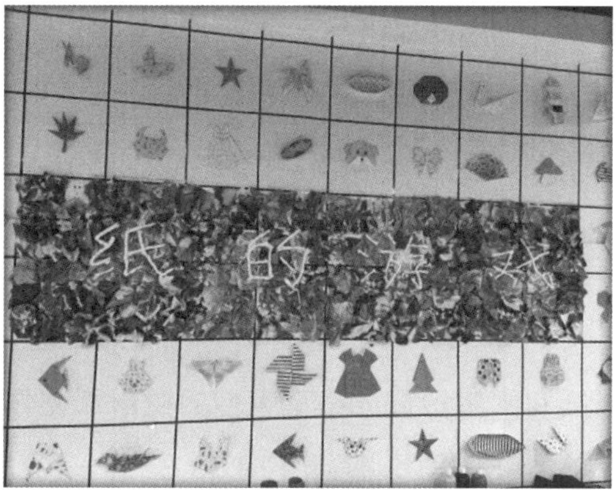

借助橱柜的板面，设置一些感受材料的布置，例如将不同触感的纸张张贴组合在一起，让幼儿通过“摸一摸”来感知。将当季呈现的民间游戏内容展示在柜板或展示架上，例如通过集中展示“翻洋片”游戏所用到的各种洋片，可以让幼儿进行对比、观察、讨论，感受不同年代洋片的不同式样。

2. 空间设置

纸类游戏区利用墙面和空间悬挂，将旧报纸和纸浆塑造成一个大型的树形纸艺作品，衔接墙面上玩纸飞机的儿童形象，营造了玩纸的游戏氛围。

纸类游戏区的柜橱里利用废旧纸箱来做收纳，陈列了各类纸玩具和制作纸玩具的材料和工具。在纸玩具体验桌上，利用纸板展示架，陈列了各类纸玩具，孩子们可以在展示架上挑选自己喜欢的玩具来玩。

为了有序摆放各类纸张，民间游戏馆定制了家具，将大张的纸以卷轴的方式来陈设，增加了空间的秩序感和美感。

二、纸类游戏区的设备与材料

该区域的设备与材料包括成品玩具、纸玩具制作资源盒及该区域特定的材料和工具这三类。

(一) 成品玩具

纸类游戏区的成品玩具是指购买或成人、幼儿制作的纸玩具，如纸风车、洋片、甩炮、风筝、东南西北等，可供幼儿进入区域随意拿取玩要，也可让幼儿拆解，探究这个玩具制作的过程。

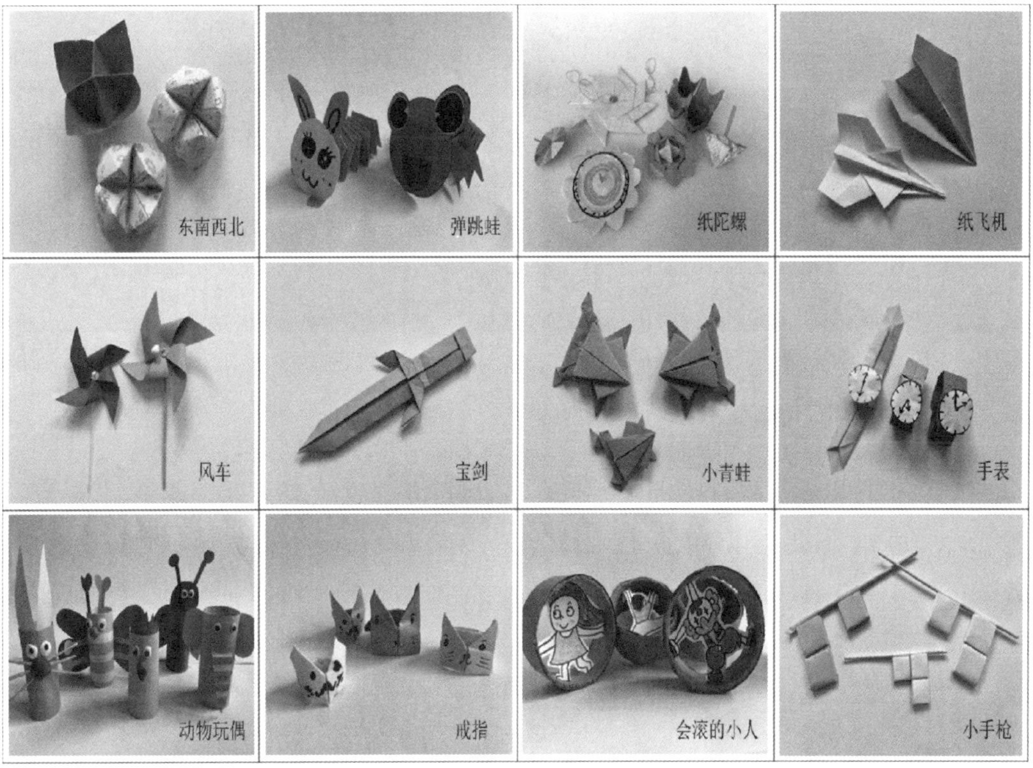

(二) 纸玩具制作资源盒

为了给初学制作的幼儿提供便利的制作材料，激发他们自己制作纸玩具的兴趣，纸类游戏区的橱柜里陈列着许多纸玩具制作资源盒。每一份资源盒中都有一个成品玩具以及制作该玩具所需要的材料、制作的指示图等，希望幼儿通过使用这些材料，能够对制作纸类玩具感兴趣，体验独自完成作品的自豪感。

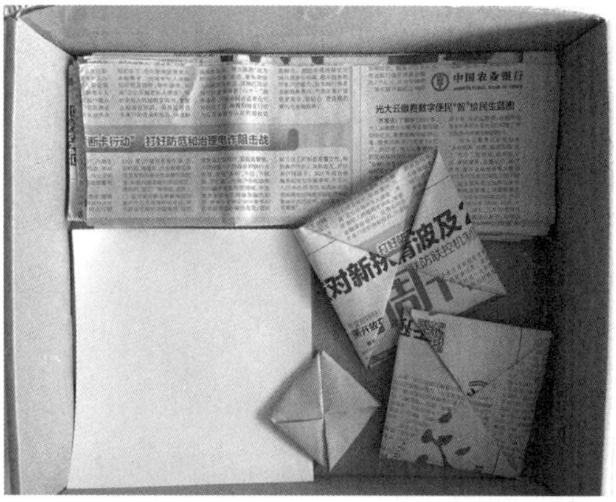

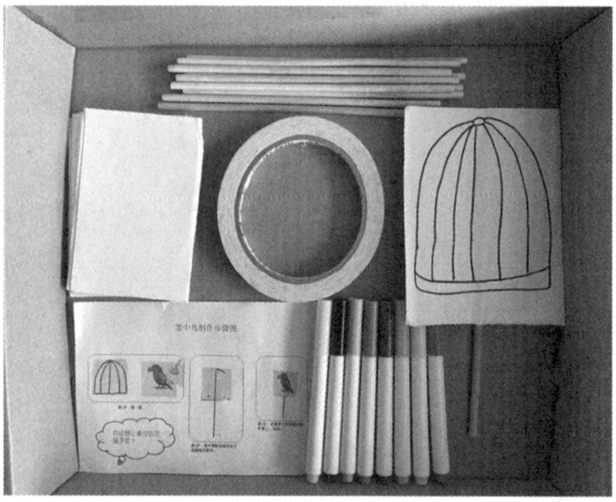

(三)相关材料和工具

纸类游戏区里最多的材料就是各种纸张,有采购来的皱纹纸、蜡光纸、瓦楞纸、牛皮纸等,收集来的旧报纸、旧杂志,以及纸盒子、卷筒纸芯等废旧纸制品,还有在各类纸的使用过程中,需要用到的特定工具,如剪刀、刻刀、尺子等,以及在制作中需要用到的一些辅助工具,如画笔、双面胶等。

三、纸类游戏区活动方案

(一) 活动总表

在纸类游戏区，小班幼儿可以拿起中、大班幼儿制作的玩具，例如洋片、纸风车、纸拉花，看一看，玩一玩，也可以跟哥哥姐姐或者成人学习做一个“甩炮”，比比谁发出的声音大。中班幼儿在纸类游戏区认识各种各样的纸张，选择适宜的材料来制作属于自己的民间游戏玩具，例如开展纸风筝的欣赏、分类、装扮等活动，完成一个自己的风筝后和同伴、成人一起到大操场放风筝。大班幼儿运用自己掌握的折、剪、画、拼接、组合等技能，制作更多的民间游戏玩具，他们可以合作完成洋片集，留给弟弟妹妹们来欣赏，也可以折、剪各种各样的小物件，让弟弟妹妹一起来玩一玩，例如“东南西北”“手拉手的小人”等等，甚至尝试运用各种材料和工具制造一张独一无二的纸，完成从无到有的创造。

表 3－1　纸类民间游戏区活动表

对应活动方案	活动内容	领域	关键经验	年龄班	活动形式
方案 1	摔方宝	数学	数量、大小	小班	小组
方案 2	甩炮	健康	手部动作	小班	小组
方案 3	小偷上房	科学	牵引、探索	小班	小组
方案 4	放风筝	美术	欣赏、创意	中班	集体、小组

续 表

对应活动方案	活动内容	领域	关键经验	年龄班	活动形式
方案 5	纸风车	科学、美术	旋转、感受	中班	小组
方案 6	跳跳蛙	美术、科学	精细动作、探索	中班	小组
方案 7	东南西北	数学、社会	方位、合作	大班	小组
方案 8	做洋片	美术	欣赏、感受	大班	小组
方案 9	翻洋片	数学、科学	测量、发现	大班	小组
方案 10	抽乌龟	数学	数概念、匹配	大班	小组
方案 11	纸翻花	语言、美术	表达、欣赏	大班	小组

（二）活动方案展示

方案 1　摔方宝

活动由来

摔方宝，苏州方言叫“甂洋片”，是 20 世纪七八十年代儿童经常玩的游戏。民间游戏馆的纸类游戏区有折叠好的各种漂亮的“方宝”。这些方宝可以怎么玩呢？小班幼儿看到中、大班的哥哥姐姐拿了方宝摔到地上，发出“啪、啪”的声音，恍然大悟，原来这些折纸作品是这样玩的。老师向小朋友介绍了这种有趣的纸玩具叫“方宝”，可以用不同的纸折，折好后可以几个小朋友摔着玩。小朋友们都很感兴趣，都想拿来试试看。

活动目标

1. 会用正确的方法摔方宝，尝试让方宝翻转过来。
2. 在游戏中发现不同大小、不同重量的方宝摔的效果不同。

活动准备

经验准备：幼儿理解“轻”和“重”的相对关系，能感知日常物体的轻重。

活动过程

1. 幼儿认识方宝并了解摔方宝的方法和规则。

◆ 教师：这个用纸折成方方正正的玩具叫方宝，有交叉的一面是正面，平的那面是反面。我们可以先将一个方宝放在地上，用拿在手里的方宝往地上方宝的方向用力一摔，如果地上的方宝翻了一面，就表示成功了。

2. 幼儿自己尝试摔方宝，教师观察指导。

(1) 教师提醒幼儿游戏时选择较空的场地。

(2) 幼儿自由练习向下摔方宝。

(3) 鼓励幼儿尝试将地上的方宝摔翻面，可以多试几次，对准、用力，利用气流将方宝翻面。

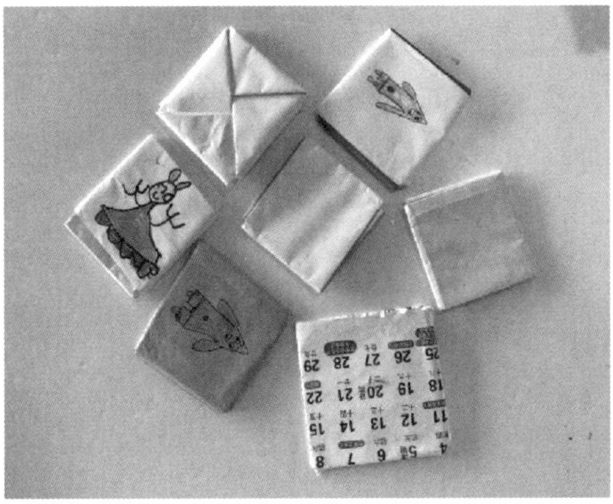

各种各样的方宝

塞方宝

3. 引导幼儿选择比较重、比较大的方宝去摔翻轻一些、小一些的方宝。

(1) 鼓励幼儿用手感知方宝的轻重，找出重的方宝。

(2) 尝试通过将小方宝塞到大方宝的方法增加其重量。

(3) 幼儿再次尝试摔方宝。

(4) 引导幼儿观察方宝的大小、轻重与方宝能否翻转的关系。

活动延伸

★ 让幼儿选择更多不同材质的纸张折叠方宝，继续玩摔方宝的游戏，发现不同质地的方宝翻转的难易也不同。

★ 幼儿和家长一起玩摔方宝的游戏，向家长咨询摔方宝的秘诀。

★ 创设新的游戏规则和游戏场景。例如在教室地面画圈，幼儿在圈外向圈内摔方宝，能摔在圈内者为胜；还可以放一个方宝在圈内，幼儿站在圈外用方宝将圈内的方宝摔打出圈就算胜利。

活动反思

幼儿对于摔这个动作有一定的经验，他们在一开始尝试摔方宝的时候都是很积极的，一下，两下……摔得到处都是。当老师提出地上放一个方宝，我们对着地上的方宝摔，尝试摔翻。有的幼儿摔了几次后开始退缩了；有的对不准，总是摔空；有的摔动了，但地上的方宝只是轻轻地平移了一下位置，或者离地跳跃了一下，并没有翻转。虽然幼儿在尝试的过程中发现用厚厚的、重重的方宝去摔轻薄的方宝更容易，也发现把方宝放在不平整的地方，这样翻转的概率更大，但总体上，对于小班幼儿来说，让方宝翻转过来的任务确实过难。在后期的游戏中，我们可以和幼儿商讨，改变相关的游戏规则，降低难度，让幼儿在和方宝的互动中体验到更多成功的快乐，也可以多尝试几种不同的方宝，看看哪一种比较容易摔动。加强家园互动，在延伸活动中，来自爸爸妈妈的经验也很重要，幼儿可以利用爸爸妈妈提供的秘诀学习更多摔方宝的方法。

步骤一：将一张正方形纸三等分

步骤二：向不同方向折出三角形

步骤三：上下放置

步骤四：四个角依次向里折

步骤五：最后一角向里折

步骤六：将角塞进去

成品正面

成品反面

“方宝”制作步骤图

方案2　甩　炮

活动由来

临近新年，在主题“噼里啪啦过新年”中，幼儿回忆起新年里最开心的是看烟花、放爆竹。可是现在很多地方禁止燃放烟花爆竹,幼儿看不到美丽的烟花,也听不到鞭炮声了。有幼儿说家里有电子鞭炮可以放。那没有电子鞭炮怎么办呢?可以用其他东西敲出声音,也可以"啪啪啪"学鞭炮的声音。在讨论中,教师介绍了自己小时候玩的"甩炮"游戏,很多人一起玩这个游戏,就像过新年放鞭炮一样"噼里啪啦"响。听了教师的介绍后,幼儿都很好奇,也想玩一玩。于是,幼儿来到了民间游戏馆。

活动目标

1. 尝试用手指捏、用嘴吹、向下甩等动作让"炮"响起来。

2. 乐于和同伴一起体验甩炮游戏的乐趣。

活动准备

经验准备:幼儿听过生活中多种东西模仿鞭炮发出来的声音。

活动过程

1. 幼儿进民间游戏馆自由探索如何让甩炮发出声音,教师观察。

(1) 教师:你们拿一个自己喜欢的甩炮,试一试,让它发出声音,看谁的甩炮声音最响。

(2) 幼儿用自己的方法让甩炮发出声音。

(3) 教师观察,请幼儿分享自己让甩炮发声的方法。

2. 了解纸炮的玩法后继续探索甩纸炮。

(1) 教师演示甩炮,引导幼儿了解甩炮的玩法。

◆教师:先把中间的纸往下拉,用大拇指和食指捏住甩炮中间的最下端,对着空气用力地往下甩。我们会听到"啪"的声音。看,中间的纸弹出来了。

(2) 鼓励幼儿自己尝试用正确的方式甩炮。

3. 幼儿自由玩甩炮游戏,教师巡回指导。

(1) 教师提醒幼儿在甩的时候要注意周围环境,以免甩到别的幼儿。

(2) 关注幼儿游戏时遇到的问题,如:哑炮;炮响了,纸弹出来了,不能继续用了怎么办?帮助幼儿找原因,鼓励幼儿多尝试。

(3) 鼓励幼儿两两比拼,比比谁的炮更响亮,用各种拟声词模仿自己甩炮发出的声音。

(4) 引导幼儿进行甩炮接龙游戏,一个接着一个响。

步骤一：对齐中间折痕，对折

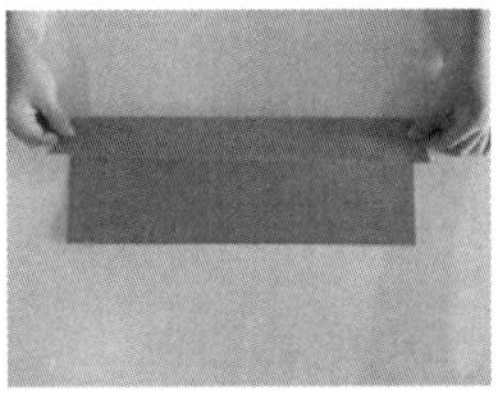

步骤二：往上再折一次

步骤三：翻面，对折

步骤四：用手拉出一个斜角

甩炮制作步骤图

看谁甩得响

活动延伸

★ 在美工区中引导幼儿自己折甩炮，探索各种各样的纸进行折叠，看哪一种纸最适合做甩炮的材料。

★ 在阅读区提供绘本和发声物，让幼儿学习多种拟声词。

★ 提供多种物品，如报纸、豆子、石子、铁罐、竹筒等生活中常见的东西，让幼儿用自己的方式让它们发出不同的声音并进行拟声词的模仿。

★ 找一个开阔的场地，拿出预先准备好的甩炮进行放炮喜迎新年。

活动反思

幼儿第一次尝试甩炮活动有些不知所措，他们并不知道怎么甩，有的拍纸，有的在桌上摩擦，有的用手揉，虽然能发出各种各样的声音，但并没有像鞭炮一样那么响亮。当教师讲解甩炮的方法后再次尝试时，有的幼儿一下子就甩响了。甩响后，中间的纸弹了出去，他们就会换新的炮，慢慢地炮越来越少，这时候教师及时引导幼儿能将用过的“甩炮”重新利用，有的幼儿发现只要沿着折痕折回去，又可以用了。但同一张纸多甩几次后会破，这个时候幼儿就会主动去尝试折新的甩炮。也有幼儿甩下去却没有反应。经过教师的引导，他们发现，甩得不够用力就甩不出去，手指捏的位置不对也甩不出去，只有相互配合好了，才能成功。由于纸类游戏区提供的“甩炮”所用的纸张都一样，所甩出来的声音都类似，后期我们可以提供不同纸张制作的“甩炮”，这样用不一样的纸制作的甩炮就能甩出不同的声音，为幼儿自主探究起到很好的引导作用。

在延伸活动中，幼儿用不同的纸制作甩炮。有些幼儿一开始不会折，就尝试根据甩炮步骤图学习，由易到难，慢慢地找到折纸的乐趣。他们还发现太薄的纸(如报纸)甩不起来，一甩就容易破，太厚的折不动，宣传单、广告纸是最好的，可以用很多次，而且声音响亮。

方案3　小偷上房

活动由来

有幼儿在纸区的玩具展示架上发现了一个很特别的折纸作品。“一个房顶怎么在房子的下面，”他们好奇地问，“这是什么，怎么玩?”教师将折纸作品拿起来开始向幼儿介绍：“这个有趣的玩具叫小偷上房，是一个折纸游戏。”幼儿听了介绍后纷纷跃跃欲试，也都想玩一玩，体验一下。

活动目标

1. 学会两手交替一上一下，玩“小偷上房”游戏。
2. 乐于和同伴一起游戏，体验游戏的快乐。

活动准备

物质准备：“小偷上房”的材料。

活动过程

1. 教师示范，幼儿了解游戏的玩法。

(1) 教师拿出一个“小偷上房”的材料，展示游戏。

◆ 师：这是一个房子，剪下来的房顶部分，现在就变成了一个“小偷”，小偷要自己爬到房子上去。

(2) 引导幼儿说说自己看到的“小偷”是怎么爬上去的。

(3) 根据幼儿的讲述教师再一次示范讲解：把“小偷”卡在房子下面的两个柱子上，两只手一上一下，来回抽动，“小偷”就慢慢地向上面爬了，这个慢慢向上爬的房顶就像一个小偷似的，我们把这个游戏叫作“小偷上房”。

2. 幼儿尝试自己游戏，教师巡回指导。

(1) 幼儿用已经剪好的房顶进行游戏，鼓励幼儿要有耐心。

练习一上一下

比比谁爬得快

(2) 鼓励成功爬到房子上面的幼儿再找一份材料，自己用剪刀剪下房顶，继续游戏。

(3) 鼓励幼儿与同伴相互比赛，看看谁的“小偷”爬得快。

3. 游戏分享，乐在其中。

(1) 讨论：你觉得在“小偷上房”游戏中最好玩、最有趣的是什么？

(2) 交流：除了小偷会爬高，还有谁也会这样？

活动延伸

★ 在美工区可以提供类似的游戏材料如“小猴爬竿”等，拉长爬的距离，加大游戏的挑战性。

★ 尝试自己制作小偷上房或其他游戏材料。

活动反思

小偷上房这个游戏是利用一上一下牵拉下面的纸使房顶往上移动。由于小班部分幼儿手指精细动作的发展较弱，双手不协调，纸上不去。面对这部分幼儿，我们应手把手教，和他们一起上下摆动。而对于那些动作协调能力强的幼儿，在他们爬上房顶后，我们可以增加难度，让他们自己沿着折痕剪下房顶继续游戏，这既有一定的挑战性，又锻炼了剪的技能。

由于房子不高，整个把“小偷”送上去的过程也不长，通过练习，大部分幼儿都能成功完成。他们还会在小组中进行比赛，但由于房子不高，比赛的速度往往差不多，因此我们可以把房子变高，加大难度。在分享游戏中也可引导幼儿思考，还有谁可以往上跑。在开展延伸活动的时候，可以和幼儿一起在别的情境中进行类似活动，如：猴子爬树，树干制作得长一点，这样他们的挑战性也更大。还可以自己装饰猴子（剪下来的部分），让幼儿的思维更加开阔。

步骤一：将纸对折成三角形

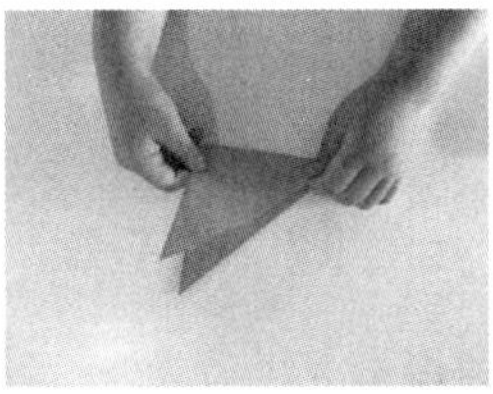

步骤二：继续对折

步骤三：沿着折痕变成双三角形

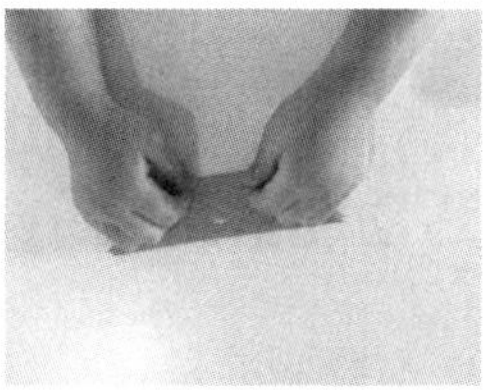

步骤四：顶端对折

步骤五：三角形尖对着折痕向上折

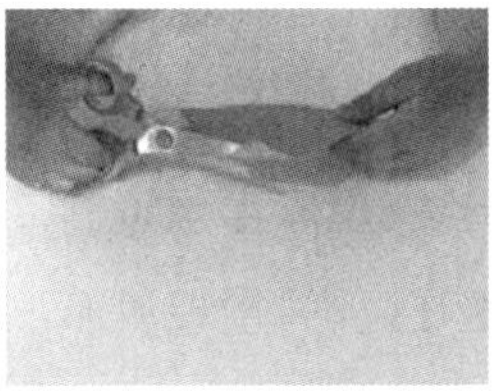

步骤六：将最上面的三角形用剪刀剪掉

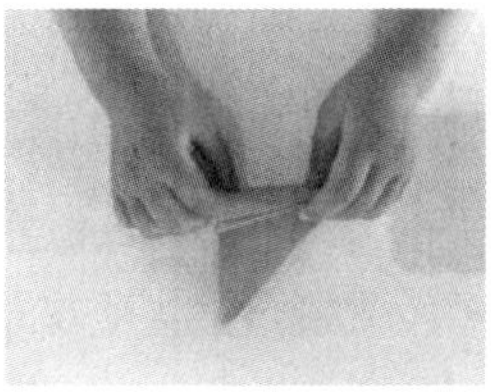

步骤七：三角形对折

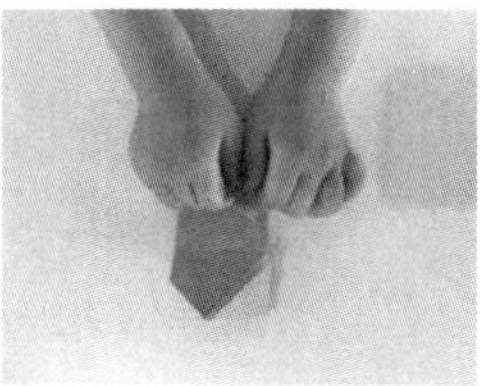

步骤八：两边分别向中间折，对齐折痕

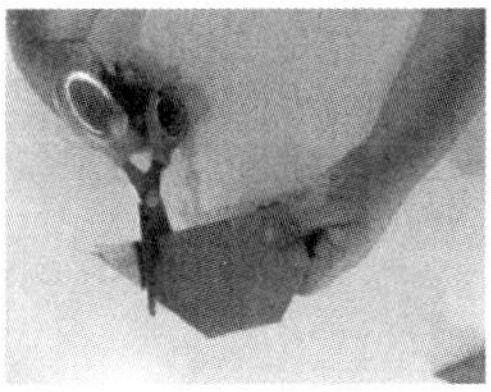

步骤九：沿着折痕剪去两边三角形

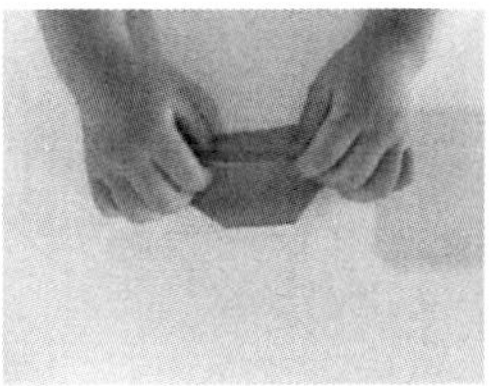

步骤十：往上折

步骤十一：另一边也向上折

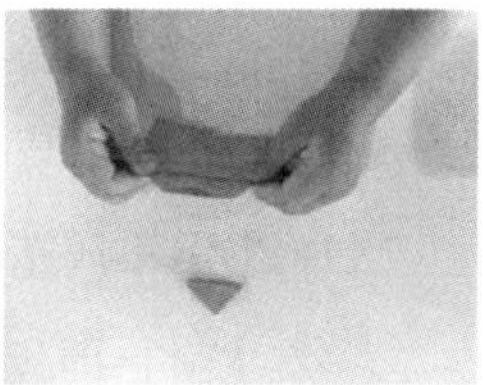

步骤十二：完成啦

“小偷上房”制作步骤图

方案 4　放风筝

活动由来

春天到了，春风暖暖地吹拂着大地，在春暖花开的日子里，幼儿也更喜欢到户外去玩。他们的话题总离不开风筝，聊天时一直会提到自己和爸爸妈妈一起放风筝的趣事，也会提到各种造型丰富的风筝，其中就有我们民间游戏馆里面挂着的龙风筝。于是，我们把爸爸妈妈请到民间游戏馆里，和幼儿一起欣赏风筝、了解风筝、制作风筝。

活动目标

1. 初步了解风筝的由来，激发对民间艺术的兴趣。

2. 感受风筝的对称美，能和家长一起运用多种材料进行风筝装饰。

3. 激发幼儿参与环境布置的兴趣，体验成功的快乐。

活动准备

经验准备：幼儿放过风筝，对风筝的基本构造有初步了解。

活动过程

1. 设置情境，导入风筝主题。

（1）带领幼儿及家长参观民间游戏馆风筝展，观看影像资料。

（2）引导幼儿从造型、图案、色彩等方面展开讨论，发现风筝的不同特点，重点感受风筝的对称美。

（3）教师介绍传统风筝的制作方法及风筝的形状、图案所代表的美好寓意。

（4）引导幼儿分享交流：你还见过其他风筝吗？它们是什么样的？

2. 出示材料，亲子装饰风筝。

（1）出示不同造型的空白风筝，激发幼儿装饰风筝的愿望。

（2）介绍装饰材料以及工具的基本使用方法。

装饰风筝

说说我的愿望

（3）迁移幼儿已有经验，在家长的协助下尝试用不同材料装饰风筝，重点引导幼儿运用对称手法进行装饰。

（4）关注家长和幼儿装饰的画面所代表的寓意，鼓励家长和幼儿在风筝上画上自己的愿望。

（5）对亲子创作过程中出现的小问题，教师应及时给予关注和支持，持续激发幼儿创作的热情。

3. 展示亲子作品，欣赏交流。

（1）鼓励同伴之间相互介绍，分享自己所装饰风筝的特别之处。

（2）教师通过幼儿的相互介绍，了解他们对自己装饰的风筝的评价，满意或不足的地方都能让教师在集体评价时有的放矢。

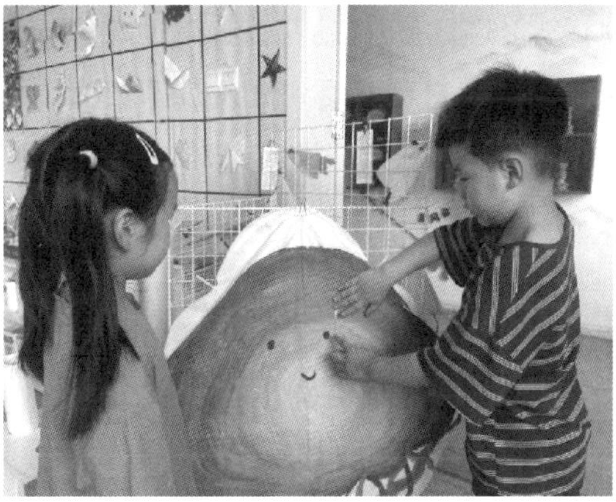

与同伴分享

风筝展示

（3）教师对幼儿和装饰好的风筝进行评价。教师评价过程中先指出其装饰的亮点与难点，再对其提出更高的要求，如颜色可以更鲜明一些，对称可以加强等等，让幼儿体会认同感和成功感。

4. 亲子放风筝。

（1）鼓励幼儿拿着装饰好的风筝和家长一起到操场去放飞，比比哪个风筝飞得高，感受创作带来的成就感。

（2）引导幼儿在放风筝时互相欣赏同伴的装饰。

活动延伸

★ 向幼儿介绍关于风筝的历史故事，使幼儿初步了解风筝在不同时代的不同作用。

★ 在放风筝游戏中感受风的力量、风的方向带来的不同效果。

★ 在装饰风筝的基础上，在家与爸爸妈妈尝试制作独一无二的风筝，并能向同伴分享自己的制作经验。

活动反思

在感受放风筝游戏带来快乐的同时，让幼儿了解风筝的构造，感受风筝的工艺美，体会传统制作活动的乐趣，这是传统民间游戏带给幼儿的多种享受。幼儿也在和家长一起欣赏、感知、制作风筝的过程中，增加了对民间传统游戏的兴趣，增进了亲子关系。但在装饰风筝的过程中，包办代替的现象较多，大部分是家长在进行装饰，幼儿在旁边看。针对这一现象，我们可以跟家长提前进行沟通，亲子活动的目的是共同完成幼儿的制作愿望，尊重幼儿的想法，先做好计划，在制作装饰中，要明确幼儿能做什么，负责哪些工作，家长做什么。在操作前也要先请幼儿来说一说自己的制作计划，由幼儿来主导活动。在放飞风筝的过程中，许多家长都是先将风筝放起来，然后再交给幼儿。我们建议在亲子活动中，先让幼儿自己尝试，成人在旁边做指导，让幼儿自己感受到放风筝需要借助风力，还要用助跑、放线等来完成风筝的放飞。等到幼儿确实需要帮助时，家长可以手把手地教，和幼儿一起克服各种困难。不要一再追求谁先把风筝放起来，谁的风筝放得高，应更多地关注放风筝的过程，感受亲子合作的乐趣。

方案 5　纸风车

活动由来

幼儿园举办民间游戏节时，到处挂着、插着各式各样的风车。面对这么多的风车，孩子们总会对着插在地上的风车吹一吹、碰一碰；也喜欢仰起头望着挂在空中的风车，一阵风吹来，观看风车呼啦啦快速旋转起来的样子。我们民间游戏馆里也有很多纸风车，让孩子们和这些纸风车来个亲密接触，会产生怎样有趣的活动呢？于是我们开展了纸风车的探索与制作活动。

活动目标

1. 在玩的过程中了解纸风车的基本构造。
2. 初步学会看步骤图，尝试制作纸风车。
3. 在探索和制作纸风车的过程中体验快乐。

活动准备

经验准备:幼儿有玩风车的经验,对风车的基本构造有初步了解。

活动过程

1. 出示风车,唤起幼儿玩风车的经验。

(1) 教师:这是什么? 你在哪里看到过它?

(2) 鼓励幼儿吹一吹、玩一玩风车,引导幼儿感受风车转动时跟静止时的区别。

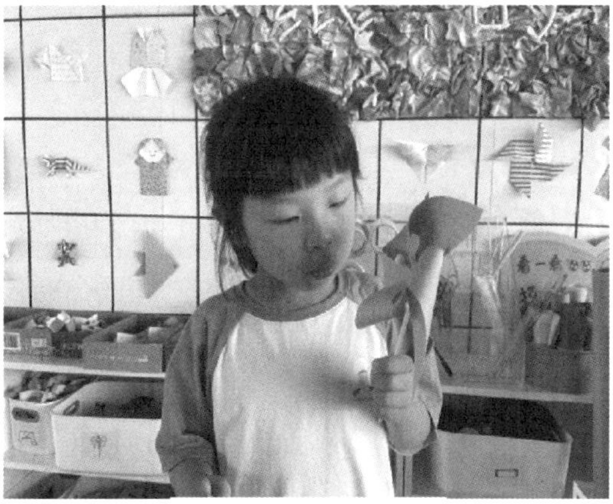

吹风车

跑着玩风车

身体转动玩风车

扇风车

2. 引导幼儿分享玩风车的经验。

(1) 教师:你是怎样让风车转起来的?

(2) 引导幼儿分享让风车转起来的方法,提醒幼儿在同伴表达的时候注意倾听。

（3）引导幼儿比较不同材质、不同造型的风车，感受不同风车所产生的不同的转动效果。

3. 鼓励幼儿看步骤尝试自制纸风车。

（1）鼓励幼儿拆解馆内已有的纸风车，引发制作兴趣。

（2）引导幼儿选取合适的材料：正方形手工纸、牙签、双面胶、吸管、记号笔、彩笔等。

（3）引导幼儿看步骤图，了解制作风车的方法。

① 一张正方形纸，角对角对折，折成三角形。

② 用剪刀将纸的四角从外向内沿对折线剪开，剪到距中心点一半的地方停下。

③ 隔一个角将剪开的纸拉回纸的中心，用双面胶粘起来固定。

④ 用短牙签穿过纸的中心。

⑤ 用超轻黏土将牙签一头包裹，另一头固定在吸管上。

步骤一：将纸的四角从外向里沿对折线剪开

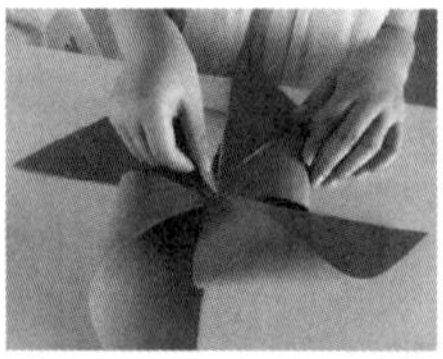
步骤二：隔一个角将剪开的纸拉回纸的中心，用双面胶粘起来固定

步骤三：用短牙签穿过纸的中心

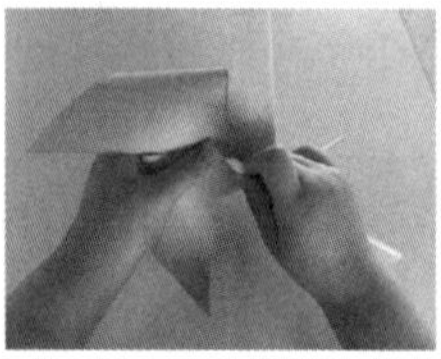
步骤四：用黏土将牙签一头包裹，另一头固定在吸管上

纸风车的制作步骤

幼儿作品

4. 教师参与制作，为幼儿提供帮助。

（1）引导幼儿学会看步骤图，根据步骤图一步步进行制作。

（2）与制作有困难的幼儿进行个别交流：你遇到了什么困难吗？哪一步你不会了？应该怎样做呢？

（3）关注幼儿使用工具、材料的安全性，特别是用牙签固定这一步，教师要给予更多的帮助。

（4）鼓励制作较快的幼儿用彩笔装饰制作好的纸风车。

5. 玩纸风车，体验成功的乐趣。

（1）引导幼儿玩一玩自制纸风车。

（2）尝试找出纸风车不能转动的原因并进行改进。

（3）到户外玩自制纸风车，体验成功的快乐。尝试探索：什么情况下风车转得快？什么情况下风车能不停地转动？

活动延伸

★ 在班级美工区提供更多样的材料，供幼儿继续探索制作不一样的纸风车。

★ 在幼儿园内布置幼儿自制风车展。

★ 寻找生活中的风车，发现生活中的风车用途。

活动反思

通过玩风车、做风车，幼儿已经掌握了风车的基本结构。在纸风车的制作过程中，幼儿学习对角折、沿线向中心剪，同时运用折、剪、粘的技能，将风车和辅助材料固定起来。制作风车的过程也是幼儿探索的过程，他们在做一做、玩一玩、比一比中，体验着自己动手操作所带来的喜悦。中班的幼儿已经有了一些粗浅的折纸经验，大部分幼儿已经掌握了对边折、对角折的技能，也有看步骤图的经验，因此在本次活动中，大部分幼儿能按步骤图一步一步地进行制作。也有小部分幼儿由于缺乏一定的技能没能很好地完成制作任务。一方面是由于幼儿手腕小肌肉还没有发育成熟，完成有一定困难。我们建议在班级区域中增加锻炼精细动作的操作材料，增加幼儿的手指、手腕小肌肉锻炼的机会。另一方面，有小部分幼儿面对制作中遇到的困难容易退缩，他们只是等待老师或者同伴来帮助他们解决问题。对于这些幼儿，我们在帮助他们时需要提供一些必要的协助，大部分幼儿可以通过自己努力完成的任务，由他们自己去完成，给予他们更多等待的时间，而不是催促他们一定要跟上组内所有幼儿的进度，在看到这部分幼儿的进步时要及时给予肯定和表扬，帮助他们树立战胜困难的勇气。

方案6　跳跳蛙

活动由来

弹跳玩具是低龄幼儿常见的玩具，在民间游戏馆的博物中心收藏着一些古老的弹跳玩具，例如铁皮青蛙、发条人等等。每次路过博物中心，幼儿都会指着这些玩具，和同伴说这个青蛙能跳，这个人可以弹起来，等等。在百草园的长廊编织区里，幼儿也有过用芦苇叶、芭蕉叶、棕榈叶等做弹簧蛇的经验。在民间游戏馆纸类游戏区里，幼儿可以用纸来制作出属于自己的弹跳玩具吗？带着这样的疑问，我们开展了本次活动，引导幼儿用适宜的材料制作纸弹簧跳跳蛙，鼓励幼儿在玩中不断改进自己的制作方法。

活动目标

1. 学会用交替对折的方式制作纸弹簧。
2. 在不断尝试中改进自己的制作方法。
3. 愿意大胆尝试，体验折纸制作活动的乐趣。

活动准备

经验准备：幼儿玩过民游馆内的各种弹跳玩具，有用自然物编织弹簧的经验。

活动过程

1. 出示弹簧跳跳蛙，激发制作意愿。

（1）请幼儿自由玩一玩弹簧跳跳蛙。

（2）引导幼儿在玩和观察的过程中了解弹簧跳跳蛙的基本构造。

2. 示范讲解，提出要求。

（1）教师讲解示范跳跳蛙的制作步骤。

① 取两条细长的长方形纸条，将纸条的两头互相垂直叠放并用胶水固定。

② 依次将外面的纸条向内折，直到纸条尾部，再固定形成弹簧。

③ 画出小青蛙的轮廓剪下来，粘贴到折好的弹簧上。

制作纸弹簧

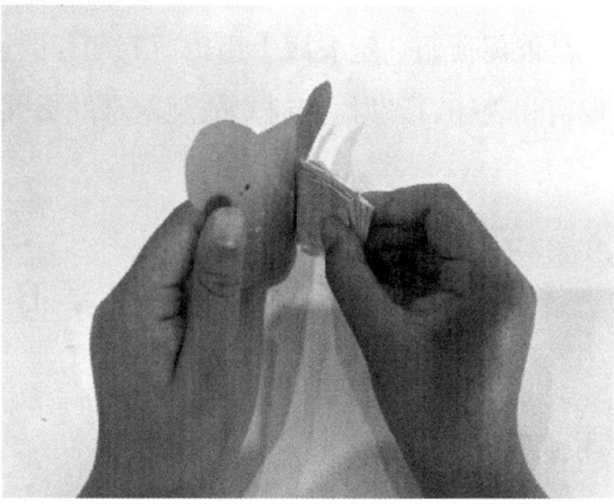

粘贴青蛙头

（2）鼓励幼儿选取合适的材料，重点介绍折纸弹簧的方法和要求：两条纸条粗细、长短一样，要交替折，边线一定要对齐。

3. 鼓励尝试，不断调整。

（1）教师提供折纸弹簧的实时示范，鼓励幼儿尝试制作，及时帮助幼儿解决操作过程中遇到的问题。

（2）鼓励幼儿之间比一比，看谁做的青蛙跳得更高更远。

（3）引导幼儿分享玩的过程中发现的问题。

（4）帮助幼儿梳理自制跳跳蛙过程中产生的问题。如：按下去的时候会歪掉，纸弹簧弹不起来，纸弹簧弹了几次就散架，用力按了但就是弹不起来，等等。

（5）针对产生的问题，与幼儿共同探索解决办法。

（6）引导幼儿讨论并对自己的跳跳蛙进行调整。

＊重点引导幼儿探索制作纸弹簧的材料及对齐的折纸条的样子，以及下压的力度和向上的角度对跳跳蛙跳动的影响。

比谁先跳到书上

比谁跳得远

比谁能越过障碍

比谁能跳到圈里

4. 创设情境，花样比拼。

(1) 鼓励幼儿自创游戏情境或障碍，与同伴进行比拼。

(2) 将跳跳蛙拿到班级里跟其他同伴进行比拼。

活动延伸

★发动家长一起寻找弹簧在生活中的运用，例如沙发、床垫、弹簧秤等，请家长和幼儿一起聊聊弹簧的作用。

★在班级益智区内提供不同材质的纸条，供幼儿继续探索制作跳跳蛙，并感受不同纸张制作的跳跳蛙产生的不同弹跳效果。引导幼儿运用纸弹簧，设计和制作不同的纸玩具和作品。

★ 提供各种弹跳玩具，让幼儿尝试探索。

★ 在户外模仿弹跳玩具活动的方式，开展弹簧人的体育游戏。

活动反思

幼儿在制作弹簧跳跳蛙的过程中，不断调整，改进制作方法，初步发现弹簧动起来的原理，感受探究带来的成功体验。在自创游戏情境的时候，幼儿不满足于桌面游戏，把游戏场地拓展到了地面上，还找到了柳枝花环作为游戏道具，增加了游戏的趣味性和难度，也吸引了更多幼儿参与。活动中大部分幼儿表现良好，成功体验到了自制玩具的乐趣，但也有小部分幼儿一直没有成功，好在教师及时发现了他们制作中的问题。用于做弹簧的纸条经过幼儿的多次折叠有些已经不平整，有些破损，幼儿更换了新的纸条后就成功了；但也有幼儿还没有掌握折叠的技巧，这类幼儿需要在平时加强动手能力的锻炼。

方案7　东南西北

活动由来

大班幼儿已经学会了用一张正方形纸折叠成“东南西北”。区域活动的时候几个女孩子喜欢玩“东南西北”的游戏。有段时间恰逢民间游戏馆环境改造，在游戏中心进门口的地面上，张贴着一个巨大的平面“东南西北”，用于指示游戏中心的四个区域。开展环境改造后的第一次民间游戏馆活动时，一进门几个孩子就被地面上的“东南西北”图案吸引了过去。他们围着在一起讨论了起来:“这个东南西北上的图案代表了什么意思?”“这么大的东南西北要怎么玩呀?”“能和纸的东南西北一样玩吗?”

活动目标

1. 尝试运用地面图像模仿东南西北游戏。

2. 能按自己的想法进行游戏,遇到问题能够坚持而不轻易放弃。

活动准备

经验准备:幼儿已玩过纸质“东南西北”的游戏。

活动过程

1. 鼓励幼儿创新“东南西北”的玩法,教师观察并适时给予帮助。

(1) 提问引发幼儿思考:地面东南西北可以怎么玩?

(2) 聆听幼儿的想法,根据幼儿的问题给予帮助。

◆为幼儿提供适当的材料,辅助幼儿创编游戏玩法。

◆以提问的方式帮助幼儿细化游戏方法和规则:游戏时几人一组?以怎样的方式进行游戏?抽到这个方位后对应的奖惩是什么?

2. 幼儿分享设想并尝试游戏,教师观察指导。

(1) 鼓励幼儿大胆分享,清楚表述游戏的玩法及规则。

(2) 幼儿语言表述不清时,教师引导幼儿进行游戏演示。

手拉手玩东南西北

脚玩东南西北

手指玩东南西北

五人玩东南西北

（3）关注幼儿的游戏情况，提醒幼儿将体验过的玩具放回原位。

3. 游戏分享，交流感受。

（1）教师播放幼儿游戏视频，幼儿分享游戏经验，说一说对游戏儿种玩法的感受。

（2）引导幼儿交流游戏中遇到的问题和解决的方法。

活动延伸

★ 创新游戏玩法，增加游戏人数，尝试进行六人或八人的东南西北游戏。

★尝试将东南西北的不同玩法制作成展板，放置在民间游戏馆和班级区域，向更多的幼儿介绍游戏的新玩法。

★ 在班级区域中提供地图，和幼儿一起探究地图，讨论和记录相关内容。

★请家长多和幼儿聊聊有关方位的事情，例如以自己的家为中心，和幼儿一起发现自己家的东南西北各有什么，增加一些有关空间、方位等的经验。

活动反思

幼儿已有玩纸质东南西北游戏的经验，本次活动借助民间游戏馆地面的图案，让幼儿自己化身为东南西北的各个方位来开展游戏，游戏方法和规则都需要重新制定。幼儿在创编游戏玩法时进行无实物想象比较困难，于是教师提供了辅助材料（如：纸质东南西北、小木棒等）帮助幼儿模拟游戏，完善游戏设想。

在向同伴介绍自己的游戏设想时，有的幼儿由于语言表达能力弱，无法清晰描述玩法和规则，同伴游戏时就出现搞不清怎么玩、不按规则玩的情况。这时教师可以引导幼儿用辅助材料演示玩法，让同伴了解游戏规则，再进行游戏。

本次活动是四名幼儿各代表东南西北的一个方位进行游戏，在后续的活动中可以将人数增加至八名，每两名幼儿代表一个方位，这样与“东南西北”玩具的匹配度更高，但也提升了难度，需要教师和幼儿进一步讨论，制定新的游戏规则。同时，为了给幼儿更多玩此类游戏的机会，教师可以用粉笔等材料在班级地面上画一个平面的简易版“东南西北”，也可以用废旧报纸、泡沫地垫等材料来摆出一个“东南西北”，这样幼儿在班级的区域活动中也可以开展此类活动。

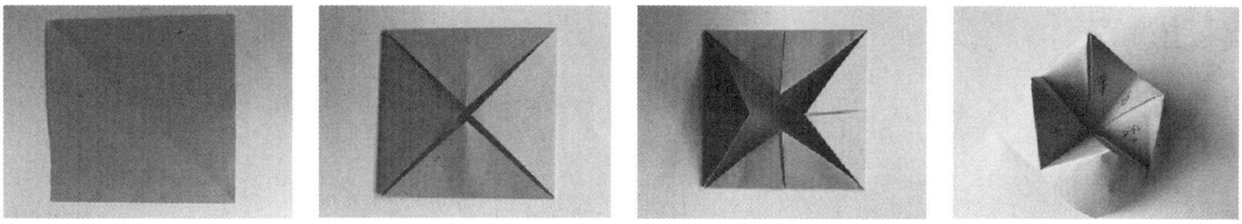

步骤一：准备一张正方形的纸

步骤二：四个角都向中心折

步骤三：翻面后四个角都向中心折

步骤四：在内侧画上标记后，对折向中间靠成菱形状

“东西南北”制作步骤图

方案 8　做洋片

活动由来

民间游戏节期间，玩具收集活动得到了广大家长和幼儿的热情参与。一天，琦琦带来的一叠印有西游记人物形象的洋片引起了大家的围观，他们好奇地翻看着洋片上的画面，寻找自己喜欢的洋片。小米说：“我最喜欢孙悟空，你们看这张洋片上的孙悟空在打妖怪。”轩轩找到一张沙和尚的洋片：“我爸爸说沙和尚最好了，他们四个人的东西都是他拿的。”……小伙伴七嘴八舌，妙妙忽然提到民间游戏馆也有洋片，那里的洋片展览区里陈列了各种不同的洋片，其他幼儿也纷纷回应想要去民间游戏馆里玩更多好玩的洋片。

活动目标

1. 学习用裁、画、剪等方式制作洋片。
2. 在制作和游戏中探索不同种类的纸。

活动准备

经验准备:幼儿收集过各个年代的洋片、各种形式的洋片,对不同的洋片有一定的了解。

物质准备:洋片集、洋片游戏视频、各种洋片若干、洋片制作的步骤图和视频、各种纸、剪刀、记号笔、蜡笔、尺若干。

活动过程

1. 联结经验,导入活动。

(1) 教师:这几天很多小朋友都在讨论洋片,你们都喜欢什么样的洋片呢?

(2) 教师引导幼儿从洋片的材质、形状、图案观察洋片展。

(3) 教师梳理幼儿的兴趣点:昨天有小朋友想自己做洋片,你们想不想尝试做一张属于自己的洋片?

2. 鼓励表达,做好规划。

(1) 教师:你们想做一张怎样的洋片呢?

(2) 引导幼儿表达自己的想法。

(3) 教师向幼儿展示纸类游戏区常规的材料和工具并提问:要想完成这张洋片,你需要选择什么材料和工具呢?

剪出洋片

画上图案

(4) 让幼儿自由表达,教师听取个别幼儿的意见,鼓励幼儿自由选择材料制作洋片。

3. 巡回观察,提供帮助。

(1) 引导幼儿观察制作洋片纸张的硬度,用适合的材料进行制作。

(2) 了解幼儿想要制作的洋片大小、形状,鼓励幼儿寻找合适的工具进行辅助。

(3) 询问幼儿制作洋片的意图,根据幼儿的意图进行指导。如幼儿想要制作可以玩的洋片，指导时可让幼儿探索纸张与洋片游戏之间的关系。如幼儿想要制作观赏的洋片，则引导幼儿观察洋片画面之间的联系，尝试制作洋片集。

(4) 关注幼儿使用工具的安全性。

4. 总结回顾，分享感受。

(1) 帮助幼儿将所制作的洋片进行分类陈列，制作同一类洋片的幼儿相互欣赏。

(2) 根据所制作的洋片类别来介绍。

玩具类：这些制作的洋片可以玩“打洋片”“翻洋片”“吹洋片”等游戏。

欣赏类：这些洋片上有小朋友喜欢的图案，有动物、植物、生活用品、卡通人物等。

动物系列洋片

公主系列洋片

(3) 讨论：哪些洋片留在民间游戏馆里？哪些洋片拿回班级里？

活动延伸

★ 继续开展洋片收集活动，也可扩展到收集明信片、贺卡等类似纸制品。

★ 在班级美工区中开展更多形式的洋片制作活动，引导幼儿关注自己喜欢的图画书、动画片、玩具等，把相关的形象制作成系列洋片集。

★ 在年级组中办一个自制洋片展，展示更多不一样的洋片。

★ 开展家庭“我喜欢的洋片”调查活动，了解爸爸妈妈、爷爷奶奶小时候喜欢什么样的洋片，他们是怎么玩洋片的，请家长将自己和洋片的故事讲述给幼儿听。

活动反思

洋片制作活动是基于幼儿对于洋片的喜爱和了解基础上开展的。在选择材料的过程中，大部分幼儿选择常见的打印纸，但这种纸硬度不够，不适宜制作洋片。于是教师引导幼儿通过摸、看、对比等来感知洋片的硬度。后来他们开始选择硬卡纸和收集来的挂历纸、香烟纸盒等材料。常见的洋片都是长方形的，因此幼儿在模仿制作时也都是制作长方形的洋片，但刚开始时他们没有借助任何辅助工具，导致制作的洋片边缘不齐。经过教师的引导，他们开始尝试借助尺子、笔等辅助工具剪或裁出同一规格的洋片，甚至还借助双面胶、收纳盒等制作不同形状的洋片。在这一过程中，幼儿学会了运用多种工具，并探索出制作不同形状洋片的适宜工具。对于洋片画面的绘制，幼儿画的基本是人物和动物，这也是源于他们所接触到的洋片画面，因此在后续的活动中可引导幼儿更多地关注洋片的画面，并探讨洋片画面所呈现内容与时代之间的联系。

方案9　翻洋片

活动由来

幼儿收集的洋片越来越多，这些洋片可以怎么玩呢？他们开始尝试用自己的方式玩。那么传统的洋片游戏是如何玩的呢？在“我喜欢的洋片”调查活动中，幼儿了解到爸爸妈妈、爷爷奶奶玩洋片的一些方法。“我们也能这样玩洋片吗？”“我有新的玩洋片的方法。”带着这些问题和想法，幼儿来到了民间游戏馆，去探寻传统游戏与现代游戏之间的联系。

活动目标

1. 尝试使用拍、甩等多样的方式将洋片翻面。
2. 在游戏中探究创新玩洋片的方法。
3. 乐于和同伴合作游戏，体验洋片游戏的乐趣。

活动准备

经验准备：幼儿收集过各种洋片，对不同的洋片有一定的了解。

物质准备：洋片集、翻洋片游戏视频、自制洋片若干。

活动过程

1. 游戏展示，引出活动。

（1）教师：最近小朋友们都在玩洋片，你是怎么玩的呢？

（2）引导幼儿边展示边用语言讲述自己的游戏方法。

(3) 教师根据幼儿的讲述总结幼儿的游戏方法。

2. 自由游戏,探索玩法。

(1) 播放翻洋片游戏视频,引导幼儿了解传统翻洋片游戏的玩法。

(2) 引导幼儿说说传统玩法与自己创新玩法之间的异同。

(3) 鼓励幼儿自主选择洋片和场地进行洋片游戏。

吹洋片

拍洋片

划洋片

测量谁的洋片远

3. 游戏观察,巡回指导。

(1) 教师提醒幼儿游戏时注意人与人之间的距离和游戏时的安全。

(2) 鼓励幼儿学习传统的翻洋片玩法,感受传统玩法的乐趣。

(3) 关注幼儿游戏时遇到的问题,帮助幼儿总结方法,鼓励幼儿尝试用不同的方法、借助不同的辅助工具使其翻转。

(4) 引导幼儿继续创新洋片玩法并记录下来。

(5) 鼓励幼儿自由结对、自定规则进行洋片大赛。

4. 游戏分享，回顾总结。

(1) 组织幼儿分享玩传统翻洋片时遇到的问题和解决的方法。

(2) 鼓励幼儿分享创新的玩法。

(3) 幼儿交流：在翻洋片、划洋片、射洋片、吹洋片等玩法中，你最喜欢玩哪种？

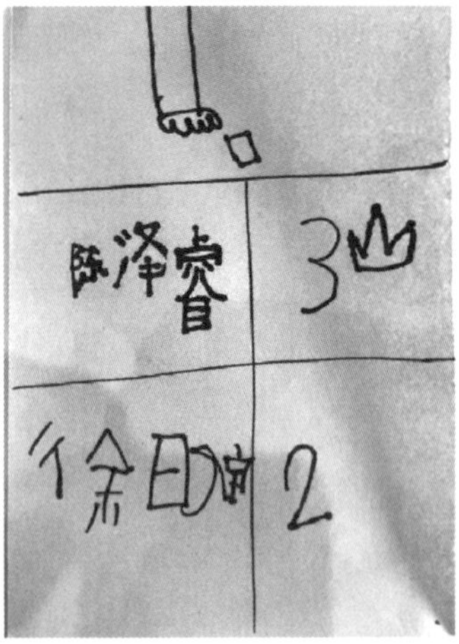

拍洋片记录

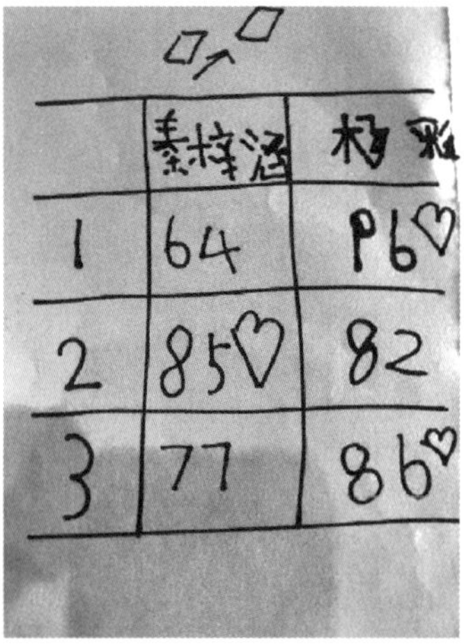

划洋片记录

吹洋片记录

活动延伸

★ 在班级区域活动中继续探索洋片的游戏玩法并记录、分享。

★ 将洋片等材料带到户外，开展各种洋片大赛活动。

★ 邀请家长来园，和幼儿一起开展翻洋片游戏，介绍不同时代的洋片和玩洋片的故事，推选出精品洋片作为民间游戏馆博物中心的馆藏，制作洋片档案，出具收藏卡。

活动反思

活动一开始，幼儿在分享前期游戏经验和观看翻洋片的游戏视频中，对玩洋片的兴趣越来越浓厚。在探索“甩”和“拍”两种玩洋片的方法时，幼儿对“拍”的方法掌握得比较好，基本都能拍翻洋片，体验到成功的快乐；但是在“甩”洋片时他们遇到了困难，不仅要掌握好甩的动作力度，还需要掌握好角度，所以成功的幼儿不多。基于这点教师可以给予更多的指导，如：引导幼儿可以在洋片下面垫本厚一点的书，寻找材质偏软的地面或者在软垫上进行，通过这些软的材质增强的振动感和甩的时候产生的风这双重的作用力使洋片翻转。在创新洋片游戏时，他们的想法很多，有的幼儿在地上划洋片，有的幼儿借助墙面玩贴洋片游戏等。不同的游戏引发了幼儿更多的探索，如用手、脚、线等工具测量洋片划过的距离，学会用折、垫高洋片等方法来翻转洋片，并用自己的方式对游戏的方法与结果进行记录。小小的洋片能玩出这么多的花样，这样的传统游戏谁不喜欢呢？

方案 10　抽乌龟

活动由来

民间游戏节期间，我园向家长发起了民间游戏收集活动，其中有一位爸爸介绍了纸牌游戏“抽乌龟”的玩法，还拍摄了游戏视频，并将其存放在民间游戏馆的游戏视频播放器中。在民间游戏馆游戏时，几名幼儿在游戏视频播放器中发现了这个游戏，非常感兴趣，商量着要玩一玩。

活动目标

1. 通过视频了解“抽乌龟”游戏的规则，会玩“抽乌龟”游戏。

2. 在两两合作游戏中体验纸牌游戏的乐趣。

活动准备

经验准备：幼儿认识纸牌和纸牌上的花色，玩过纸牌。

物质准备：数字为 2—10 的四个花色的纸牌、一张大王牌。

活动过程

1. 教师展示“抽乌龟”游戏，幼儿观察玩法。

（1）播放纸牌游戏“抽乌龟”视频，帮助幼儿观察玩法并了解游戏规则。

（2）鼓励幼儿用语言描述游戏玩法。

以提问的方式引导幼儿将游戏规则描述详细：发牌前要做什么？（洗牌）怎么发牌？（一人一张轮流发）什么样的牌要抽出来放在桌子中间？（相同数字的牌）最后怎么判定谁是乌龟？（大王牌在谁的手中谁就是乌龟）

2. 幼儿游戏，教师巡回观察。

（1）幼儿两两组合进行游戏，教师观察幼儿的游戏情况。

（2）针对游戏产生的分歧（不愿意在脸上画乌龟），讨论、改进游戏规则。

（3）介绍新的游戏方法，将在脸上画乌龟改成在脸上贴纸条或得到一朵小纸花（此内容可更换成任何能够随手获得的材料）。

（4）再次进行游戏，提醒幼儿遵守游戏规则。

3. 游戏分享，展示游戏成果。

（1）分享游戏感受，展示游戏成果。

（2）交流游戏过程中遇到的问题和解决的方法。

两两合作游戏

游戏成果展示

活动延伸

★ 创新玩法，尝试多人（3～4 人）玩“抽乌龟”游戏。

★ 向家长一起了解更多的纸牌游戏，并玩一玩。

★ 在班级美工区中投放纸牌，进行纸牌制作，如制作纸牌收纳盒、纸牌扇子等。

活动反思

第一轮游戏时小米和乐乐那一组就发生了分歧，小米输了，乐乐要在她的脸上画乌龟。小米不同意，说：“画在脸上洗不掉的，我妈妈要说我的。”乐乐认为这是游戏规则就要遵守，于是两人就吵了起来。这场争执引起了旁边幼儿的注意，女孩们都非常赞同，认为在脸上画画不卫生、不好看。于是教师组织幼儿展开讨论，改进游戏规则，最后幼儿觉得把贴画或者纸条贴在脸上，游戏结束可以撕下来，而且能计算出自己输（赢）了几次比赛。经过所有幼儿投票，最后的惩罚变成了贴纸条（贴画）或获得一朵小纸花。由于游戏规则的改进，原本被认为谁得到大王牌就是输变成了都期待得到大王牌，获得大王牌就是获得游戏胜利。一开始游戏只用到了数字为 2～10 的四个花色纸牌，对于能力强的幼儿缺乏挑战性，几轮游戏后幼儿的兴趣就有所降低。教师要随时关注幼儿的游戏情况，发现这个问题后可及时增加纸牌，将 A 和 J～K 添加进去，增加游戏的挑战性。

方案 11 纸翻花

活动由来

端午节时班级里开展了制作龙的活动，有一名幼儿制作的龙身运用到了纸拉花的工艺，幼儿就对制作纸拉花很感兴趣：不仅用纸拉花制作成龙身，还将它变化成纸网兜、纸花等。看着孩子们对变化的纸拉花如此感兴趣，教师想到民间游戏馆中有纸翻花的玩具，它跟纸拉花有着相似的制作原理，而且更加变化多端。当教师将一个纸翻花放在班级的美工区后，幼儿果然很感兴趣："这个纸翻花这么漂亮怎么玩?""纸翻花会变成什么呢?"带着这样的问题，教师带领幼儿到民间游戏馆开始了探索活动。

活动目标

1. 尝试用拉、翻、转、摇、甩等不同的动作将纸翻花翻向上下左右不同的方向，变化出不同的造型。

2. 能一边用手变化纸翻花的造型，一边用"往×翻，变成××"的句式描述出动作以及变化出的造型。

3. 感受纸翻花游戏的有趣，乐于和同伴分享自己的经验。

活动准备

经验准备：制作过纸拉花，知道纸通过剪裁、组合能变化出不同的造型。

活动过程

1. 欣赏民间游戏馆纸类游戏区中展示的纸翻花造型。

(1) 谈话引出话题：这里的纸花造型都不一样，看看它们都像什么。

(2) 幼儿自由欣赏、讨论。

(3) 个别幼儿介绍自己喜欢的纸翻花造型。

(4) 教师小结：这些漂亮的纸翻花虽然造型各异，可是它们都是由相同的纸翻花翻出来的，通过用手去翻、拉、转等，纸翻花会变化出不同的造型。

自由玩纸翻花

2. 教师示范基本玩法，幼儿初步了解游戏方法。

(1) 教师放慢速度玩纸翻花，引导幼儿观察翻花时的手部动作，以及每一次翻出来的造型，鼓励幼儿说一说像什么。

(2) 请个别幼儿尝试玩一玩，引导幼儿用“往×翻，变成××”的句式描述自己玩的过程。

(3) 教师和幼儿共同梳理翻花的基本动作和翻的方向(上下左右)。

3. 自由游戏，探索新的翻花方法。

(1) 关注幼儿翻花的方法，鼓励幼儿探索新的翻花方式。

(2) 引导幼儿边翻边用语言描述自己的游戏。

(3) 提醒幼儿翻的时候注意手部力量，爱护玩具，不要扯坏纸翻花。

(4) 引导幼儿用自己的方式记录下翻出的造型和方法。

(5) 鼓励幼儿将自己的经验和方法分享给同伴，相互学习。

4. 游戏展示，经验交流。

(1) 邀请幼儿展示，注意引导幼儿用“往×翻，变成××”的句式描述翻花过程。

(2) 鼓励幼儿学一学，翻一翻。

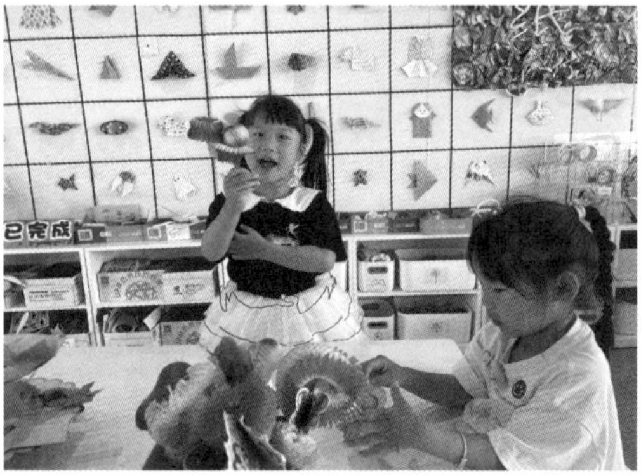

幼儿展示

教师展示单手翻花

（3）教师展示单手翻花并念与之相配的贯口。

（4）幼儿交流：老师展示的纸翻花中有哪些是自己没有翻出来的？怎么翻？

活动延伸

★ 在班级美工区投放纸翻花制作步骤图、彩纸等材料，开展制作纸翻花的活动。

★ 开展翻花比赛，让更多的幼儿体验纸翻花游戏。

活动反思

纸翻花又称“七十二变”，我们从这个名字中就能看出纸翻花是多变的。要学会这么多的变化也不是一朝一夕的事情，这也激发了幼儿不断探索的欲望。纸翻花看似简单没有过多的技巧，真正玩了之后才发现它有一定的规律，一般都会遵循“上下左右”的顺序，也就是先翻上面再翻下面，翻完左边再翻右边。活动中幼儿基本是随心所欲地翻，往往翻出来的花样是重复的，有的时候纸翻花还会卡住，太用力又会撕破，所以还是要让幼儿掌握基本的“上下左右”规律。由于上述原因，此次活动中大部分幼儿只能翻出 3～4 种花样，要翻出更多的花样还需要更多的探索。除此之外，翻的动作也非常多，比如拉、翻、顶、弹、转、摇、抖、甩等，还有组合的动作，这些技巧性的动作要在完全掌握翻花规律后才能让翻花变化出各种造型，因此这个活动还有很大的探索空间，给幼儿多点时间他们能有更多的发现。

附：

纸翻花贯口

用手一拉，一顿一插，往后一倒，彩虹桥；

中指一顶石拱桥，然后对折翻，翻着变，这个叫作八宝扇；

扇子花，用手弹，孔雀开屏石榴花，用手转叫海棠花；

然后摇着变叫喇叭花；

抖着变叫马兰花，甩着变叫魔雀花；

下来峨眉磨盘花；

前后一摇，左右一抖，打开来老虎大张口；

用手翻扭一扭，压住白的，翻出红的，这个叫作狮子大张口；

往下一摸摸下去，摸着变，

往下一拉拉着就变，这个就叫三寸金莲，玲珑绣花鞋；

顿起来还能变，这个叫小帆船；

用手把它错开来，前面错，下面错，错完之后往下一顿，
倒着就变，这个叫作赛龙船。

八宝扇

磨盘花

彩虹桥

石拱桥

四、民间纸类游戏资源

(一) 纸类游戏汇总表

上述相关民间纸类游戏的活动列举，只是从收集整理的众多的游戏中筛选出来的具有典型代表的游戏。纸类民间游戏材料多样易取，纸类游戏更具安全性，又能培养幼儿的动手能力，提升专注力和创新力。为了给参与者更多的参考，民间游戏馆的管理者筛选了27个适合3—6岁幼儿开展的纸类民间游戏，并将其梳理成表格的形式，以备具有不同兴趣的幼儿进行选择。

表 3-2　纸类游戏汇总表

序号	游戏名称	所用玩具、材料	制作步骤或玩法	备注
1	放风筝	风筝	在户外选择空旷的场地,一人负责拉着风筝的线,一人在不远处逆风向站立,双手将风筝高高举起,看准风向顺势将手中的风筝抛起,放风筝的幼儿不停地轻轻往回拉风筝线。	比赛项目多样,可以从华美、精致、高低和技巧等方面比较。
2	摔方宝	自制的方宝洋片,各类废旧杂志、报纸等材料	方宝洋片折叠步骤:准备两张相同大小的纸折成长条,成十字交叉,下面的一条边沿上条边折成三角,再折到上线这条中间。另一头也同样。最后将折叠的四个尖角依次交叉,最后一个角插进缝隙里即完成。 玩法:一人将一个方宝扔在地上,另一人也拿出一个方宝用力摔在地上或者对方的方宝上,靠产生的风或适当的角度把地上的方宝翻个面,即得胜。	
3	翻洋片	洋片	幼儿各出一张洋片放在桌上,轮流通过"吸""拍""吹""扇""打"等方法,将双方的洋片由正变成反,成功翻转即可获得对方的洋片。	
4	东南西北	正方形的纸	东南西北折叠步骤:将准备好的正方形纸对折成十字形后打开,四个角向中心点折叠,随后将其翻面,再将四个角向中心点折叠,翻转后在四个小正方形处分别写上"东、南、西、北",在另一面的区域写上可以做的事情或者画动物或其他,最后手指撑开一张一合即可完成折叠。 玩法:折叠完后,一人选定东、南、西、北中任一角并随意说一个数,另一人根据数字操作东南西北张合的次数,最后根据选定的东、南、西、北角查看对应的字或画,回答或做出相应的动作等。	
5	甩炮	长方形的纸	甩炮折叠步骤:取一张稍硬点的长方形纸,将长方形的长边向另一边对折,余出 10 厘米左右,反过来再对折,之后拿起来,把中间的纸往下拉即完成。 玩法:抓紧纸炮中间,对着空气用力往下甩,将内折的纸弹开,造成空气突然震动后就会发出强而有力的爆鸣声响。	纸的硬度和甩炮时用的力的大小会影响甩炮发出的声音。
6	小飞机	长方形的纸	纸飞机折叠步骤:首先将长方形纸的长边沿中心线对折后打开,接着将左侧上下两面折进中心线,然后把左侧折向右侧,再次将左侧的上下两面折向中心线,将折纸中间的小三角折向左侧后,上下两面向后对折,再将前后两面的翅膀分别向上翻折二分之一,最后整理翅膀,飞机就折好了。 玩法:按飞机折纸示意图进行折叠,完成后幼儿手拿纸飞机站在同一线上,将纸飞机放在嘴边吹一吹,使劲向前方扔,看谁的飞机飞得远。	

续 表

序号	游戏名称	所用玩具、材料	制作步骤或玩法	备注
7	纸风车	正方形纸、木棒、铁丝	纸风车折叠步骤:将一张正方形的纸,折成三角形后再对折成三角形,然后打开,即出现十字交叉线,用剪刀沿着中间的线从角剪到纸的中心的一半处为止,之后,依次间隔将剪开的一角折向纸的中心并固定,用铁丝从纸的中心穿过去,再用木棒支撑住。 玩法:幼儿手持风车在场地上奔跑,让风车转动。	铁丝穿过纸中心时注意安全。
8	螺旋式风车	长条形纸(宽度约2厘米)、铅笔或木棒	螺旋式风车折叠步骤:取三根相同的纸条,分别将每根纸条对着,依次套穿,形成螺旋式风车。 玩法:用木棒迎风支撑,风车即可随风旋转。	
9	跳跳蛙	长条形的纸	跳跳蛙折叠步骤:取两条细长的纸条,将纸条的两头互相垂直叠放并用胶水固定,依次将外面的纸条向内折,直到纸条尾部,再固定,形成弹簧。最后画出小青蛙的轮廓剪下后,粘贴到折好的弹簧上即完成。 玩法:用力按下小青蛙,再放开,使青蛙跳起来。	也可以将小青蛙换成其他小动物。
10	纸船	吸水性不同的纸张	纸船折叠步骤:长方形纸对折,再次对折,然后展开,沿中线向上折。把剩余的部分折上去,再沿着中间翻折过来,压平。然后把下面的部分沿着中间折上去,翻过来,另一面也折上去,再次翻折过来,拿着上面的两只角往两边扯开。 玩法:将纸船放入水盆中,用手轻轻拂动水面或是用嘴吹气、手扇风等让纸船漂动起来。	拂动水面要轻,避免造成翻船;可折叠不同造型的纸船对比它们在水中的稳定性,行驶路线中可设置障碍物。
11	纸陀螺	三张纸	纸陀螺折叠步骤:取一张纸对折两次后打开,上下两边先分别向中线折叠,左右两端再向中线折叠;取其中一端打开,取其中一角,竖起后打开向下折叠,其余三个角折叠方法相同;再取其中一角,左右两边向中线对折,打开后沿折痕向中线对折,其余三个角折叠方法相同;将中间的四个角向外翻折,外侧的四个角向内折叠,完成纸陀螺的第一部分。另取一张纸,对角折叠两次,找出纸的中心点,打开后,四个角向中心点折叠,然后翻面,如此重复三次。折叠完成后翻面,中间向四个角折叠,完成纸陀螺的第二部分。再取一张纸,对角折叠两次,找出纸张的中心点,打开后,四个角向中心点折叠,不要翻面,四个角再向中心点折叠,如此重复三次。折叠完成后翻面,向下对折两次,折成纸陀螺的把手部分。最后,将三个部分组装在一起。 玩法:用手拧纸陀螺,使其转动,比比谁的陀螺转得久。	

续 表

序号	游戏名称	所用玩具、材料	制作步骤或玩法	备注
12	抽乌龟	购买或者自己制作的扑克牌(去掉小王,大王为乌龟)	四个玩家按顺序摸牌,直至摸完所有的纸牌。对自己手中的牌进行配对,四人都把对子拿出来放在桌子中间,使手里只剩下单牌。然后第一个玩家从第二个玩家手中抽一张牌,与手中的单牌进行配对,如能成对则拿出来放在桌子中间,不能成对的则先保留在自己手上。接着第三、第四个玩家依次进行抽牌配对,直至所有玩家手中的纸牌全部配对成功,最后大王牌在谁手里,谁就是乌龟。	可以适当减少牌的数量,例如只放数字为 2 ～ 10 的牌。 游戏熟练后可增加玩家人数和纸牌数量。
13	小偷上房	裁剪宽度约 6 厘米的纸条	将纸房子折出后,剪去房顶作为小偷,将小偷夹在房子中间,双手捏住房子两边上下推动,将小偷送上房顶。	
14	老鼠进笼	有一定硬度的纸(卡纸、废旧硬纸板等)	两张纸,一张画上老鼠,一张画上笼子,两张纸重合粘在一起,中间用筷子固定,游戏时双手快速搓动筷子,造成老鼠进笼的错觉。	幼儿可根据自己的意愿绘画各种动物形象。
15	拉花	6 张以上同样大小的正方形彩纸(数量为双数)	彩纸对角折三次后形成一个小三角形,用剪刀在三角形左右均匀剪,剪到不可剪为止,打开后进行有规律的粘连,最后捏住两端的彩纸将拉花拉开。	左右剪的时候注意不能剪到底。
16	编花篮	彩纸、废旧杂志、报纸、纸杯	将彩纸或是废旧杂志剪裁成长条状,将纸条有规律地上下交错穿插编织。报纸卷成 12 根长条纸棒,借用硬卡纸做一个圆形底座,将纸棒一端有规律地固定在底座后进行里外交错编织。	纸棒不宜卷太紧,粗细均匀。
17	顶纸	各类纸	将纸对折。伸出食指,把对折后的纸放在食指上,调整位置顶起,看谁顶的时间长。	尝试将不同大小、不同硬度的纸张对折,感受游戏的难易程度;游戏熟练后可开展顶纸接力比赛。
18	转纸杯	废旧一次性纸杯	将纸杯裁至二分之一的高度,伸出食指(其他手指也可以),顶起纸杯转动并保持纸杯不掉落。	游戏熟练可增加纸杯裁去的部分。
19	书扯书	废旧杂志	拿出两本书,再把两本书一页一页地重叠起来,双手抓住书本用力拉。	重叠页数可由少到多进行体验。
20	报纸滚车轮	废旧报纸	连接报纸做成大的圆环当车轮,一名或多名幼儿进入"车轮",能双手撑起"车轮",手脚配合协调,把车轮向前滚。	分组游戏,组员之间注意配合,可通过喊口令统一行走速度,避免扯破车轮。

续 表

序号	游戏名称	所用玩具、材料	制作步骤或玩法	备注
21	巨人脚	纸巾盒	将纸巾盒分别套在双脚上，沿着路线走或者两两比赛走、运货等。	
22	包糖果	各色彩纸、废旧报纸	用废旧报纸揉成小纸团做糖果，用彩纸剪裁成大小适宜的长方形，用纸包裹住“糖果”，将纸条两边用力朝一个方向拧紧。	拧的过程避免用力过度造成“糖果”变形。
23	水中纸花开	各色彩纸	剪好纸花后，用手指捏住剪好的纸花的一片“花瓣”，将“花瓣”向中心折叠，然后将下一片花瓣按照同样的方式向中心折叠并注意叠在上一片花瓣上，以此类推，直至每一片花瓣都叠加在上一片花瓣上。随后，将叠好的纸花，花心向上放在水中，纸花便会自己盛开绽放。	
24	扎染小人跳舞	毛根、圆形纸巾、颜料	用纸巾折出不同形状，用颜料在纸巾上随意装饰，用毛根扭出人的形象，将纸巾和毛根绕在一起当作裙子。	
25	旋转彩条	长度相同的彩条若干、两个纸板圆片、一根筷子	将彩色纸条两头分别固定在两个圆片上，圆片中间穿孔，把筷子穿过后进行固定，随后把筷子放在手掌中，用力前后揉搓手掌，即可看到彩条旋转起来。	粘贴彩条时注意保持位置均匀。
26	拼图	各种拼图	仔细观察每一块拼图的画面(颜色、形状等)，将能够连接的组拼在一块儿，最后拼成一整幅图画。	
27	比纸环	相同大小的纸	在纸中间挖洞，让纸变成一个纸环，看谁的纸环大。	

(二) 纸类游戏资源的更迭

纸类民间游戏活动中，丰富多彩的纸玩具、多样有趣的玩法，能激发幼儿的参与兴趣，增强活动效果，在教师的适宜引导下，还能引发课程活动，生发持续性的探究活动。因此，纸类游戏区有关纸玩具的提供、制作资源盒以及经典游戏探究区域都不是一成不变的，而是根据幼儿园课程计划、幼儿的兴趣以及当下的生活等不断调整的。

1. 根据课程实施更迭

纸类游戏区变动最大的是经典游戏探究区域，这一区域的更迭主要是根据课程实施来进行的。民间游戏馆是幼儿园课程实施的重要场所，在幼儿园的三个年龄段的预设主题活动中，有一些主题是和民间游戏密切相关的。有关纸类民间游戏的主题活动有中班的“放风筝”、大班的“翻洋片”以及贯穿三个年龄段的“民间游戏节”，根据主题开展的时间段，纸类游戏区也会做相应的调整。例如在陀螺探索阶段，区域里呈现了各类材料制作的陀螺，随着下学期中班年级组“放风筝”主题的开展，该区域将会更换为风筝欣赏与制作的探索区域。

2. 根据幼儿的兴趣变化更迭

纸玩具种类丰富，在区域的体验桌上放置着各类纸玩具，方便幼儿进入纸类游戏区后直接把玩各种玩具。这些展示架上的纸玩具根据幼儿兴趣的变化更换。纸玩具制作简单，材料易得，但也易损坏。只要幼儿多玩几次，或对其拆解一番就更易损坏。教师可以根据纸玩具的损坏程度来判断幼儿的兴趣所在。对一些损坏严重的纸玩具进行及时添置，在大班幼儿进入纸类游戏区时，鼓励大班幼儿为弟弟妹妹制作相关的纸玩具。对于展示架上无人问津的纸玩具，教师可以问问幼儿为什么不去玩，如果确实不感兴趣的可以进行更换。同样，纸类游戏区的制作资源盒内的材料添置也可以根据幼儿的兴趣，根据其损耗情况进行更迭。对于使用不多的资源盒内的材料，还需要分析具体的原因，是幼儿对这类纸玩具不感兴趣，是幼儿看不懂资源盒内的示意图，还是制作的技能要求太高，这些都需要根据具体的情况进行调整。

3. 根据幼儿当下的生活更迭

幼儿与成人一样同处于信息时代，他们接触到的社会热点问题与他们的生活息息相关。民间游戏馆纸类游戏区的内容也可以根据幼儿关心的生活进行更迭。例如过去过新年大家都要放鞭炮、放烟花，现在已进入禁止燃放的环保时期，网络上有许多环保的替代放鞭炮的方法，让幼儿很感兴趣。教师就将“甩炮”游戏引入纸类游戏区，和幼儿一起探究哪一种纸做的“甩炮”更像放爆竹。

纸类游戏精彩纷呈，在民间游戏馆体验过这么多的纸类游戏的幼儿，将来也许会拥有与纸结缘的人生。纸玩具丰富多样，纸变化万千，纸游戏蕴含无限创造性，有纸游戏陪伴的童年会更加美好！

第四章　民间游戏馆线绳类游戏区的组织与指导

线绳在我们中国的文化中有着特殊的意义，上古时代绳子的发明促进了生产的进步，结绳记事的运用成为文明诞生的重要标志之一。从一个个大大小小形状各异的绳结出发，我们的先祖开始了记录，为后期文字的诞生奠定了基础。线绳是幼儿生活中最为常见的物品之一，作为幼儿园最为常用的教育资源，线绳有着独特的优势和特性。本章线绳类民间游戏中所涉及的线绳包括麻绳、草绳、尼龙绳等，还包括丝、棉、麻、化纤等常见的线。

一、线绳类游戏区的总体规划

(一) 区域布局

线绳类游戏区位于民间游戏馆的西南面，分为绳和线两个区域。使用到绳子的民间

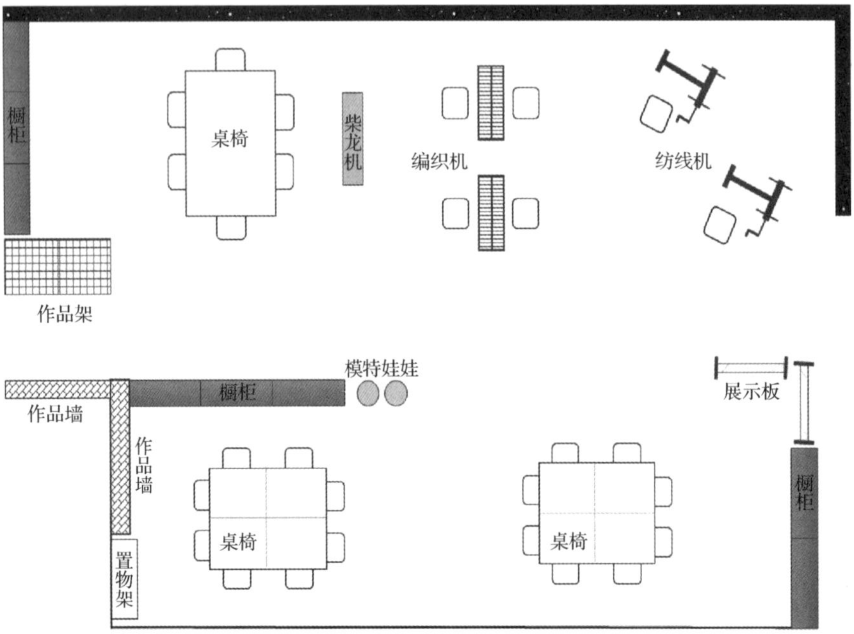

▲线绳类游戏区布局示意图

游戏大多适合在大空间或者户外来开展，因此馆内呈现的是各类绳子游戏的情景图和材料。线的区域呈现了各种各样的线材料，以及适合幼儿开展的一些经典的线类民间游戏。

（二）区域设置

该区域设置根据线绳材料易悬挂的特点，多借助墙面和空间悬挂的方式来呈现，线绳类游戏区在空间的设置上更注重特定器具的陈列和材料的收纳。

1. 墙面与悬挂

在线绳类游戏区朝西的一面矮墙上布置了各类玩绳游戏的情景，有“跳长绳”“跳短绳”“油豆腐匝四角”“揪尾巴”等。朝东的墙面上一部分作为线材的收纳区域，更多的墙面呈现了幼儿自制的线绳类玩具作品，这些玩具作品既可以供幼儿欣赏，还能让他们动手玩一玩，例如，拉动两根绳子就能让“知了”爬上去，这么有趣的游戏吸引着幼儿来到线绳区。朝南大幅墙面呈现的是幼儿的绕线作品，根据色彩分类呈现了一幅巨大的线条组合画，给人以视觉的冲击。

线绳区借助橱柜的板面，设置了一些感受材料的布置，例如将不同材质的线段分门别类地呈现出来，让幼儿通过“摸一摸”来感知。还有一些线绳类玩具的制作过程借助橱柜的板面和屏风进行展示，幼儿可以根据这些图文结合的步骤图，自己尝试制作线绳类玩具。

线绳区还悬挂了幼儿自制的线材玩具粽子等来作为与综合区域的分隔。

2. 空间设置

除了运用墙面和房顶悬挂，线绳类游戏区的布置更多的是借助各类收纳橱柜、桌椅、屏风等来营造半封闭的独立空间。该区域除了墙面呈现的游戏内容比较固定，整个空间没有固定的游戏桌或角落，而是一种开放的设置，幼儿可以自由选择线绳玩具或者材料来进行自由的体验、操作。

为方便材料的收纳与取用，管理人员根据不同线绳材料的收纳特点，设计了专用的橱柜，运用多种方法做好材料的收纳工作。例如把线绕成球装在透明盒子或漏斗里，在盖子上开一个孔，将线头穿过孔洞，露出一截，用的时候一拉线头就可以了，既方便又美观。

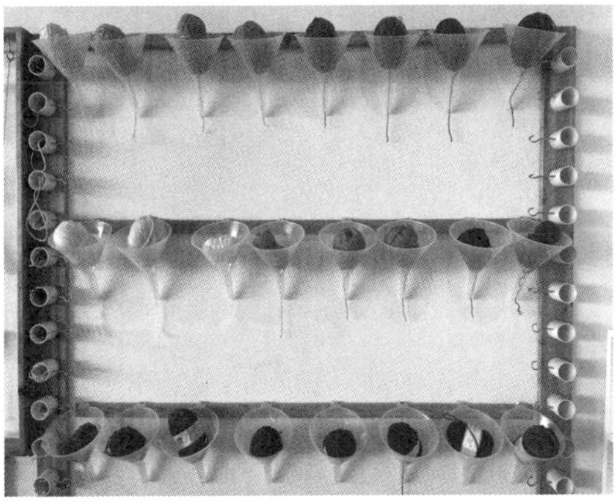

二、线绳类游戏区的设备与材料

（一）工具材料

线绳类游戏玩具的制作需要借助特定的工具，为此幼儿园收集和购买了适合幼儿使用的工具。这些工具对于幼儿来说，本身就是充满吸引力的玩具。老式的手摇编织器、纺织机、搅绳器等，能让幼儿了解古人是如何将棉花纺织成线的，又是如何将线编织成布的。幼儿还可以用稻草等材料编织成绳，体验绳子的制作过程。教师自制的那些纸盒编织器、编织固定器、毛球编织器等，能够让幼儿体验制作的乐趣。还有一些线绳区特有的工具，如绣梆子、钩针、圆头针、塑料针等，能让幼儿感受到工具的多样性。

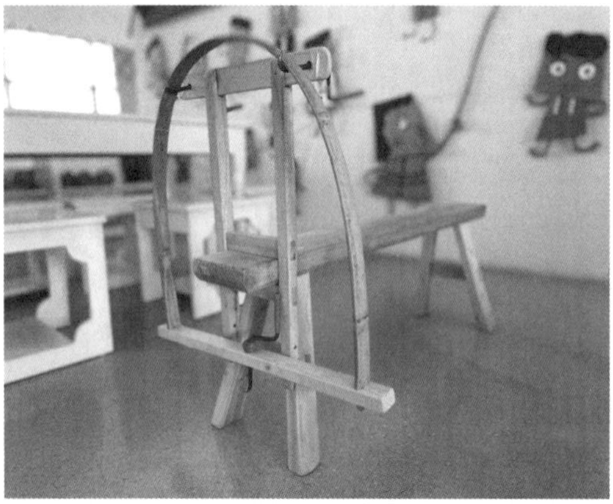

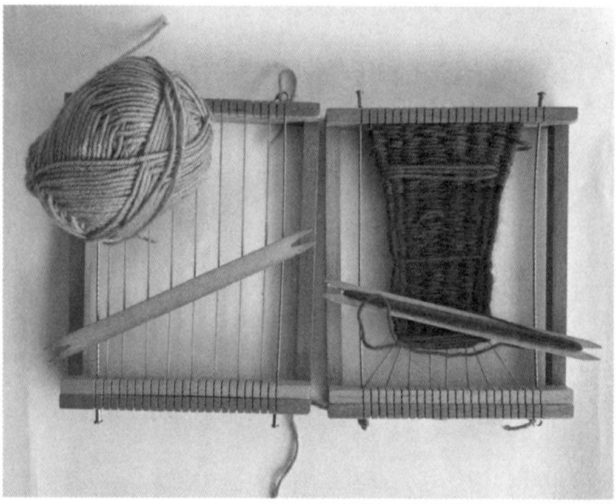

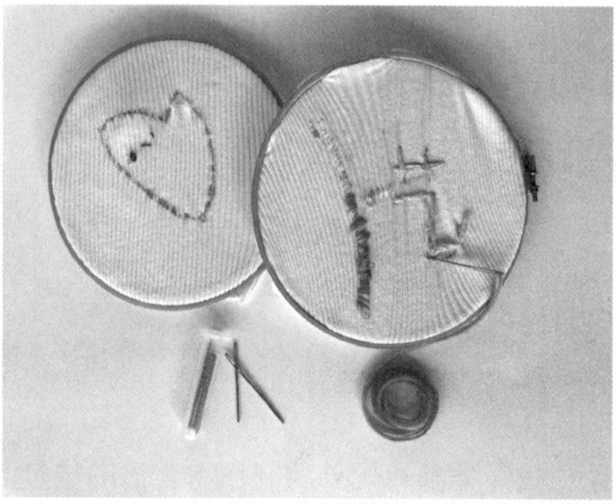

（二）基本材料

绳子的种类有许多，教师将市面上能采购到的跳绳以及自制的绳子都陈列在线绳类游戏区，供幼儿进行对比，在不同的绳子游戏中选择最适合的绳子。

线的种类就更多了。从材质上分有棉线、毛线、牛奶棉线、毛纱线、缝纫线、中国结线、纸线、毛巾线、布条线、珊瑚绒线、球球线等，从颜色上看也是多种多样的，在陈列时将同一材质的线放置在一起，再根据颜色来分门别类地放置，便于幼儿游戏、操作时拿取。

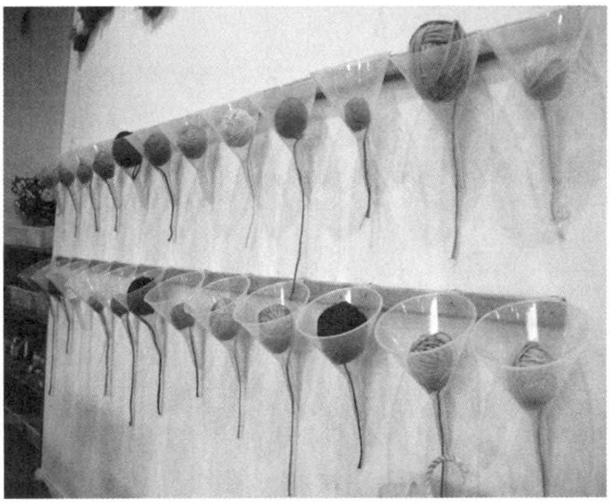

（三）辅助材料

线绳类游戏区辅助材料包括用于陈列线绳材料或玩具作品的陈列架、展台、收纳容器等。用于分类收纳线绳材料的容器有漏斗、透明塑料罐、藤编篮、塑料盒、线轴架等；用于线绳玩具作品展示的有编织置物架、大型木偶人、网格片、硬纸板、纸盒、纸杯等。该区域还有一些游戏的指示性标记、玩具制作步骤图等。

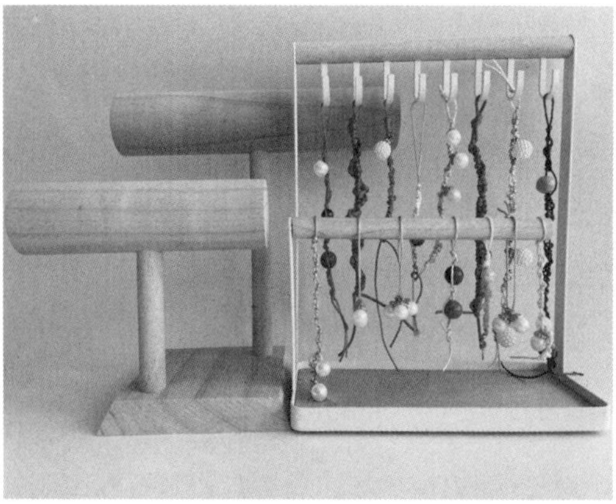

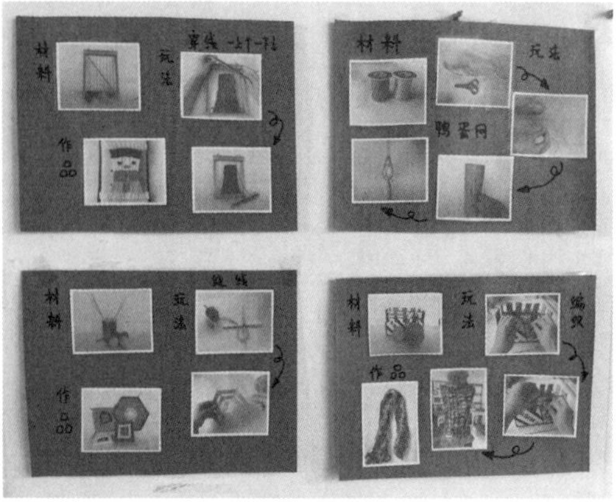
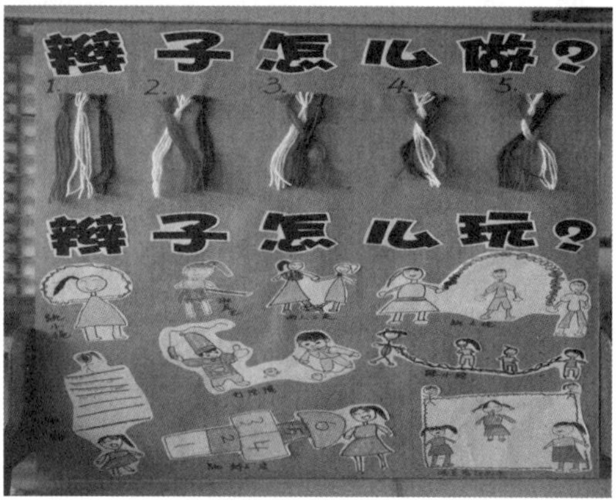

三、线绳类游戏区活动方案

(一) 活动总表

在线绳类游戏区，幼儿可以在视觉上感受到线绳的多种多样，他们可以在视频、指示图以及成人、同伴的引导下，独立或者合作开展“挑花线”“结绳结”“编网袋”“跳皮筋”等游戏。

表 4－1　线绳类民间游戏区活动表

对应活动方案	活动内容	领域	关键经验	年龄班	活动形式
方案 1	踩小蛇	健康、社会	身体协调	小班	小组
方案 2	龟兔赛跑	科学、语言	牵引、表达	小班	小组
方案 3	拉大锯	语言、健康	表达、合作	小班	小组
方案 4	网小鱼	健康	灵活反应	中班	集体、小组
方案 5	降落伞	健康	精细动作	中班	小组
方案 6	挑花线	社会、健康	合作、手的协调	中班	小组
方案 7	翻飞机	健康	精细动作	大班	小组
方案 8	搓草绳	美术、科学	手部力量	大班	集体、小组
方案 9	编尾巴	美术、数学	手部动作、测量	大班	集体、小组
方案 10	鸭蛋网	美术	精细动作、欣赏	大班	集体、小组
方案 11	编手链	美术	精细动作、欣赏	大班	集体、小组
方案 12	跳皮筋	健康、社会	下肢动作、合作	大班	小组

（二）活动方案展示

方案 1　踩小蛇

活动由来

“踩小蛇”游戏是一个深受幼儿喜爱的情景模拟游戏。游戏的时候需要三人合作，两人蹲在地上分别拉住绳子的两端放在地上，不停地抖动绳子使其看起来像游动的小蛇，一人踩住绳子双脚并拢，从一端走到另一端，不踩空者为胜，再互换角色继续游戏。绳子在地面不停地晃动，就像蛇爬行的样子。小班幼儿在参观民间游戏馆时，看到中、大班的哥哥姐姐在线绳区玩“踩小蛇”游戏，他们对这个游戏产生了浓厚的兴趣，也想尝试着玩一玩。于是，教师带幼儿到民间游戏馆一起去寻找适合的绳子玩“踩小蛇”游戏。

活动目标

1. 能协调地单脚踩住甩动着的绳子,并能保持平衡地双脚交替从绳子一头走到另一头。

2. 能与同伴合作玩游戏,体验共同游戏的乐趣。

活动准备

经验准备:幼儿玩过单脚站立的游戏。

活动过程

1. 幼儿寻找绳子,学习游戏玩法。

(1) 引导幼儿在民间游戏馆中寻找适宜玩“踩小蛇”游戏的绳子。

(2) 教师介绍游戏玩法:一人蹲在地上拿住绳子的一头甩动绳子,让“小蛇”游起来,另一人脚踩住“小蛇”后双脚左右交替踩住绳子往前走,其间不能让绳子从脚底甩走,踩到终点后两人交换角色玩游戏。

一人甩绳,一人踩住绳子

双脚交替从绳子的一头走到另一头

2. 幼儿自主游戏,教师指导。

(1) 教师鼓励幼儿两人自主结伴尝试玩“踩小蛇”游戏。

(2) 教师引导幼儿学习“甩”的动作,指导幼儿掌握“甩”的动作要领。

(3) 教师指导踩的幼儿快速抬脚踩住甩动的“小蛇”,掌握游戏方法。

3. 游戏展示分享。

鼓励幼儿展示“踩小蛇”游戏,引导幼儿分享游戏时遇到的问题及解决方法,其他幼儿学习游戏经验。

两人玩“踩小蛇”游戏

三人游戏

活动延伸

★ 开展跳房子、走平衡木等游戏，提高幼儿单脚站立及身体平衡能力。

★ 开展投壶、套圈等游戏，锻炼幼儿的手眼协调能力。

★ 让幼儿观看哥哥姐姐玩其他线绳类游戏，鼓励幼儿和同伴积极参与游戏。

活动反思

本次活动幼儿参与积极性高，游戏兴趣浓厚。幼儿甩动绳子的要领掌握得较快，基本能掌握捏紧绳子、左右晃动的动作。踩住“小蛇”，从绳子的一头走到另一头，对许多幼儿来说还是比较困难的，有部分幼儿踩到中间“小蛇”晃动大的地方就踩空了。完成全程的“踩小蛇”动作，对幼儿的身体灵敏度和协调能力要求较高。小班幼儿身体平衡能力较弱，抬起一只脚踩住绳子时有困难，所以在之后的活动中建议多增加一些锻炼身体协调性和平衡性的活动，让幼儿玩一玩丢沙包、跳房子、走平衡木、套圈等游戏。

方案2 龟兔赛跑

活动由来

《龟兔赛跑》是一个经典的儿童故事，许多小朋友在上幼儿园之前就已经听过这个故事了。班级里开展讲故事活动，幼儿听了《龟兔赛跑》的故事后，对兔子和乌龟赛跑这件事情很感兴趣，他们表演《龟兔赛跑》中的故事情节，还讨论起小乌龟和小兔子赛跑的结果。在民间游戏馆的线绳区，小朋友发现了小乌龟和小兔子的图案，它们怎么趴在墙上呢？它们是不是要开始赛跑了？在墙上又怎么跑起来呢？

活动目标

1. 能用手交替上下拉扯绳子使兔子和乌龟向前奔跑。

2. 乐于和同伴共同游戏，体验游戏的乐趣。

活动准备

经验准备：幼儿知道《龟兔赛跑》的故事，玩过龟兔赛跑的体育游戏。

活动过程

1. 联结经验，导入活动。

（1）教师：这几天有很多小朋友都在表演《龟兔赛跑》这个故事，今天我们来玩一个不一样的龟兔赛跑游戏。

（2）教师展示龟兔赛跑游戏，引导幼儿学习用手上下拉扯绳子使兔子和乌龟向前奔跑的游戏方法。

2. 幼儿游戏，教师指导。

（1）鼓励幼儿两两结对，自由探讨游戏规则，可按照故事情境游戏，也可两人自创故事情节竞争比赛。

（2）鼓励幼儿探索使用哪种拉扯方式会跑得快。

比比谁的动物跑得快

幼儿边讲述故事边游戏

(3) 关注幼儿游戏时遇到的问题,帮助幼儿总结经验,如有的小动物快速向前跑,有的小动物原地不动的原因。

3. 游戏分享,回顾总结。

(1) 组织幼儿分享玩龟兔赛跑游戏时遇到的问题和解决的方法。

(2) 鼓励幼儿分享使动物跑得更快的游戏经验。

活动延伸

★ 继续教幼儿学习拉扯绳子向前奔跑的方式方法,锻炼幼儿手的灵巧度和力量。

★ 可以将小朋友自己的头像做成拉绳游戏的形象,玩"我和朋友赛跑"的游戏。也可以让幼儿自己创设不同的游戏情境,邀请更多的小动物加入拉绳赛跑游戏。

★ 在班级区域中给幼儿提供更多的线绳材料,在区域或户外游戏中创新绳子的玩法。

活动反思

幼儿熟悉《龟兔赛跑》这个故事,因此参与的积极性较高。在观看了教师示范游戏后,幼儿就能模仿教师的动作,小心翼翼地尝试上下拉扯绳子,让乌龟或兔子向上跑。练习几次后,大多数幼儿就能熟练地操作绳子,掌握上下拉扯的技能,还能比较是双手快速交替上下拉扯快,还是拉扯的距离大前进得快。这个游戏锻炼了幼儿手指的灵巧度和力量,简单有趣,幼儿都能积极参与。在游戏中幼儿也开始关注哪种材质的绳子使小动物跑得更快,后续可以引导幼儿进行更进一步的探究。

方案 3　拉大锯

活动由来

《拉大锯》这个童谣很受小朋友的喜爱,在区域游戏中,两个小朋友会手拉手边念童谣边玩游戏。有时候他们是坐在座位上的,两人面对面手拉手,在一推一送中完成游戏;有时候,他们会面对面站着,双脚一前一后,手拉手一会儿往前一会儿往后;也有的时候,他们席地而坐,面对面手拉手,身体随着童谣的节奏而向前俯或向后仰;甚至有好几个小朋友围成圈一起玩"拉大锯"的游戏。可见,小班幼儿对于边念童谣边做有节奏的身体运动是很感兴趣的。除了利用身体动作来玩这个游戏,还能借助线绳来玩吗?带着这样的疑问,教师组织幼儿玩了一场有趣的拉大锯扯线游戏。

活动目标

1. 能有节奏地边念童谣边与同伴合作玩拉大锯扯线游戏。

2. 乐于参与游戏,初步感受花绳游戏的乐趣。

活动准备

经验准备:幼儿会念《拉大锯》童谣,会两两合作玩游戏。

活动过程

1. 回顾童谣,引出活动。

(1) 教师:小朋友们都会念《拉大锯》的童谣,你们会和好朋友怎么玩拉大锯呢?

(2) 引导幼儿展示与同伴的游戏互动。

(3) 教师引出拉大锯扯线游戏:今天我们来玩一个不一样的拉大锯游戏,用线来玩,你们想不想试试看?

2. 展示游戏,指导学习。

(1) 播放拉大锯扯线游戏视频,引导幼儿根据节奏互相配合玩扯线游戏。

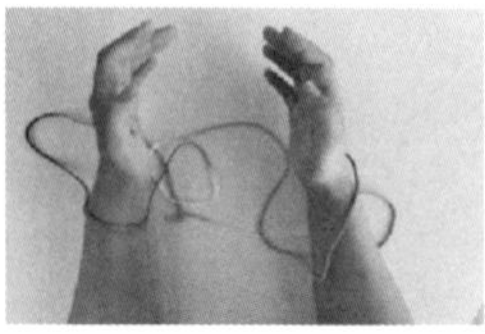
步骤一:将绳子挂在左右手手腕上

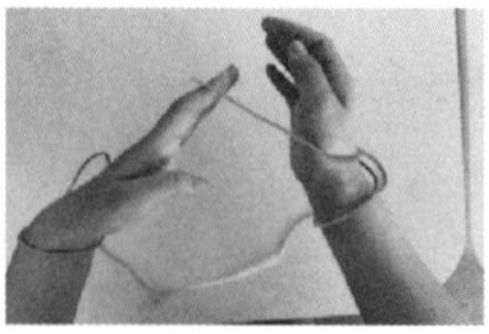
步骤二:把绳子在左右手手腕上各绕一圈

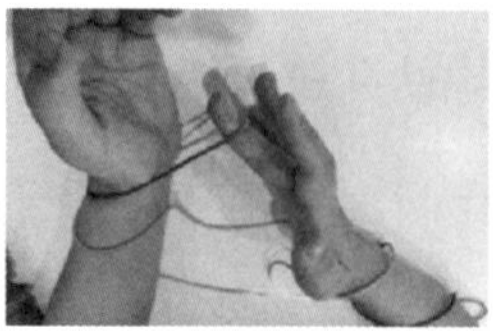
步骤三:左右手的中指挑对面手腕上的绳子

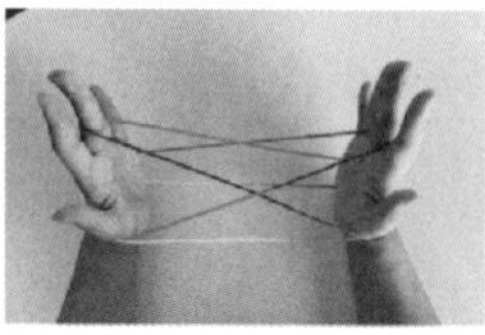
步骤四:挑好后花样如图

拉大锯步骤图 1

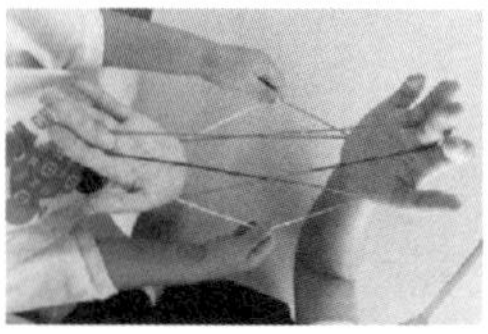
步骤一:另一个幼儿左右手分别拉住最下面的那根绳子

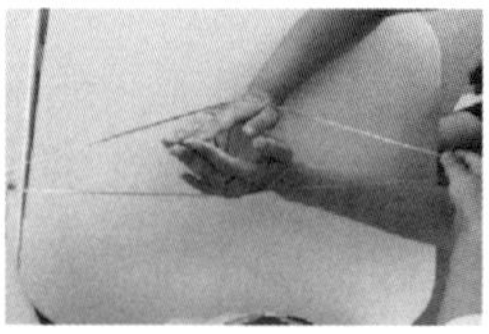
步骤二:第一个幼儿从下面脱下除中指绳子以外的其他所有绳子

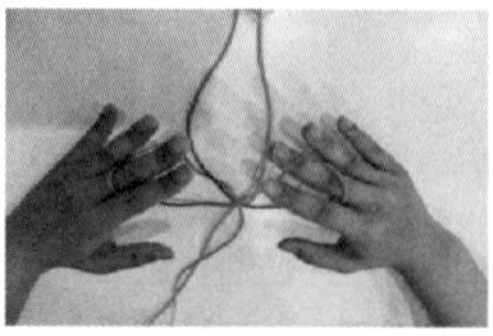
步骤三:脱下绳子后如图

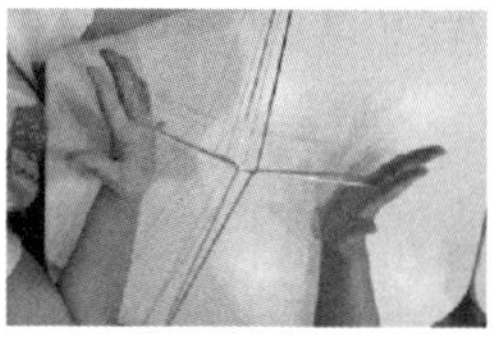
步骤四:两人边念童谣边交替开合拉大锯

拉大锯步骤图 2

(2) 教师先将拉大锯翻好花样，邀请幼儿一起游戏。

(3) 指导幼儿根据童谣有节奏地扯线，相互配合一开一合。

3. 根据节奏与同伴配合玩拉大锯游戏。

(1) 教师翻好拉大锯花绳后，传递给自由结对的两位幼儿。

(2) 教师利用铃鼓或竹板击打节奏，让幼儿根据节奏玩拉大锯游戏。

(3) 鼓励幼儿根据童谣自己商定节奏拉大锯。

4. 创新游戏玩法。

(1) 将两人拉大锯游戏发展成四人拉大锯游戏。

(2) 发现拉大锯游戏时遇到的节奏与配合问题，教师及时引导幼儿发现问题并解决问题。

(3) 教师小结：拉大锯时有四条线，面对面的两条线要同时拉开或合上，不然就会扯不动，四条线不能同时拉开或合上，左右两条线是拉开的，那上下两条线就是合上的，依次交替才能成功玩拉大锯游戏。

5. 游戏分享，寻找新童谣玩拉大锯游戏。

(1) 组织幼儿展示玩拉大锯游戏，引导其他幼儿观察学习其游戏玩法，激发其参与游戏的兴趣。

(2) 教师：我们还可以匹配哪些童谣游戏呢？

两人拉大锯

四人有节奏地拉大锯

活动延伸

★ 日常生活中继续引导幼儿学习其他童谣游戏。

★ 在班级的音乐区、语言区投放线绳材料，供幼儿自由匹配童谣和节奏玩拉大锯游戏。

★ 在户外活动中多组织幼儿开展两两合作和多人合作的游戏，例如炒毛豆、两人三足、荷花荷花几月开、龙头龙尾等。

活动反思

幼儿在玩拉大锯游戏时需要商定配合好节奏与拉扯顺序，两人拉大锯时较简单，大部分幼儿在教师示范后就能学会。后来游戏难度增加，变成四人拉大锯游戏时，幼儿就遇到了各种问题，例如没有配合好节奏，导致念童谣的节奏和拉扯的动作不匹配，拉扯一会儿就乱了。还有一个问题是拉扯的顺序没有安排好，要么大家都拉紧不肯放松，要么都放松一下子线就乱了。后来经过教师的引导，幼儿也发现了游戏的规律，慢慢地四个人配合顺利起来，节奏也匹配上了。由于四人配合的拉扯动作对于小班的幼儿来说还是有一定难度的，建议教师平时多开展多人合作的活动。为丰富游戏的内容，增加游戏的趣味性，可以请幼儿挑选自己喜欢的童谣去替代《拉大锯》这个童谣。

方案4 网小鱼

活动由来

网小鱼是幼儿喜爱的肢体游戏，幼儿常常三五成群地扮演撒渔网的渔人和小鱼开心地游戏。在操场上，教师也会经常组织全班的幼儿一起拉成大圆圈，围成一个大渔网，请部分幼儿来扮演小鱼，在渔网里外边念儿歌边模仿小鱼游来游去，当儿歌念完，教师和幼儿拉起的大渔网会落下，网住还没有游出去的小鱼。每次抓到小鱼，拉渔网的幼儿就会开心地叫起来。这个游戏让幼儿百玩不厌，也能提升幼儿的身体灵敏性，培养集体意识和合作能力。在民间游戏馆活动时，幼儿发现了真正的渔网，他们决定用真正的渔网来玩一玩网小鱼的游戏。

活动目标

1. 能使用渔网边念诵儿歌边进行游戏。
2. 体会合作游戏的快乐。

活动准备

经验准备:幼儿会念诵儿歌《网小鱼》,会玩肢体游戏网小鱼。

活动过程

1. 重温游戏,再次梳理游戏规则。

(1) 引导幼儿再次玩肢体游戏网小鱼。

(2) 鼓励幼儿说出自己的游戏角色及其承担的游戏任务。如渔人要在念诵完儿歌后快速压下手臂作为渔网围住小鱼;小鱼要在渔人念诵儿歌的过程中在渔网中快速穿梭,儿歌结束时避免被手臂做成的渔网拦住。

2. 出示游戏新材料渔网,重新制定游戏玩法。

(1) 教师出示渔网并提问:现在我们有了真正的渔网,使用渔网该怎样游戏呢?

(2) 教师鼓励幼儿大胆表达自己设计的游戏玩法,引导幼儿从渔人和小鱼两个角色分别说明各自的游戏任务。

(3) 教师根据幼儿的讲述总结新的游戏玩法。

3. 使用渔网进行游戏。

(1) 引导幼儿自主选择渔人或是小鱼的角色进行游戏,如渔人要在念诵完儿歌后快速压下渔网围住小鱼;小鱼要在渔人念诵儿歌的过程中在渔网中穿梭,儿歌结束时避免被渔网拦住。

(2) 幼儿交换角色,多次游戏。

幼儿参与网小鱼游戏

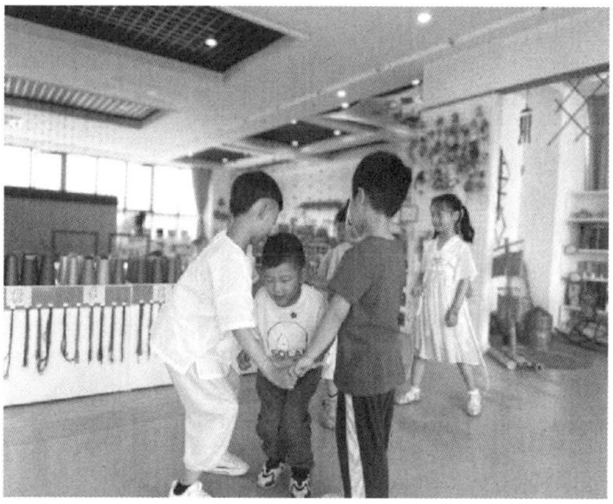

小鱼被“渔网”网住

幼儿使用渔网进行游戏

小鱼被渔网网住

活动延伸

★ 观看渔人撒网捕鱼的视频,了解水乡生活特色。

★ 收集各式各样的渔网,开展渔网展览会。

★ 去户外使用更多、更大的渔网进行网小鱼游戏。

活动反思

本次活动基于幼儿能熟练地进行肢体游戏网小鱼,引入渔网后幼儿的游戏热情空前高涨。但在游戏过程中扮演小鱼的幼儿在穿梭渔网时经常被勾住,在后续游戏时教师要提醒幼儿弯下腰,小女生需要扎紧头发、摘掉头饰(特别是发卡)进行游戏。在传统肢体游戏网小鱼中,渔网是由两位幼儿相握的手臂组合起来的,真正的渔网普遍比较大,两位幼儿不能很好地将渔网撑开并撑起,在游戏中可以引入更多的渔人角色来完整地撑起渔网,同时也鼓励幼儿使用其他活动器材来撑开渔网,如呼啦圈、钻山洞的拱形门等。

方案5　降落伞

活动由来

在民间游戏节的游戏博览会上,中班幼儿体验了挑花线,他们觉得一根细绳子能变成各种不同的造型,特别神奇。挑花线不仅有趣,还能锻炼手部小肌肉的发展。但是想要用这根细绳变成想要的造型不是那么简单的，一开始幼儿都觉得很困难，只有几个孩子愿意多次尝试。为了鼓励幼儿都参与挑花线的游戏，我们决定让幼儿进入民间游戏馆，感受挑花线的多样性，通过看视频和图谱，从简单的单人挑花线“降落伞”开始学习，引导幼儿持续深入地探究学习。

活动目标

1. 练习翻、勾、拉、挑等一些精细动作，提高幼儿手部小肌肉的灵活性。

2. 体验民间游戏挑花线的乐趣，发挥思维灵活性，激发创造力。

活动准备

经验准备：幼儿体验过单人挑花线和双人合作挑花线的游戏，欣赏过各种挑花线的造型。

活动过程

1. 手指游戏，放松肌肉。

引导幼儿做手指游戏“十个手指头”，放松手部肌肉。

2. 趣变魔术，激发兴趣。

(1) 教师出示线绳，通过变魔术展示新玩法：挑花线(降落伞)。

(2) 引发幼儿说说变出的形状像什么。

3. 示范讲解，单人翻绳。

教师借助故事示范讲解“降落伞”的每一个步骤。

◆把绳子挂在左手的大拇指和小拇指上。(猴子乐乐出来玩，发现一棵树，把绳子挂在最粗的和最细的树杈上)

◆右手拇指和食指轻拉手心里的线。(乐乐开始打悠悠，悠一次)

◆右手拇指和食指再拉手心里的线。(悠两次)

◆右手大拇指和食指变成手枪压在两条线的下面。(乐乐发现树杈上有两个洞)

◆右手拇指和食指穿入左手拇指和食指圈内。(从洞里钻出来)

◆右手拇指和食指捏住从山洞中掏出变成“小裤子”。(发现了一条裤子)

◆左手食指和无名指插到两条裤腿里。(穿上裤子)

◆右手拇指和食指轻拉手心里的第一条线，变成降落伞。(悠下来)

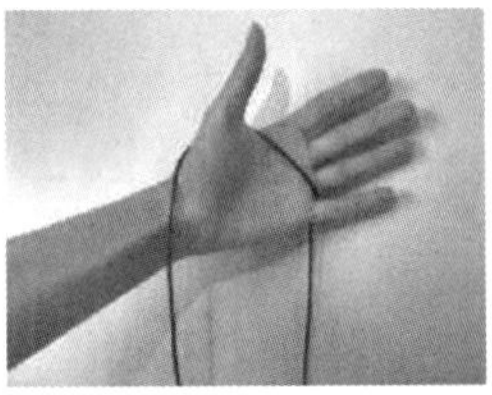

步骤一：猴子乐乐出来玩，发现一棵树，把绳子挂在最粗的和最细的树杈上

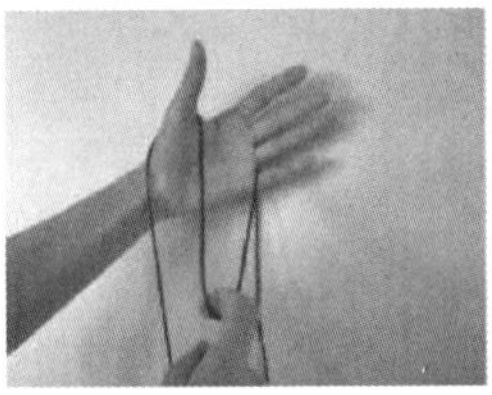

步骤二：乐乐开始打悠悠，悠一次

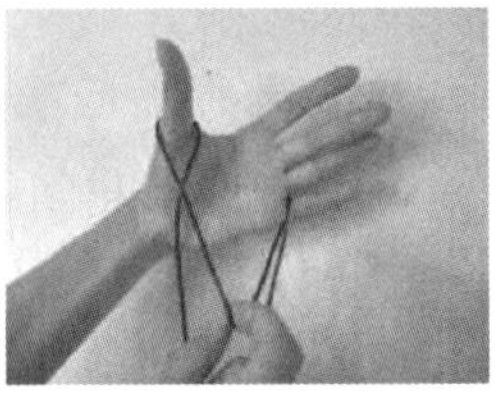

步骤三：悠两次

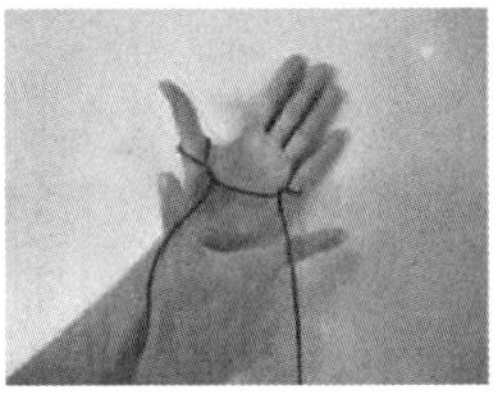

步骤四：乐乐发现树杈上有两个洞

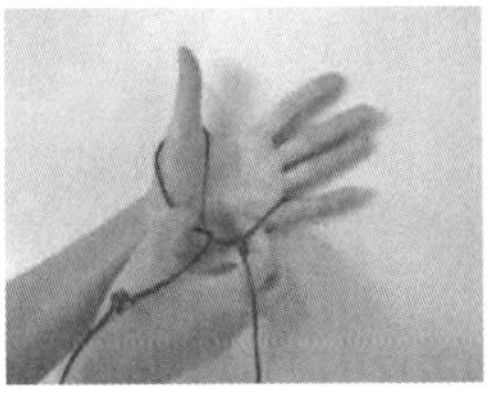

步骤五：从洞里钻出来

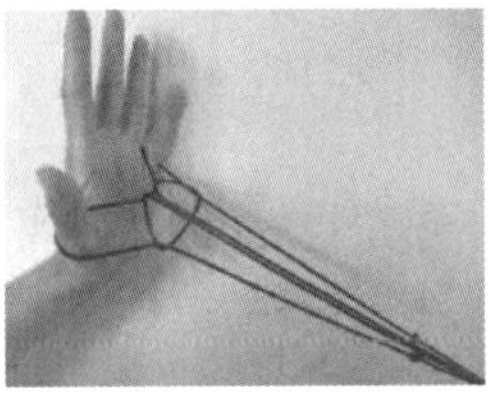

步骤六：发现了一条裤子

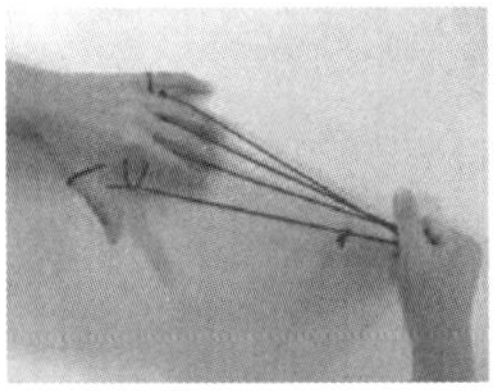

步骤七：穿上裤子

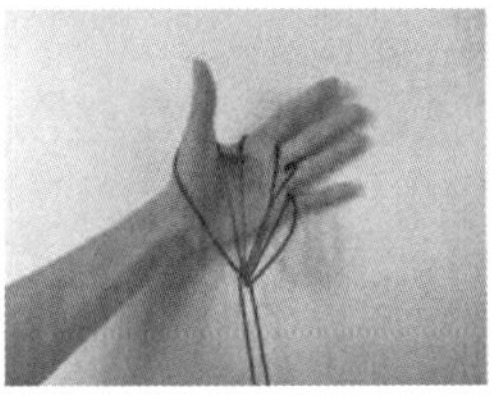

步骤八：悠下来

降落伞步骤图

4. 播放视频，指导练习。

（1）幼儿观看视频，跟着一起尝试降落伞的翻法。

（2）教师走到幼儿中间，对遇到困难的幼儿进行个别指导，手把手教或鼓励会的幼儿帮助不会的幼儿。

（3）教师将幼儿遇到困难的步骤用照片或视频的形式记录下来，组织幼儿分享挑花线时遇到的问题和解决的方法，并讲解、分析。

合作挑降落伞

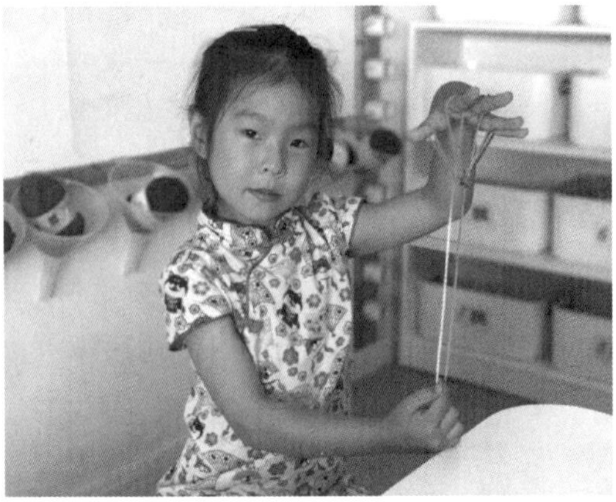

降落伞作品

5. 展示作品，放松手部肌肉。

（1）展示幼儿翻降落伞的过程视频及照片。

（2）鼓励幼儿展示翻降落伞。

（3）跟着音乐做手指放松操。

活动延伸

★ 日常生活中继续探索更多的单人挑花线玩法，例如大红枣、五角星、蜘蛛网等。

★ 通过捏夹子、穿珠子等游戏锻炼手眼协调的能力和手指小肌肉的力量。

★ 将各种手指游戏介绍给幼儿，通过视频、图画书等引导幼儿玩更多的手指游戏，了解基本的手部保护和保养常识与方法。

活动反思

在魔术环节，幼儿好奇地盯着老师，对魔术表现出相当浓厚的兴趣，在教师演示“降落伞”时，看得也很认真。本次活动的重点是让幼儿翻出降落伞，大部分幼儿能够以积极的情绪参与活动，通过翻绳来锻炼手部肌肉的灵活性，有个别幼儿担心自己会失败，教师要顺应幼儿的发展水平，降低要求，鼓励小组中能力强的幼儿帮助能力弱的。活动过程中，由于幼儿手指灵活度不够，原本挑住的线会滑落下来，全部散落，这给挑降落伞带来了更大的困难。教师可在平时通过各种游戏锻炼幼儿手指小肌肉的力量。边看视频边操作的方式虽然更易被理解，但每个幼儿的速度不一样，动作慢的幼儿跟不上视频的速度。教师也可引导幼儿自己学会看图示，尝试用看图示的方法进行挑花线。

方案 6　挑花线

活动由来

挑花线是经典的传统民间游戏，通过两两合作，让一根花线在两双手上翻飞出“花线板”“牛眼睛”“清水岗”等各种造型，既可以在家庭中亲子玩，也适合同伴之间合作玩。幼儿在学习了单人挑花线后，还了解到双人合作更好玩也更具挑战性。在大家都不熟悉的情况下，教师邀请成人或者大班的幼儿通过大带小的活动，由一个挑花线的高手带一个新手，这样就能让幼儿都学会两两合作挑花线。

活动目标

1. 在哥哥姐姐的指导下，了解双人挑花线的游戏规则，学习运用勾、穿、拉、提、压等翻绳方法。

2. 体验民间游戏挑花线的乐趣，发挥思维灵活性，激发创造力。

3. 乐于和大班哥哥姐姐合作挑花线，提高合作能力。

活动准备

经验准备：幼儿体验过单人挑花线，了解过双人挑花线的一些基本的造型名称。

活动过程

1. 相互问好，自由组队。

（1）引导中班幼儿跟大班哥哥姐姐相互问好，并做自我介绍。

（2）幼儿以“一大一小”的方式，两两结对。

2. 出示线绳，介绍活动。

（1）教师出示一根线绳，引出主题“挑花线”。

（2）教师向幼儿介绍活动内容，让哥哥姐姐带着弟弟妹妹合作挑花线。

3. 第一次合作挑花线。

（1）教师观察大班幼儿的指导方式，可通过录像记录幼儿活动的典型性场面，用以点评指导。

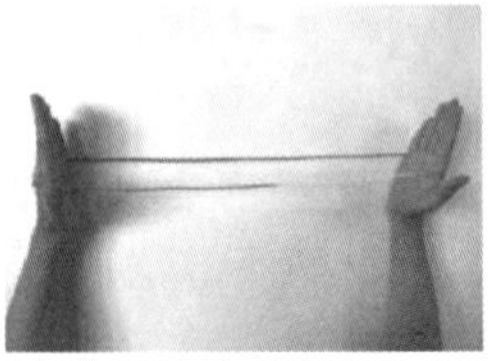
步骤一：双手撑开绳子

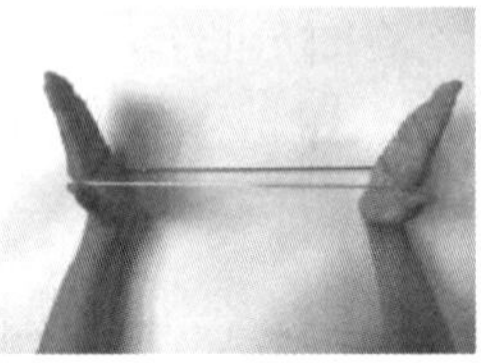
步骤二：将绳子在双手手掌缠绕一圈

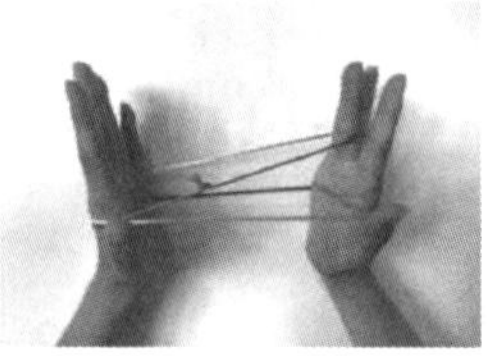
步骤三：右手中指套住左手手掌中的绳子

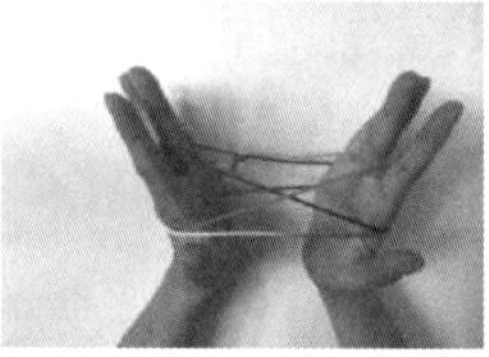
步骤四：左手中指套住右手手掌中的绳子

挑花线步骤图

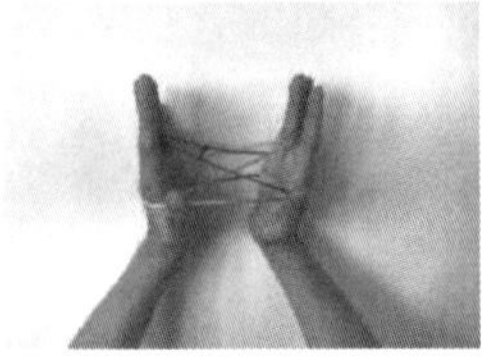
花线板

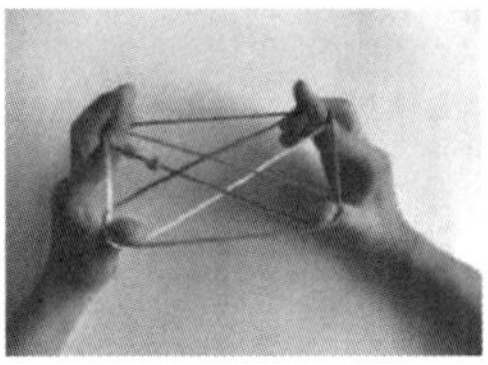
豆腐干

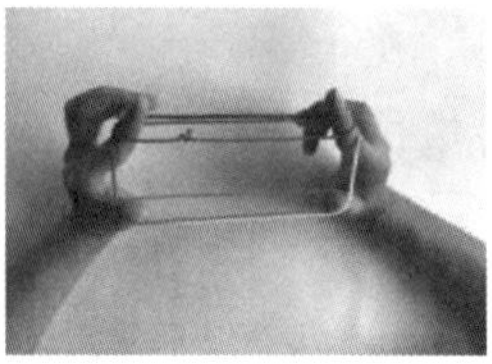
清水岗

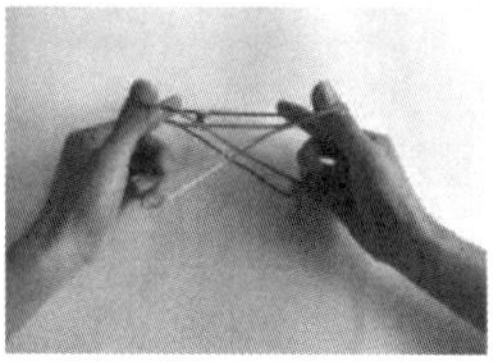
牛眼睛

挑花线花样图

(2) 播放录像,请大班幼儿介绍自己是如何教弟弟妹妹的。(如:示范讲解型——边讲解,边示范,弟弟妹妹在一旁观看;手把手教型——弟弟妹妹一步步跟着自己学;放手型——弟弟妹妹主动要求自己挑,自己在一旁做语言提示)

(3) 请配合度高的几组示范。

大班幼儿如何依据弟弟妹妹的要求及学习能力的差异来确定自己的指导方式是关键。教师设计这一环节不是为了评价哪一种指导方式是正确的,而是为了让幼儿互相学习,明确不同的指导方式,自己选择一种适用的方式。

大带小指导活动

合作挑花线

4. 第二次合作挑花线。

(1) 游戏过程中,引导大班幼儿用适合的指导方式。

(2) 引导幼儿说一说成功的原因。

5. 观看双人挑花线视频,欣赏更多的双人挑花线方法。

活动延伸

★ 在班级区域中投入各种挑花线的线,鼓励幼儿在区域游戏或者过渡环节中找好朋友玩挑花线游戏。

★ 回家后幼儿可以跟家人一起挑花线,学习更多的花样。

★ 鼓励幼儿将自己学会的新的挑花线造型通过绘画的方式表现出来。

★ 开展单人和合作的"挑花线"民间游戏比赛活动。

活动反思

"挑花线"的活动可以充分发挥幼儿易模仿、好动手的年龄特点,让幼儿在操作过程中发展思维的灵活性，提升记忆力、观察力，提高手部小肌肉的灵活性。挑花线的游戏富有挑战性，需要一定的耐心。大带小的活动形式，给中班幼儿提供了很大的帮助。活动过程中有几组幼儿急于求成，大班幼儿讲解的速度较快，中班幼儿难以理解。教师可引导幼儿每一步都做详细讲解，用边讲解边示范的方式。当幼儿还是无法学会时，建议采用手把手教的方式，也可寻求别组大班幼儿来帮助，一位大班幼儿摆好造型，另一位大班幼儿手把手教中班幼儿。此外，教师还可引导幼儿从不同的方位进行指导。

方案7　翻飞机

活动由来

幼儿进入大班后，已经养成了在一日活动的过渡环节中，自然而然地拿出一根花线和好朋友一起玩挑花线的游戏。有几个女孩子已经成了挑花线的高手，喜欢挑战老师和保育员，挑花线让幼儿的手指越来越灵活，也让他们更加自信。在一次民间游戏馆的活动中，几名幼儿在线绳区找到一本《翻花绳》的书，他们认真地翻看着这本书，其中两种形象又有趣的飞机图案，引发了他们的挑战兴趣，于是几个好朋友决定一起来尝试这个"翻飞机"的游戏。

活动目标

1. 学习用夹、勾、绷等基本方法翻出飞机花样。

2. 发展幼儿手部小肌肉的灵活性，激发幼儿动手的兴趣。

活动准备

经验准备：幼儿玩过翻花绳的游戏，并且知道一些基本的方法。

活动过程

1. 幼儿自由翻飞机。

（1）幼儿自主翻看翻花绳的相关图书，自由翻绳。

（2）教师个别指导，给予翻飞机有困难的幼儿帮助。

（3）鼓励幼儿尝试两种翻飞机的方法。

2. 幼儿相互分享交流。

（1）幼儿展示自己翻出的飞机花样，并详细讲解、演示自己的操作过程。

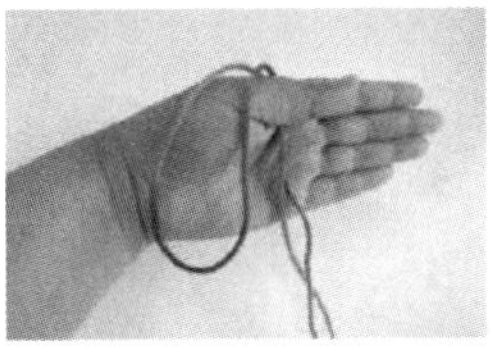
步骤一：把线挂在左手拇指上

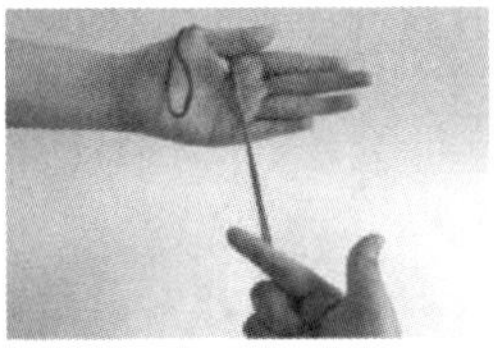
步骤二：右手做枪状，拉住线一端，从线上面翻转

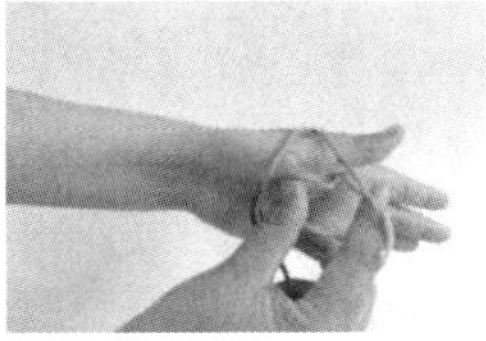
步骤三：拇指和食指分别穿过两根绳子

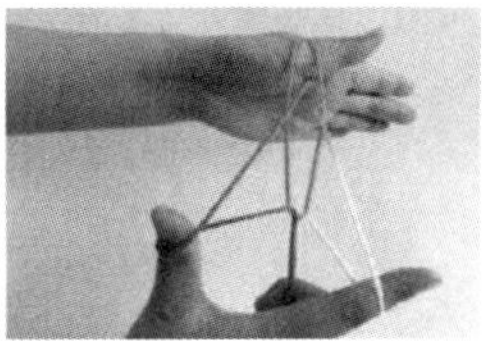
步骤四：把后面的绳子挑出来向外拉，飞机完成

飞机 1 步骤图

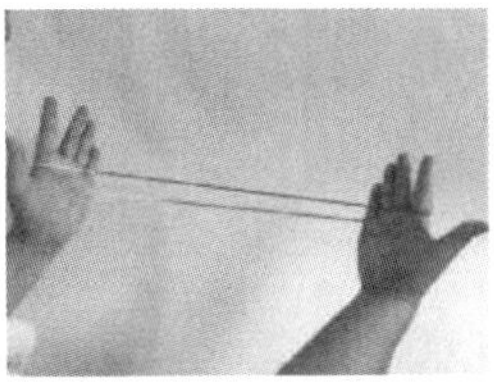
步骤一：两手如图撑线

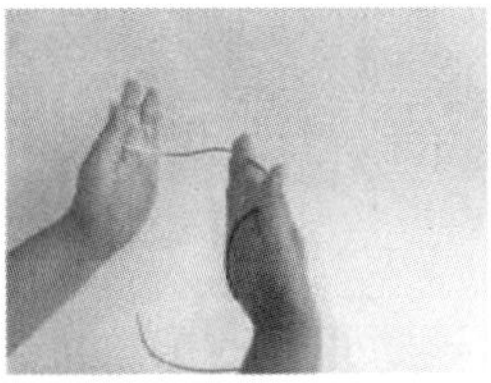
步骤二：双手分别在线上绕一圈

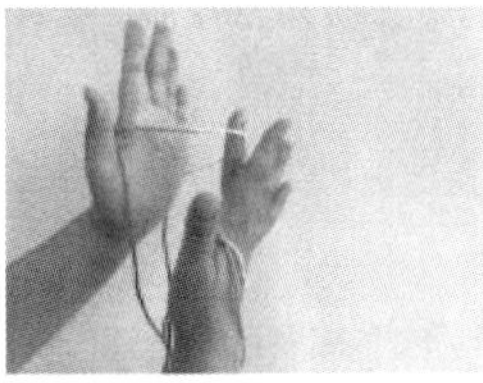
步骤三：双手中指分别从对面挑一根线

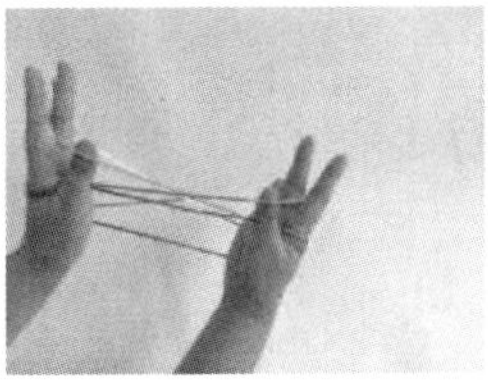
步骤四：双手拇指分别挑起中指和食指之间的那根线

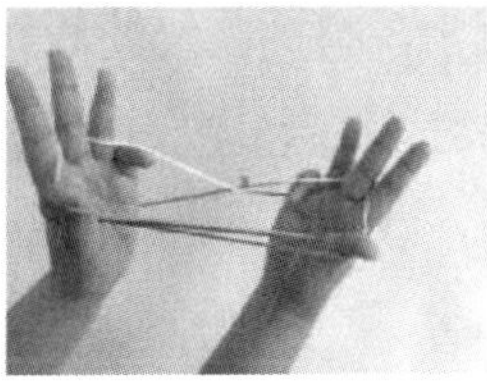
步骤五：双手小指分别挑起中指和无名指之间的那根线

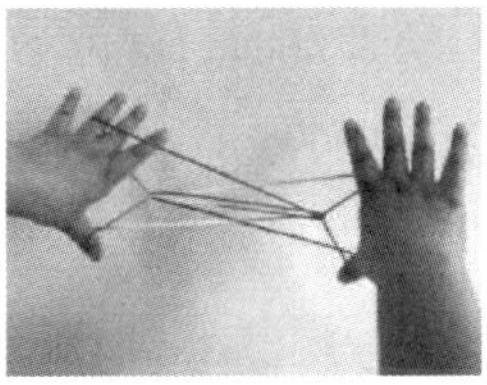
步骤六：拇指不动，其他四指并拢向下翻，飞机完成

飞机 2 步骤图

（2）鼓励幼儿解决问题：在翻飞机的时候，你觉得哪里比较难，或者哪些地方的图示看不明白呢？

（3）引导幼儿比较两种翻飞机的方法：你觉得哪一种方法翻起来比较快？为什么呢？（步骤多少的不同，难易程度的不同）这两种飞机在翻的时候有没有地方用到的技能是一样的呢？

（4）教师小结：在两种翻飞机的过程中，我们都用到夹、勾、绷、挑的方法，这些技能在很多翻绳的过程中都会用到，你玩过的哪些翻绳游戏中也用到过这些技能呢？

3. 幼儿再次复习巩固翻飞机的技能。

（1）引导幼儿分享自己翻飞机的方法：你能把自己新学的本领教给其他的小朋友吗？怎么教才能让其他小朋友很快学会呢？

（2）幼儿自由结伴，讲解、示范、分享自己翻飞机的过程。

幼儿游戏中

幼儿经验分享

活动延伸

★ 提供翻花绳图书和图示,引导幼儿看图示自主翻绳。

★ 利用家长资源,一起寻找各种翻花绳图示,引导幼儿自主学习,并录制成视频。

★ 提供机会,支持幼儿指导其他幼儿玩翻花绳游戏。

★ 提供多种线绳材料,鼓励幼儿自制挑花线的线绳。

★ 5. 利用各种线绳材料,引导幼儿开展线绳创意造型活动。

活动反思

翻绳活动是在幼儿有一定翻绳经验的基础上开展的,对于大班年龄的幼儿来说,自主学习能力的培养更加重要,所以提供图书、图式引导幼儿自主学习更为适合。但是图式的呈现都是平面的,复杂的部分不容易看明白,教师可以提供一些视频或者引导幼儿相互学习解决这一难点。在日常生活中,教师应该重视培养幼儿自主看图示的能力,如自己看图示折纸,由易到难,逐步提高幼儿的读图能力,那么幼儿就会逐渐适应这一学习方式。

方案 8　搓草绳

活动由来

在“跳大绳”主题活动中,幼儿探究了绳子的由来,了解到水稻收割脱粒后留下来的稻草是可以做成稻草绳的。幼儿园百草园里的稻田收割后,幼儿一起把稻草整理好,在勤杂工沈爷爷的帮助下,一起完成了稻草的浸泡,让稻草变得有韧性,运用木棒和石头敲打稻草,让它变得更柔软,还用特制的筛子把稻草的杂质筛掉,只留下整齐的稻草。完成这些工序后,他们把稻草捆成一小捆一小捆,拿到民间游戏馆,作为制作稻草绳的材料。

活动目标

1. 通过观察不同绳子的做法,尝试做一条草绳。

2. 学习用缠、搓、拧的方法做草绳,体验活动的乐趣。

活动准备

经验准备:幼儿已经知道绳子的由来。

物质准备:各种剪成段的绳子(麻绳、草绳),橡胶手套。

活动过程

1. 鼓励幼儿尝试做绳子。

(1) 幼儿打开绳子,自主观察绳子的做法。

(2) 引导幼儿讨论:你觉得绳子是怎样做出来的?(搓、拧、缠绕)

(3) 幼儿自由尝试做绳子。

2. 引导讨论做草绳的方法。

(1) 幼儿讨论:你的绳子做成了吗?你是怎么做的?

(2) 帮助幼儿梳理问题:绳子松散、拧不紧等。

3. 观看视频,学习技巧。

(1) 教师播放搓草绳的视频。

(2) 引导幼儿学习经验:人们是怎样解决绳子松散、拧不紧的问题的?

拧草绳

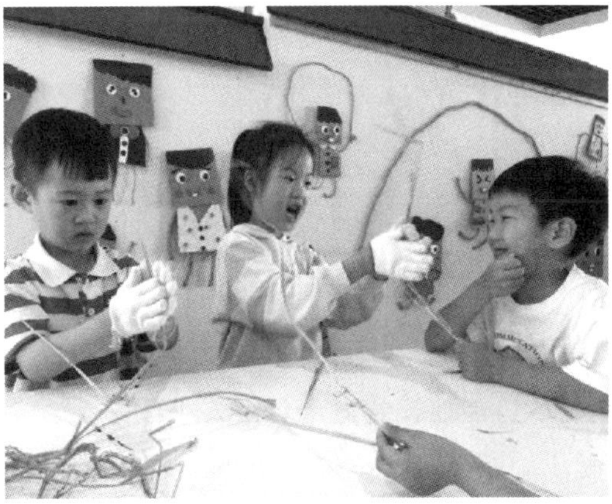

搓草绳

相互缠绕做草绳

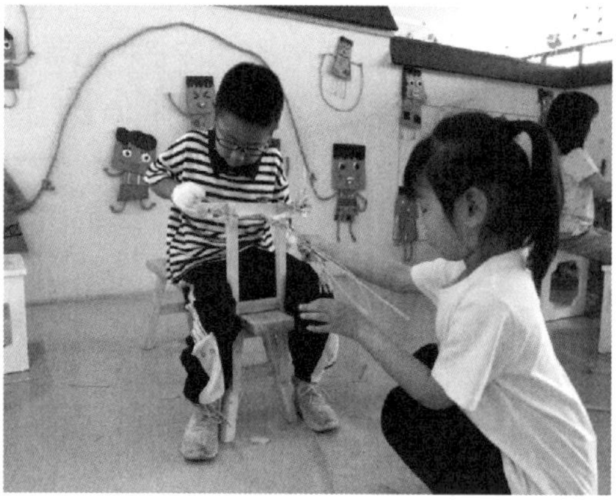

用草绳机做草绳

(3) 幼儿再次尝试做草绳。

(4) 引导幼儿讨论做好的绳子可以用来做什么。

活动延伸

★ 支持、鼓励幼儿使用自己搓的草绳，如班级种植地的管理、竹林迷宫的道路制作、捆绑物品等。

★ 在户外场地上鼓励幼儿用自己制作的草绳开展各种游戏活动，如油豆腐匝四角、捉尾巴、踩小蛇等。

★ 提供多种材料如布条、线等，鼓励幼儿尝试用不同的材料，使用摇绳机器来制作不同材料的绳子。

★ 请家长多向幼儿介绍本地农村自然材料在生活中的使用情况，让幼儿多了解一些农作物生长及其功效的常识。

活动反思

幼儿第一次开展搓草绳的活动，出现一些问题也是正常的，在活动中幼儿能够从问题出发，通过自己的努力或求助同伴、成人等方法解决各种问题。例如幼儿戴上手套，手部动作就受到限制，有的幼儿就脱下手套来尝试搓绳子。教师发现后，及时提醒幼儿要保护好自己的双手，幼儿提出要戴薄一些的、适合自己大小的手套，于是同伴之间互换手套，尽可能地找到适合自己大小的手套。有一些问题不能现场解决，教师就和幼儿讨论解决问题的方法。例如幼儿由于手臂力量不足，在搓绳的过程中出现搓不紧的问题，这就需要幼儿多锻炼自己的臂力和耐力，比如参加悬空吊、攀爬等游戏。在活动中，幼儿通过观察剪开的绳子学习编绳，但是有些幼儿无法完成。在日常生活中我们要注意对幼儿观察能力的培养。最后，材料的提供不够丰富，这里只有稻草，材料过于单一，教师可以尝试提供一些麻或者长布条，让幼儿在操作过程中感受不同材料的特性，获得更丰富的活动体验。

方案9　编尾巴

活动由来

户外绳区提供的一筐用各种材料编织的花尾巴（短绳）一直很受幼儿的喜欢。他们会拿着这些尾巴，将其塞到裤腰里玩揪尾巴的游戏；他们也会把这些尾巴铺在地上，拼出一个个正方形、长方形和三角形的图案，还会拼搭出一座座房子，一起玩跳房子的游戏；还会把这些尾巴连接起来，做成一条长绳子，玩跳绳、踩小蛇、抢四角等游戏。最近，幼儿发现有很多尾巴都坏了，完整的越来越少，于是决定到民间游戏馆线绳区编一些尾巴放到这里，继续玩多变的尾巴游戏。

活动目标

1. 学习合作编三股辫，体验编织活动的乐趣。

2. 能够根据不同的用途，尝试编长短不同的尾巴。

活动准备

经验准备：幼儿见过各种尾巴，并且已经会玩“揪尾巴”的游戏。

物质准备：各种各样的尾巴，尺子、小皮筋、分类筐。

活动过程

1. 幼儿自主学习编三股辫的方法。

（1）教师：你想用尾巴来玩什么游戏？需要多长呢？

（2）幼儿根据尾巴的用途，选取适合长度的毛线并分为三股。

（3）幼儿自主看图示学习合作编三股辫。

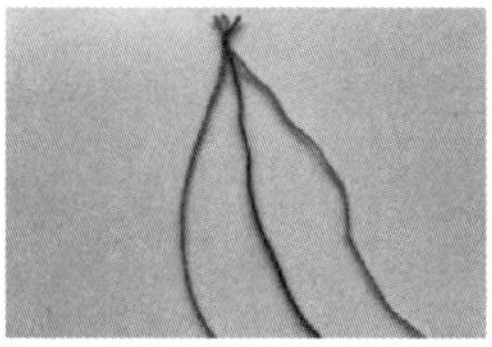
步骤一：将三条线一头对齐打结固定

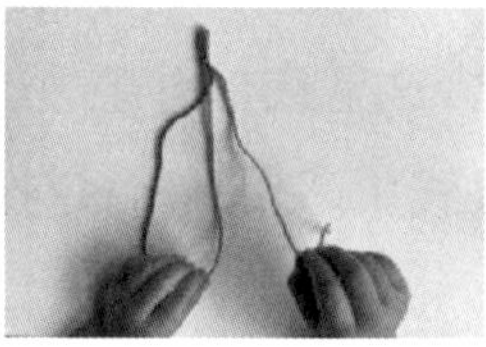
步骤二：拿起左右两侧的线

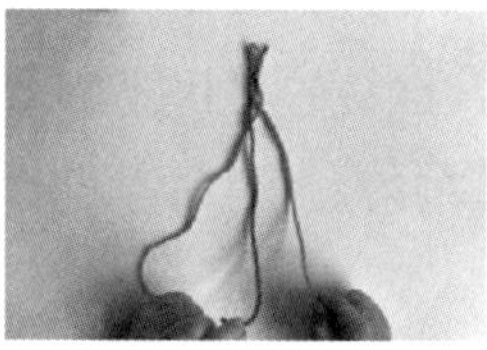
步骤三：依次将两侧的线编到中间

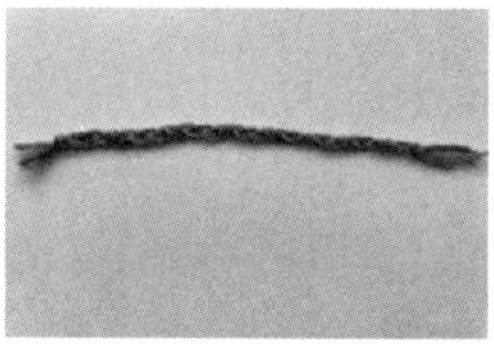
步骤四：编织结束后打结

编尾巴步骤图

2. 分享讨论编尾巴的过程。

(1) 幼儿测量比较自己编的尾巴长度是否适宜。

(2) 讨论：为什么毛线编成尾巴后就变短了呢？怎么办？

(3) 根据自己的需要调整尾巴的长度。

(4) 幼儿相互欣赏同伴的尾巴：谁的尾巴既平整又漂亮？他是怎么编的？

3. 幼儿分类整理尾巴。

(1) 引导幼儿按照尾巴的长短或用途进行分类。

(2) 摆放并做好标记。

(3) 利用自制的尾巴玩一玩自己喜欢的游戏。

活动延伸

★ 在班级区域中提供布条、包装线等材料，继续开展编辫子活动。

★ 将编好的尾巴进行分类，根据粗细、长短的不同，分别投放到户外绳区和室内美工区，在美工区可以利用这些细尾巴进行创作活动，如盘垫子、打扮娃娃等。

★ 利用自制的尾巴开展更多的游戏活动，如跳绳、踩小蛇、拔河等。

活动反思

这次的编尾巴活动是幼儿主导的，他们为了给绳区制作充足数量的尾巴，活动积极性很高。从活动的过程和结果看，还存在一些不足，例如尾巴的编织不仅要考虑长短，还要考虑粗细和色彩的搭配，但是在活动中，幼儿更关注尾巴的长短，忽略了粗细和色彩的搭配。在后期的延伸活动中，教师可以引导幼儿先思考，做好计划，考虑得更加全面，在提高技能的基础上，同时考虑粗细、长短和色彩的问题。

方案10 鸭蛋网

活动由来

在苏州地区，立夏那天，幼儿有烧野火饭、斗蛋、称重三大习俗。每年这个节气来临之前，教师和会一起商量如何开展这些民俗活动。幼儿对斗蛋都很感兴趣，他们约定要把家里的咸鸭蛋带到幼儿园来。那鸭蛋要装在哪里带过来呢？教师给幼儿讲述了自己小时候编网袋装鸭蛋的故事，引起了幼儿学习编蛋网的热情。于是，教师带着幼儿来到民间游戏馆，一起探究如何编一个又漂亮又实用的鸭蛋网。

活动目标

1. 了解本地立夏习俗，知道立夏是夏天的第一个节气。

2. 会打单结，能重复打单结完成一个鸭蛋网编织。

活动准备

经验准备：幼儿对立夏习俗有初步了解。

活动过程

1. 了解立夏习俗，引出活动。

(1) 教师：立夏马上就要到了，我们是怎么过立夏的呢？

(2) 引导幼儿结合自己的生活经验大胆讲述。

(3) 教师重点介绍编织鸭蛋网，随身携带咸鸭蛋的习俗。

2. 尝试编织，巡回指导。

(1) 教师展示打单结步骤图，并进行鸭蛋网连续打结的编织演示。

(2) 引导幼儿自主选择线绳进行编织，鼓励幼儿关注线绳色彩搭配的美感。

(3) 引导幼儿正确选择相邻线进行打单结的编织操作，并持续打单结编织。

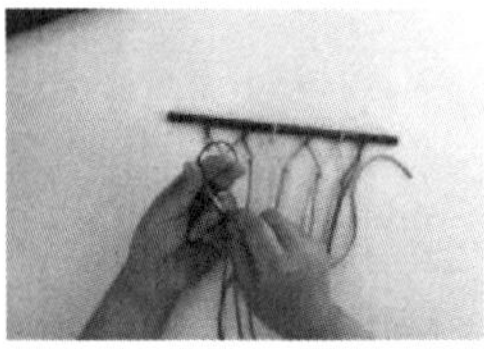

步骤一：相邻的两根线在手指上缠绕成圈

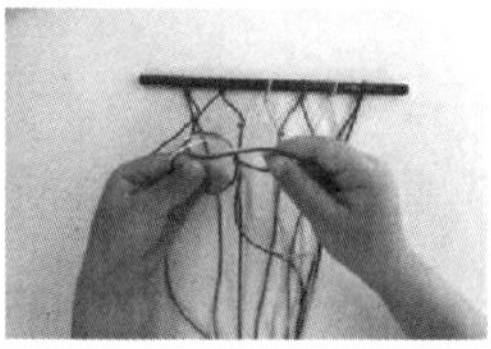

步骤二：将这两根线的线尾从圈中拉出

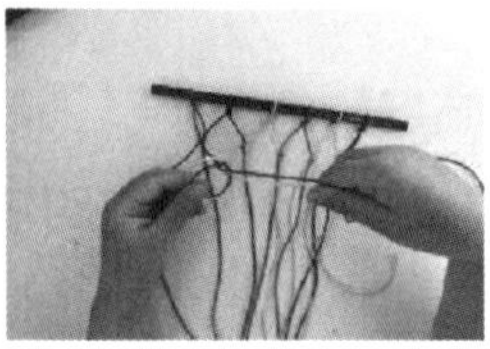

步骤三：线尾拉紧完成单结

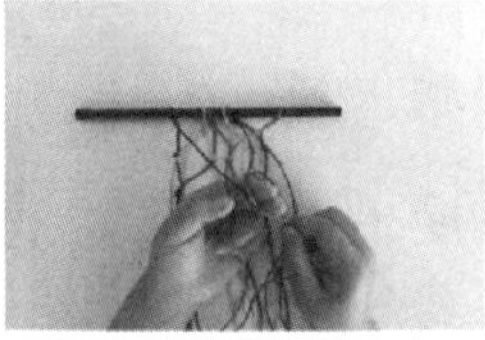

步骤四：两边剩余的两根线打单结固定

鸭蛋网编织步骤图

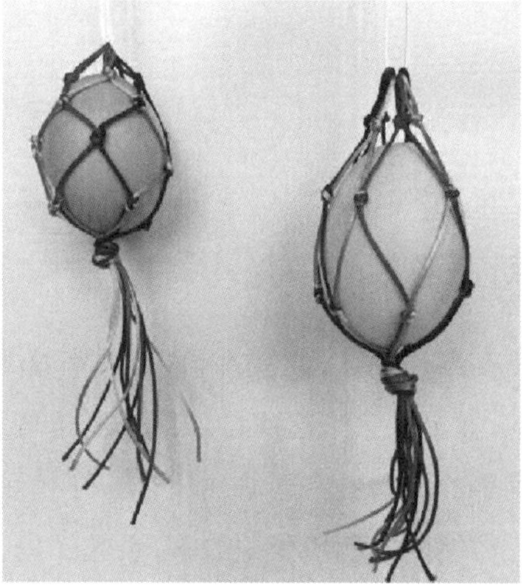

鸭蛋网成品

3. 放置咸鸭蛋，调整鸭蛋网大小。

（1）引导幼儿将咸鸭蛋放进鸭蛋网中，自主确认编织进程。

（2）询问幼儿具体编织进程，根据幼儿的编织进程进行指导。如幼儿的鸭蛋网不能完全包裹住鸭蛋，指导时鼓励幼儿继续编织；如幼儿的鸭蛋网正好能包裹住鸭蛋，指导时协助幼儿进行收尾工作；如幼儿的鸭蛋网远远超过鸭蛋的大小，指导时引导幼儿拆除多余的单结。

（3）鼓励幼儿完成鸭蛋网编织，并放置咸鸭蛋。

放置鸭蛋确认编织进程

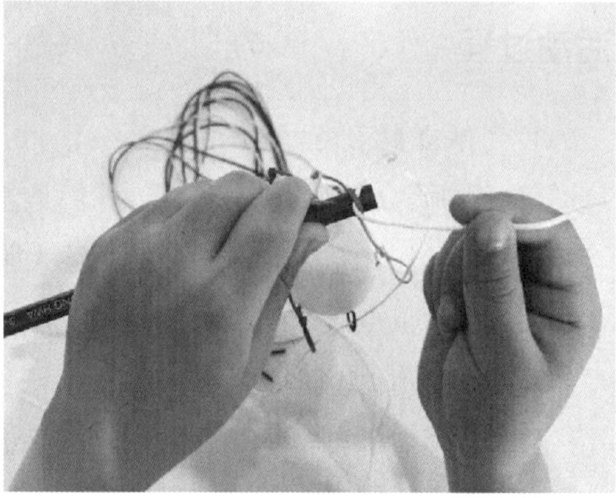

用线穿过笔上的绳结完成收尾

4. 佩戴鸭蛋网，分享与展示。

（1）鼓励幼儿自主佩戴鸭蛋网，并大方展示。

（2）引导幼儿简单介绍自己的鸭蛋网，分享自己的编织打结心得。

（3）引导幼儿探讨网袋编织完成的外形特点，分享日常见到的其他网袋。

活动延伸

★继续学习打单结的方法，尝试编织笔袋、杯套等随身携带的物品。

★通过家长问卷、采访等了解更多有关用线绳编织网袋的相关知识，关注网袋循环使用等环保特征。

★认识更多用于装置物品的袋子和设备，讨论哪些方式更便利、更适宜。

活动反思

在编织鸭蛋网的过程中，多名幼儿编着编着，发现绳子太短了，没有办法再编下去了。在教师的提醒下，幼儿也找到了出现这个问题的原因：在打结过程中没有将两根相邻线绳都穿过孔洞，一根绳子重复多次穿所以快速变短了。因此，教师需要在班级区域中提供相关的材料，和幼儿一起设置编织的任务，例如为自己的水壶编织网袋，为记号笔编织笔套等，让幼儿有机会继续练习打单结，提升编织技能。在放置咸鸭蛋来确定网袋大小时，少数幼儿的鸭蛋从网袋孔洞里掉落出来了。原来是网袋的孔洞太大了，而且没有办法做调整，这些没有成功的幼儿比较沮丧。为此在后续编织活动中，教师要引导幼儿关注孔洞的大小与物品的大小，在编织过程中控制好打结的松紧程度来保证孔洞的大小。在探讨日常生活中的网袋时，幼儿从编织袋、马甲袋延伸到了营地车等多样的装载物品的器具，不仅感受到了袋子的便捷，而且也对各种袋子产生了浓厚的探究兴趣，这些都可以在后续活动中作为切入点展开。

方案 11 编手链

活动由来

幼儿在民间游戏馆游戏时编织了很多的螺蛳壳手链，特别喜欢晃动手腕听手链发出好听的声响。一段时间过后，幼儿发现螺蛳壳手链太硬了，他们想要一条佩戴舒服又漂亮的手链。在寻找编手链的材料时，他们在线绳区发现了五颜六色的丝线和亮闪闪的“珠宝”，他们觉得这些材料能做成一条真正的手链，于是开始进行编手链的学习和探究。

活动目标

1. 会打平结，能通过重复打平结的方法编织手链。

2. 在制作过程中探索不同的线。

活动准备

经验准备：幼儿有一定的编织技能。

活动过程

1. 自由讨论，导入活动。

（1）教师：这几天很多小朋友都在讨论制作手链，你想制作怎样的手链？

（2）鼓励幼儿大胆表达，说出心目中喜欢的手链的样子。

（3）教师重点介绍线绳编织的手链，引导幼儿在民游馆欣赏各种编织手链。

2. 尝试编织，巡回指导。

（1）教师出示打平结的步骤图，并通过连续打平结的方式编织手链。

（2）引导幼儿自主选择线绳进行编织，鼓励幼儿关注线绳色彩搭配的美感。

（3）引导幼儿正确选择相邻线进行打平结的编织操作，并持续打平结编织。

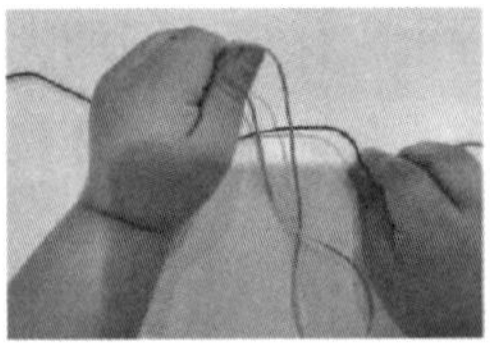

步骤一：取一根线放在黄色芯线下方

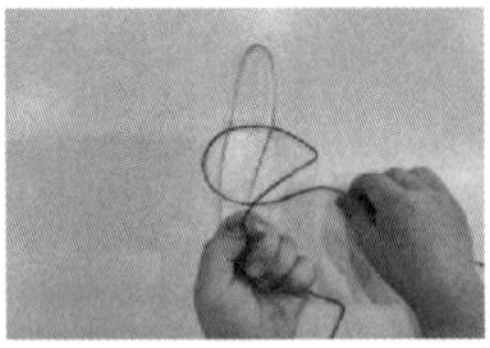

步骤二：左边线往右弯折，放在右边线下方

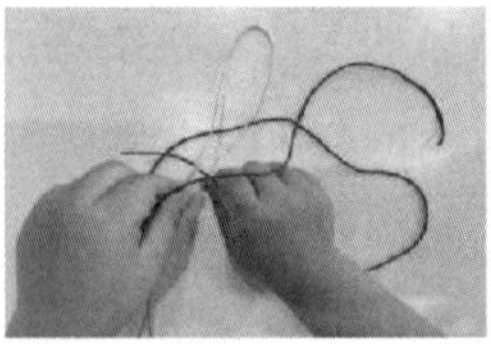

步骤三：下方线从芯线下穿过左边孔洞向上穿出

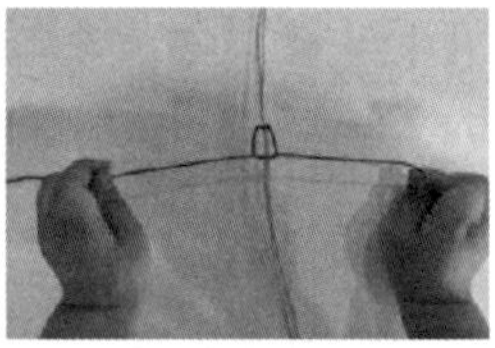

步骤四：抓住两边线尾拉紧完成平结

打平结步骤图

手链成品

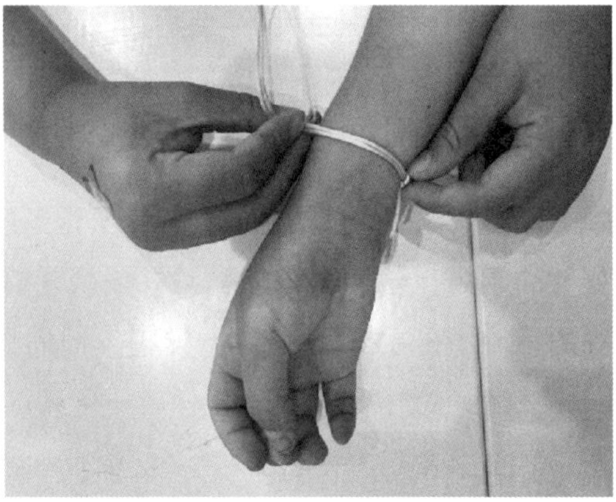

量一量需要的长度

3. 与手腕进行比量，调整手链长短。

(1) 引导幼儿将编织的手链缠绕在手腕上进行比量，自主确认编织进程。

(2) 询问幼儿具体编织进程，根据幼儿的编织进程进行指导。如果幼儿的手链不能完整缠绕住整个手腕，指导时鼓励幼儿继续编织；如果幼儿的手链正好围绕手腕一圈，指导时协助幼儿进行收尾工作；如果幼儿的手链远远超过手腕的长度，指导时引导幼儿拆除多余的平结。

(3) 鼓励幼儿根据手链的长度进行调整，完成编织。

4. 佩戴展示，分享感受。

(1) 协助幼儿进行佩戴，引导幼儿相互展示和欣赏。

(2) 鼓励幼儿大胆介绍自己的手链，分享在编织过程中的心得体会。

(3) 引导幼儿探讨各种各样的手链，感受手链的美。

活动延伸

★ 在班级美工区提供各种线和辅助用品，开展更多编织方式的编手链活动，如八字结、金刚结等，将幼儿的手链编织作品收集起来，举办手链展览会。

★ 给幼儿讲述或者播放一些有关中国绳结的发展历史和绳结的编织方法、用途等相关的故事，丰富幼儿的经验。

★ 鼓励幼儿在家中寻找各类编织物，了解不同材料的编织功用，例如竹子可以编竹篮、筐、匾等，毛线可以织围巾、手套、衣服等。

活动反思

在本次活动中，幼儿使用连续打平结的方式进行编手链活动。每当一条手链完成，戴到自己或好朋友的手腕上时，他们都非常有成就感。色彩明丽的丝线配上幼儿精选出来的“珠宝”，这条独家定制的手链就显得特别的珍贵，这种成就感吸引着幼儿专注地投入到下一条手链的编织中。但也有一些幼儿在编织的过程中遇到各种各样的问题，最常见的问题就是手链还没有编好，其中一根线就已经用完了，寻找其原因是两根线在打结过程中总是一根缠绕、一根固定不动，导致缠绕的那根线快速用完，这大概是幼儿手部力量的不均衡造成的，也是因为他们对于打平结的方法掌握得还不够熟练。在后续的活动中，教师可以引导幼儿在编手链的过程中，多关注两条线的长短，注意手部力量协调均匀，这样才能保持手链的粗细均匀。在讨论各式各样的手链时，幼儿着重描述了手链上漂亮的装饰物，在后续活动中教师可以引导幼儿用加入串珠的方式装饰手链，提升手链的美感，激发幼儿编手链的兴趣。

方案 12　跳皮筋

活动由来

跳皮筋是70后、80后童年最美好的回忆之一。小小的一根皮筋可以跳出各种不同的花样来。可以是两人绷，一人跳或者多人跳；也可以三人绷成三角形，三人或者三的倍数的人在里面跳；还可以多人绷成各种图形，围着圈像跳集体舞一样跳。跳皮筋和现在的孩子又能擦出怎样的火花呢？我们尝试在民游馆里布置了跳皮筋的场景，幼儿发现之后都觉得特别新奇。于是，教师和保育员为幼儿展示了跳皮筋的玩法。这下他们更好奇了，跃跃欲试。

活动目标

1. 初步掌握跳皮筋的方法，体验合作游戏的快乐。
2. 发展身体动作的协调性与灵敏性。

活动准备

经验准备：幼儿玩过皮筋编织的游戏，会念几首简单的跳皮筋的儿歌。

活动过程

1. 师幼共同玩跳皮筋的游戏。

（1）教师演示跳皮筋“小马过河”的玩法。

（2）教师：谁看明白了要来试一试？

（3）个别幼儿尝试，教师边指导边讲解。

（4）教师带领幼儿一起学跳皮筋“小马过河”。

2. 幼儿自主玩“小马过河”游戏。

（1）幼儿自主组队进行游戏。

（2）教师关注幼儿的跳法，对有困难的幼儿进行个别指导。

（3）教师鼓励幼儿挑战更高难度的“小马过河”跳法，如把皮筋绷在小腿上、放在膝盖上或者单脚撑皮筋。

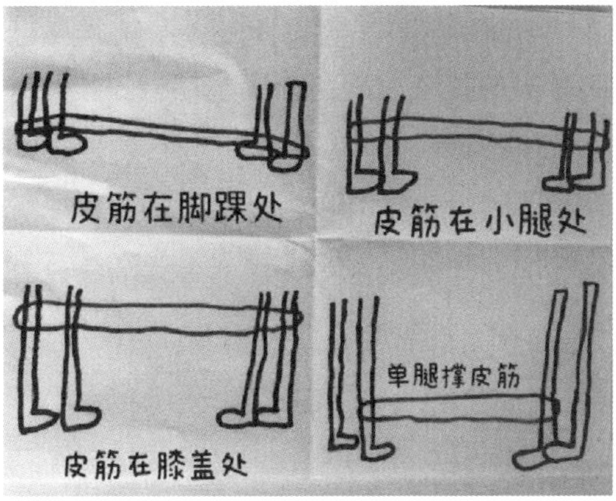

跳皮筋步骤图

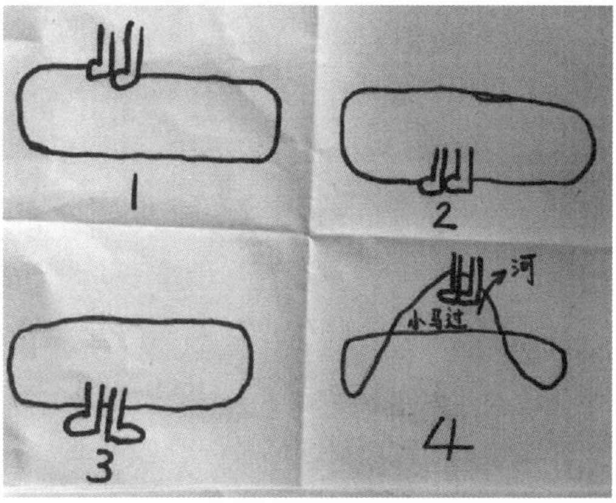

撑皮筋部位图

幼儿游戏中

3. 教师展示跳皮筋的更多玩法,引发幼儿对跳皮筋游戏的兴趣。

活动延伸

★ 收集适合跳皮筋游戏的儿歌,通过绘画或者音频录制的方法制作成皮筋儿歌集。

★ 提供长短不一的皮筋,鼓励幼儿探索更多关于皮筋的玩法。

★ 在科学区提供更多有弹性的材料,鼓励幼儿探索弹性材料的特点。

★ 邀请家长来园指导幼儿跳皮筋,鼓励幼儿和家长在家一起玩跳皮筋,并收集更多的跳皮筋游戏的玩法。

活动反思

在教师的带领下,幼儿很快就学会了“小马过河”的跳法。刚开始皮筋位置低时,大家都能很好地完成各种动作。随着皮筋位置升高,幼儿就出现脚蹦得不够高的状况。这时，教师可以引导能力弱的幼儿排在能力强的幼儿后面跟跳，这样一组幼儿都能完成这一级的任务。还有一些幼儿在跳的过程中，蹦跳落脚的位置总是出现误差，发现问题后，教师引导幼儿探索，靠近皮筋中间跳与靠近撑皮筋的人跳有什么不同。同时，发现皮筋宽度变化也会带来困难，当单腿绷皮筋的时候，两根皮筋的间距更窄，需要落脚的位置更精确。幼儿觉得跳皮筋更加困难了，教师可以引导幼儿用脚尖部位去踩或者踩的时候脚稍微倾斜都可以解决这一问题。还有一个问题是选择绷皮筋的人觉得很无聊，什么时候需要和跳皮筋的人进行交换，如何交换，这也涉及跳皮筋游戏规则的制定，教师可以引导幼儿展开讨论，做好游戏计划。

四、民间线绳类游戏资源

（一）线绳类游戏汇总表

线绳类游戏丰富多样，既有收集来直接就能玩的“跳绳”“挑花线”等传统游戏，也有在幼儿园里教师和幼儿一起改编、创新的“龟兔赛跑”“穿越火线”等游戏。为了给幼儿更多的选择，教师梳理了适合小、中、大班幼儿开展的 23 个游戏。汇总表里只列举了将较为常见的制作步骤或玩法。民间游戏玩具的制作方法具有变通性，同一种民间游戏的玩法多种多样，可以启发幼儿的无限创意。

表 4－2　线绳类游戏汇总表

序号	游戏名称	所用玩具、材料	制作步骤或玩法	备注
1	挑花线	棉线或毛线（1 米左右）、挑花线的示意图或者相关图书	双人玩法：一名幼儿用手指将绳圈编成一种花样，另一名幼儿用手接过来，翻成不同的花样，相互交替，直到一方不能再翻下去为止。 单人玩法：将绳圈套在手上，用双手手指或缠或挑或绕或穿，经过翻转将线绳在手指间绷出各种花样来。	将绳子的两端对齐打个小巧的结，变成绳圈后游戏。
2	钥匙扣	40 厘米左右长的中国结线	两人合作，一名幼儿负责拉住线，一名幼儿负责编。将线对折，捏住中心点，其中一根线由拉线的幼儿捏住，另一根从中心点开始有序地向前绕，绕的线之间要并排，绕到一定长度后将线穿过中心点围成圆，再把另一根线绕在变短的线上并进行打结固定。	

续 表

序号	游戏名称	所用玩具、材料	制作步骤或玩法	备注
3	编手链	一根 2 米左右的彩线，一根 30 厘米左右的彩线	两人一组，一名幼儿负责拉直较短的线，另一名幼儿负责编。将长线对折打单结固定在短线的一端，并将两根线分别放在中间线的左右，左边的线压过中间线形成半圆，右边的线经过中间线从下面穿入左边的半圆中，并将两根线分别往两边用力拉，依次分别按照左、右、左、右的方法编织，编到一定长度可在手腕试戴，最后打结固定。	可以选择两种不同颜色，在编的时候更容易区分。 还可以在笔芯上进行编织。
4	搓草绳	稻草	左右手分别拿稻草的下端部分(一根或多根，数量不同，绳子的粗细也不同)，一只手对着另外一只手从前往后搓，使两股稻草相互缠绕在一起，稻草快搓完时，重新加入新的稻草继续搓到适合的长度。	利用自制传统器材感受并体验不同的方法做草绳的乐趣。
5	编尾巴	毛线、布条	通过借助编织工具或是两两结伴的形式，用布条或者适量的毛线分三股，按编麻花辫的方法编织长短不同的“尾巴”。	将编织好的“尾巴”投放于操场，进行户外大肢体游戏。
6	鸭蛋网	7—8 根 1 米左右的彩绳或毛线	一根彩绳平铺做挂绳，其余的绳子对折后固定在挂绳上且距离要均匀。相邻的两根彩绳打结，编至足够长度的时候，将底下剩余的线绳合起来打个结，蛋网就完成了(注意每一层打结的上方彩绳长度要相等)。	在打结的时候，由于绳子较多会发生混乱，教师可以提供一些辅助材料，比如矿泉水瓶，将挂绳系在瓶颈处，让绳子自然下垂，绳子会更加整齐、清楚，便于幼儿操作。
7	纺线	纺车、毛线、毛纱线	幼儿一手摇着纺车，一手拿着线，转动纺车将线绕在纺车上，绕到适宜的量后取下可以用来编辫子，也可以用来打结做毛球等。	
8	打电话	2—3 米左右的线，2 个一次性纸杯，牙签	电话制作步骤：用牙签分别在一次性杯子底部戳一个孔，将毛线穿过孔并系上牙签，拉直毛线，纸杯电话就完成了。 玩法：两人一组，将电话线拉直，一名幼儿将纸杯贴近耳朵，另一名幼儿对着纸杯说话，听的幼儿能通过电话线传递同伴说的话。	可选择不同材质、不同长度的线，游戏时两名打电话的幼儿在距离较远的空间进行游戏。
9	织布忙	提供自制织布机及各类线、带子	先在教师的指导下完成经线排绕，再由幼儿自选不同颜色的线、带子完成纬线的编织。	

续 表

序号	游戏名称	所用玩具、材料	制作步骤或玩法	备注
10	龟兔赛跑	乌龟、兔子图片，吸管，2—3米的细绳	将吸管剪成适合的长度，成“八”字形固定在图片后面，用细绳分别穿过图片后面的吸管，然后将细绳的中间位置固定在高处，幼儿两手分别拉动绳子，使图片向上移动，先到达终点者为胜。	图片可以根据角色的需要随时调换。
11	提线木偶	卡纸，餐巾纸筒，绳子、透明的渔线若干，细竹签四根	幼儿在卡纸上画上自己喜欢的人物或动物头像，用餐巾纸筒作身体，分别在两边上下位置打上小孔，用绳子穿过作为四肢，瓶盖打孔穿在脚的位置，打结固定，竹签固定成“十”字形，在适合的位置用渔线，在另一头固定手脚，转动竹签，木偶的手脚就会有节奏地活动。	
12	编花绳	2—3米的绳子若干	一名幼儿拉住几根绳子的一端举高，其他幼儿每人拉直一根绳子的另一端不松手，并排站好。左右两端的幼儿分别从绳子下面钻到其他幼儿的中间或相互交换位置，反复进行，直到绳子编完。	花绳谣： 花绳新，变方巾。方巾碎，变线坠。线坠乱，变切面。面条少，变鸡爪。鸡爪老想刨，变个老牛槽，老牛来吃草，它说花绳翻得好！
13	跳皮筋	皮筋4—5米	配合不同儿歌的节奏做规范的踩跳或者勾跳动作。	游戏童谣： 采蘑菇 我去森林采蘑菇， 森林爷爷抓住我， 三天三夜不放我， 把我送进幼儿园， 老师教我学唱歌， 1、2、3、4、5、6、7。
14	踩小蛇	草编绳或塑料绳、尼龙绳	玩法一：三人一组，两名幼儿蹲在地上分别拉住绳子的一端贴近地面，不停地抖动绳子使绳子看起来像游动的小蛇，另一名幼儿踩住绳子双脚并拢，从一端走到另一端，不踩空者为胜，再互换角色继续游戏。 玩法二：一名幼儿手持绳子的一端，另一端垂在地上，然后在场地上跑动，其他幼儿追在后面去踩垂在地上的绳子，踩到绳子者为胜，然后交换角色继续游戏。	

续 表

序号	游戏名称	所用玩具、材料	制作步骤或玩法	备注
15	牵绳	1—2 米的绳子	两人一组，幼儿各拉住绳子的一端放在自己的腰间，面对面双脚分开站立，随意地拉动绳子，迫使对方移动双脚。如果对方双脚移动就算输，游戏重新开始。	
16	油豆腐匝四角	四根 2—3 米一样长的绳子	游戏五人一组，用长绳围成四四方方的“油豆腐”，每个角上都站立一名幼儿，站在中间的幼儿按顺时针方向边念童谣边指点每个角上的同伴，念完后大家移动位置，抢占四个角，抢不到的幼儿则站中间开始新一轮游戏。游戏可持续一段时间。	幼儿如果不会念民间童谣，可以用各种有韵律的古诗或者歌谣代替。 游戏童谣： 蹲蹲孵鸡 蹲蹲孵鸡，油菜炒鸡， 点着啥人，啥人就飞！
17	跳大绳	3—5 米的绳子	两名幼儿各握绳子的一头做甩绳动作，其余幼儿排队轮流从甩动的绳子外面跑进去，跳过若干下再跑出来。具体方法可根据情况进行变更。 幼儿熟练后，可逐步提高难度，如正跳、反跳、正反交替跳、花样跳等。	需要循序渐进地开展活动，教师指导时注意绳子不要绊倒幼儿。
18	跳小绳	绳子人手一根	幼儿自由探索双脚跳、单脚跳、跑跳等不同的跳绳方法，也可以两人合作一起跳。	游戏童谣： 跳绳歌 花儿红，鸟儿叫， 柳树底下把绳跳。 单脚跳，双脚跳， 脚步越跳越灵巧。
19	揪尾巴	毛线或绳子	尾巴编织步骤：先将一缕毛线的一端打单结固定，再将毛线平均分成左中右三股，最左边的线压在其余两根的中间，贴近最右边的线，最右边的线压在另外两根中间，贴近最左边的线，左右交替进行，直至编出适宜长度再打单结固定。 玩法：创设大花猫抓小老鼠的情境，一名幼儿扮演“大花猫”，多名幼儿扮演“小老鼠”。扮演“小老鼠”的幼儿在裤腰塞上一根编好的“尾巴”。“大花猫”睡觉的时候，“小老鼠”边念童谣边玩耍，童谣念完后，“大花猫”就会醒来揪“小老鼠”的尾巴，“小老鼠”要灵活地躲闪，防止被“大花猫”抓到。	游戏人数控制在 10 人以内，人多可以分组轮流游戏。游戏前划分好“大花猫”和“小老鼠”的场地。

续 表

序号	游戏名称	所用玩具、材料	制作步骤或玩法	备注
20	拔河	绳子(5米左右)、哨子	场地上画一条中线,拔河的绳子中间系好红绳作为标记。相同人数的两组幼儿面对面分别站在中线的两边,拉直拔河的绳子,红绳标记对着地面中间线。当裁判吹响哨子时,两边幼儿同时向后用力拉绳子,红绳标记最后被拉到哪一队则相应的一队为胜。	教师要注意选择平整的游戏场地,确保幼儿游戏安全。
21	穿越火线	2—3米长的绳子若干	两名幼儿一组拉直绳子,将绳子齐腰、大腿、膝盖等高度摆放,使绳子形成障碍,其他幼儿用跨、钻、爬等方式越过封锁线(障碍),碰到障碍的幼儿交换游戏角色。	
22	卷炮仗	2—3米的绳子	两名幼儿各拉住绳子一端,一名幼儿按顺时针沿着绳子转向另一名幼儿,直到转完绳子,另一名幼儿发出"砰"的一声,用力甩手拉绳子,旋转过来的幼儿逆时针旋转回去,直到绳子拉直,交换角色继续游戏。	
23	跳高	皮筋3—4米	两名幼儿拉直皮筋,将皮筋齐身体的某一部位高度,如膝盖、大腿、腰部等,其他幼儿通过助跑的方式跳过皮筋,以不碰到皮筋为胜。皮筋的高度由低逐渐升高。	跳高的场地要平整、安全。尽量使用皮筋,皮筋有弹性,比绳子更安全。

(二)线绳类游戏资源的更迭

由于线绳类游戏区呈现的固定游戏并不多,更多的是以提供材料和引导性活动提示图来开展活动的,该区域活动更具有创造性和开放性。在线绳类游戏资源的更迭中,更多的是游戏材料的补充与添置,应根据幼儿的活动需求补充线材。例如幼儿在制作玩具和作品时喜欢挑选色彩明艳的线,每一种线材基本上都会有几个颜色的线先使用完,这就需要幼儿自己到资源中心进行拿取。当然这样经常拿取同一类材料,势必导致资源中心这类材料的紧缺,于是会生发出新的资源收集的活动,例如针对红色、蓝色、粉色线的缺少,幼儿会发起收集的倡议,制作相关的收集海报,到各班去宣传,教师会配合幼儿向家长发出收集信息,在幼儿园周二的收集日里开展收集、整理的活动。这样就完成了一轮以幼儿活动需求为目的的收集活动。这也是民间游戏馆甚至是全园可收集到的资源更迭的常规操作。

除了材料的更迭,还有就是特定器具、游戏指示图的更迭,这两类资源会根据幼儿园课程的设置和幼儿的兴趣进行更换、添置等,以满足幼儿在线绳类游戏区的活动需求。

第五章　民间游戏馆竹木类游戏区的组织与指导

骑竹马、射弓箭、踩高跷……这么多好玩的民间游戏都要用到竹子或木头材料做的玩具。一根小竹棒，甚至是一个扫把柄都可以成为幼儿的玩具。这些在乡村野地里随处可见的材料，经过幼儿和家人的简单加工，就能成为一件件宝贝，例如“陀螺”“木剑”“空竹”“竹蜻蜓”等。这些自然界馈赠的宝贝，陪伴着一代又一代人的成长，拼接起一段段美好的童年时光。

一、竹木类游戏区的总体规划

(一) 区域布局

竹木类游戏区位于民间游戏馆进门的左侧，占据了场馆的北面区域，整个区域呈“L”

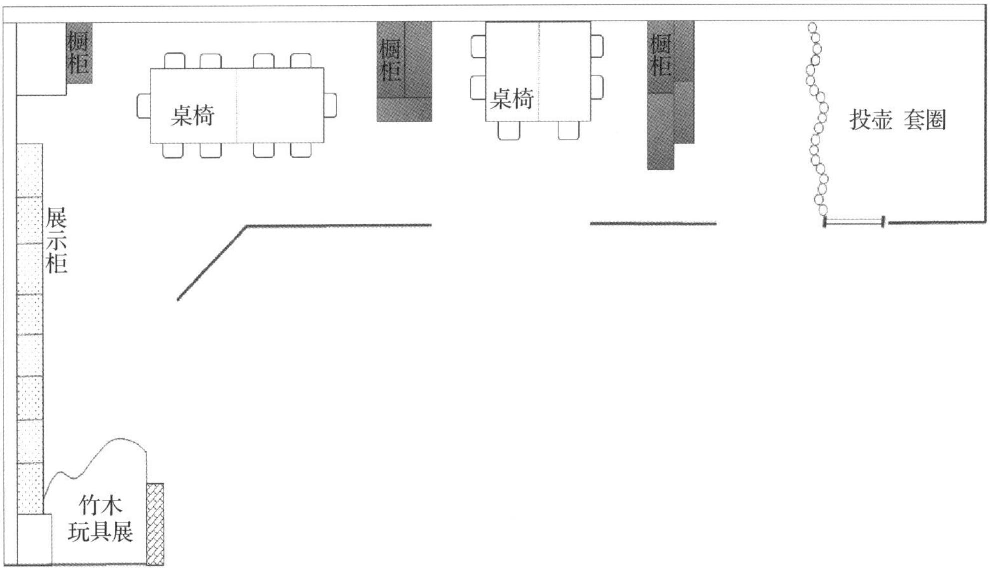

▲竹木类游戏区布局示意图

形。此区域在装修时就做了三个半隔断的空间，三个空间内部是打通的，外面有三个半敞开式的门洞，竹木类游戏区正好借助这三个半隔断空间来进行区域的布局。

（二）区域设置

进入民间游戏馆，我们就能看到竹木区有三个可以进入的通道，形成了相对封闭的三个空间。第一个空间布置了经典的“套圈”和“投壶”游戏场景。第二个空间设置了玩“挑小棒”“七巧板”等需要借助桌面的游戏区域。第三个空间靠近线绳区的墙面角落里布置了大型竹木类游戏展，靠西窗的橱柜中是各类竹木玩具和竹木制品的集中展示区。这一空间连接着民间游戏馆的公共空间，幼儿可以将这些竹木玩具拿到公共区域来玩一玩。

每一个空间里面都用橱柜和桌椅进行分割，这些桌椅可以供给幼儿活动所用。为了将竹木类游戏区的材料特性显示得更为充分，在区域材料的收纳方面基本都以竹编、藤编等篮筐来盛放。为提升幼儿对于竹木材料的感知能力，该区域提供了品种丰富的竹木类日用品和小摆设，以供幼儿体验和游戏。

二、竹木类游戏区的设备与材料

该区域的设备与材料包括成品玩具、竹木玩具制作资源筐及该区域相关材料和工具这三类。

(一) 成品玩具

竹木区的成品玩具是通过购买或由成人、幼儿制作的，如摇摇木马、竹蜻蜓、陀螺、高跷等，可供幼儿进入竹木区随意拿取玩耍，也可以用来拆解，探究这个玩具的结构，用于制作过程中的学习。

摇摇木马

平衡蜻蜓

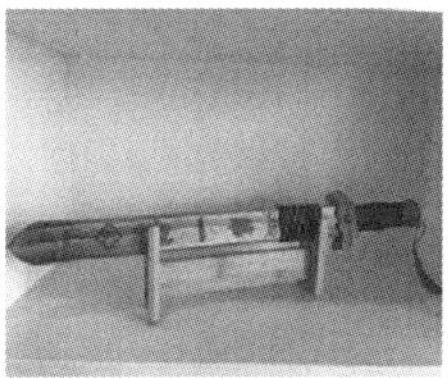
木剑

溜溜球

竹板

竹节小人

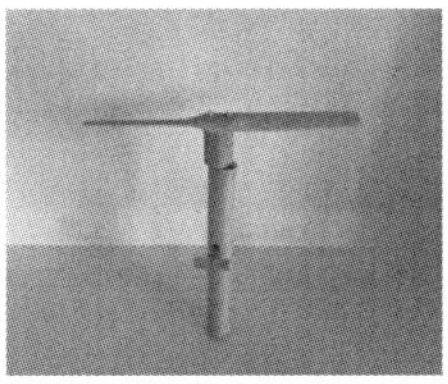
竹蜻蜓

高跷

弹弓

孔明锁

小木车

竹子敲打器

（二）竹木玩具制作资源筐

为了给初学制作的幼儿提供便利的制作材料，激发他们自己制作竹木玩具的兴趣，该区域陈列着许多竹木玩具制作资源筐。每一份资源都有一个成品玩具以及制作该玩具所需要的材料、制作的指示图等，希望通过这些资源筐的使用，幼儿能够对制作竹木类玩具感兴趣。

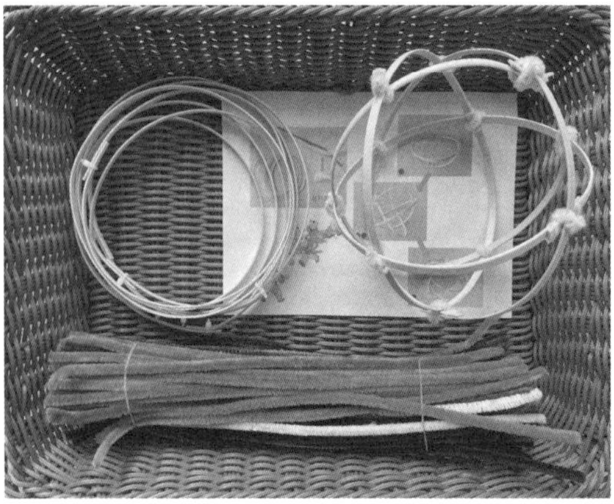

（三）相关材料和工具

竹木区里摆放最多的材料就是各种加工过的竹片、竹筒、木片、树枝等，为了确保幼儿活动的安全，该区的材料不管是采购还是收集来的、都需要进行再次的人工打磨。还有各类竹木材料在使用过程中需要用到的特定工具，如锤子、锯子等，以及在制作中还需要的一些辅助工具，如砂纸、画笔、尺子等。

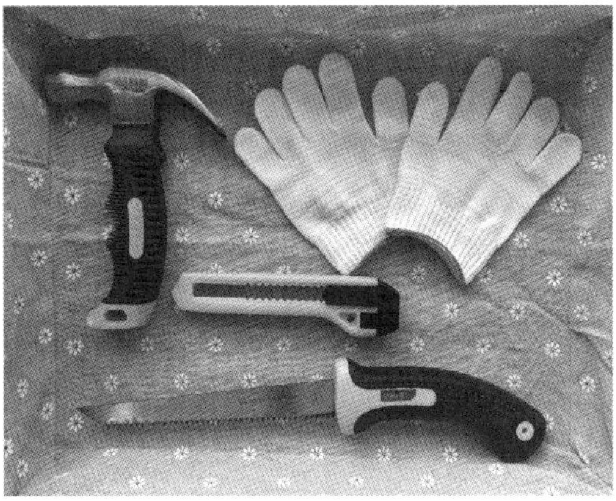

三、竹木类游戏区活动方案

(一) 活动总表

在竹木类游戏区，幼儿可以玩到各类竹木制作的玩具，体验竹木这些自然材料带来的游戏乐趣，感受竹子、木材的多变和在生活中的广泛运用。

表 5－1　竹木类民间游戏区活动表

对应活动方案	活动内容	领域	关键经验	年龄班	活动形式
方案 1	赶小猪	健康	手眼协调	小班	集体、小组
方案 2	套圈	健康	手眼协调	小班	小组
方案 3	竹蜻蜓	科学	观察、发现	小班	小组
方案 4	七巧板	数学	图形、空间	中班	集体、小组
方案 5	定制高跷	美术	设计、配对	中班	小组
方案 6	投壶	健康、数学	手眼协调、计数	中班	小组
方案 7	打陀螺	健康	肢体动作	大班	集体、小组
方案 8	挑小棒	科学、健康	观察、精细动作	大班	小组
方案 9	打竹板	音乐、语言	节奏	大班	小组
方案 10	竹节人	科学、社会	探索、合作	大班	小组

（二）活动方案展示

方案 1　赶小猪

活动由来

民间游戏馆里有很多竹制的镂空小球。幼儿好奇，这些小球怎么跟平时看到的球不一样？它们是用什么做的呢？可以怎么玩？看着幼儿对这些竹球这么感兴趣，于是我们就开启了探索竹球的游戏之旅。

活动目标

1. 练习持物控球走、跑，提高控制能力。

2. 提高手眼以及肢体协调能力。

活动准备

物质准备：装饰成房子的竹篓。

活动过程

1. 介绍游戏材料，了解游戏规则。

（1）教师出示游戏材料，引出游戏“赶小猪”。

（2）教师边示范边介绍游戏规则：双手握紧竹竿上端，身体侧向，用竹竿另一端将竹球（小猪）向前击，先将竹球（小猪）赶到竹篓（小猪家）者获胜，其间手不能碰小猪。

2. 大带小游戏，学玩“赶小猪”。

（1）观看哥哥姐姐玩赶小猪游戏，聆听游戏心得。

（2）教师与哥哥姐姐共同指导幼儿用正确的方法赶小猪，引导幼儿练习持竹竿控制竹球走、跑的技巧。

（3）幼儿自主游戏。

哥哥姐姐演示赶小猪游戏

哥哥姐姐指导游戏

3. 设置情境,提升游戏趣味性。

(1) 教师设置情境,鼓励幼儿再次游戏。

① 送小猪回家:在小猪家贴上数字1—5,幼儿按照数字驱赶相应的小猪到家里。

② 小猪探险:用竹竿边赶小猪边绕过障碍,先把小猪赶到家者获胜。

(2) 引导幼儿自主选择喜爱的游戏玩法进行游戏。

(3) 提醒幼儿遵守游戏规则。

送小猪回家

小猪探险

活动延伸

★ 创新"赶小猪"游戏玩法,如组队进行比赛等。

★ 在家和爸爸妈妈制作一套赶小猪玩具,一起玩一玩。

★ 和幼儿一起观看竹子、藤条等制作成球的视频,邀请竹匠来园向幼儿演示制作过程，感受民间工艺。

★ 向家长发起和幼儿一起探究球类运动的发展，例如古时候人们玩的马球、蹴鞠等游戏。

★ 收集各种球，认识球的种类，观看各类运动视频，开展球类游戏。

活动反思

本次活动基于幼儿对于竹制小球的好奇而开展，经过教师、哥哥姐姐的讲解与指导，幼儿基本能掌握游戏规则并进行游戏。但在游戏的过程中，小班上学期的幼儿由于肢体协调性和手部控制力的不足，不能很好地控制小球前行的方向。因此在持物控球走、跑方面，教师进行了重点指导，通过设置多种情境让幼儿更好地参与到游戏中来。在多次游戏后，幼儿的控球能力得到了较大提高，对于游戏的兴趣也越来越浓厚。在后续活动中，教师可以有意识地引入运球、投篮等游戏，进一步提升幼儿的手眼协调能力，还可以带领幼儿了解一些传统的球类游戏，如蹴鞠，观看足球、棒球等比赛视频，引导幼儿组队进行“赶小猪”游戏，提升游戏的趣味性。

方案2 套　　圈

活动由来

有一段时间，班级里许多幼儿都跟着爸爸妈妈去参加了“繁华姑苏夜”的夜市活动，他们谈论的话题围绕夜市中各种各样的美食，还有就是对于夜市中玩的套圈游戏很感兴趣。叶叶小朋友很骄傲地告诉同伴：“我爸爸套中了一个瓷娃娃，还套中了我最喜欢的魔法手杖。”成成很遗憾地说：“我也去套圈了，我和妈妈两个人一个好东西都没有套中。”于是，乐乐想起我们的民间游戏馆里的套圈游戏。这个发现激起了许多同伴的兴趣，他们纷纷表示要去民间游戏馆玩套圈游戏。

活动目标

1. 尝试用竹圈套中目标物。
2. 在游戏中探索套圈的方法，体验成功套中的快乐。

活动准备

经验准备:幼儿玩过类似的套圈游戏。

活动过程

1. 唤醒经验,介绍套圈游戏。

(1) 教师:老师发现你们都关注到了套圈游戏,这是老师小时候经常玩的游戏,你们猜猜是怎么玩的呢?

(2) 唤醒幼儿已有经验,鼓励幼儿分享自己的想法。

(3) 根据幼儿的讲述介绍套圈的游戏方法和基本游戏规则。

2. 幼儿游戏,探索套圈方法。

(1) 引发幼儿说说自己想要套中的目标物,激发幼儿游戏的兴趣。

(2) 鼓励幼儿自主选择民间游戏馆中已有的套圈材料和目标物,尝试自己布置套圈场地进行游戏。

(3) 和幼儿一起确定套圈游戏的规则,如套圈的距离、套圈的次数、轮流的方式等。

(4) 幼儿自主进行游戏。

套圈游戏规则

套圈游戏

3. 教师观察并巡回指导。

(1) 教师提醒幼儿游戏时注意人与人之间的距离和游戏时的安全,遵守游戏规则。

(2) 通过记录套中的次数激励幼儿多次进行游戏,在游戏中帮助幼儿总结套圈的方法,提高幼儿的套中率。

(3) 引导幼儿创新套圈游戏的玩法,如更换套的目标,尝试把圈套在民间游戏馆的场景树上等。

(4) 鼓励幼儿自由结对进行套圈比赛,激发幼儿游戏的兴趣。

活动延伸

★ 将民游馆中其他区域所制作的作品或玩具等作为套中的目标布置在套圈场地上让幼儿进行游戏。

★ 鼓励幼儿和大班哥哥姐姐进行互动,让大班哥哥姐姐做一些玩具,如纸质或竹制玩具等,让小班幼儿套圈。

★ 寻找生活中和套圈游戏相类似的活动,家长和幼儿一起创新游戏方式并进行尝试。

★ 户外活动时开展一些投掷游戏以提升幼儿的手眼协调能力。

活动反思

活动开始时,教师以展示套圈游戏的方式来激发幼儿对套圈游戏的兴趣。在了解游戏规则后,幼儿便开始进行游戏。在玩的过程中,因为幼儿是第一次玩套圈游戏,他们大多都是随意一扔,难以掌握力度和方向,所以套中率不高。基于这点,教师在幼儿游戏时可以通过拉近目标物的距离,调整目标物的大小,指导幼儿套的方法来帮助幼儿学会如何套中。当幼儿尝到"甜头"后,他们游戏的兴趣就更浓厚了,于是我们开始玩不一样的套圈游戏,如去套一套民游馆里的树,让幼儿更加乐于游戏。在每一次尝试中他们都会思考,都会进行自我调整,在找到适合自己的方式后他们也会进行归纳总结,并将自己成功的方法和要领分享给同伴。套圈活动让幼儿感受到玩民间游戏的乐趣,体验了把套中的物品带走的那份满足感。相信在一次次的套圈游戏中,幼儿在收获着,同时也在锻炼着。

方案3 竹蜻蜓

活动由来

在"蜻蜓飞飞"的主题活动中,我们探索了蜻蜓,模仿了蜻蜓飞行的样子,用各种材料制作了蜻蜓,在百草园里捉蜻蜓……当幼儿听说民间游戏馆中还有一种竹蜻蜓时,他们都纷纷表示要去看一看、玩一玩,于是我们来到了民间游戏馆。

活动目标

1. 在探索中学会玩竹蜻蜓。

2. 会用绕线的方式收回竹蜻蜓。

活动准备

经验准备:幼儿认识蜻蜓,见过蜻蜓飞行的情景,玩过关于蜻蜓的游戏。

活动过程

1. 介绍竹蜻蜓,引出竹蜻蜓游戏。

(1) 介绍民间游戏馆中陈列的竹蜻蜓,引导幼儿认识竹蜻蜓的构造。

(2) 教师为幼儿演示竹蜻蜓的游戏方法。

2. 探索竹蜻蜓,尝试让竹蜻蜓飞起来。

(1) 幼儿自主游戏,探索让竹蜻蜓飞起来的方法。

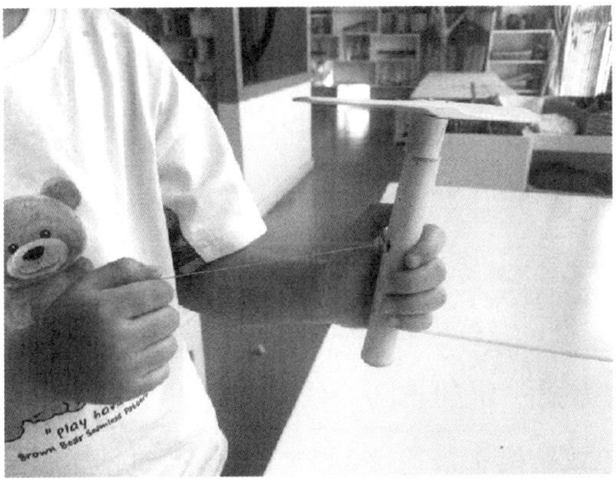

抽绳

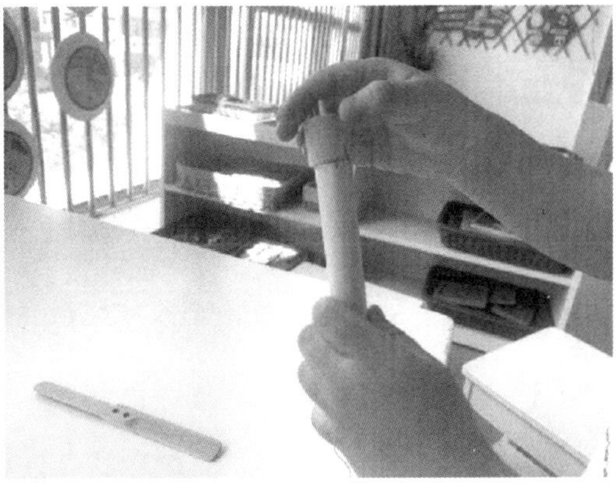

绕绳

(2) 关注幼儿游戏的方法,引导幼儿发现拉绳的速度、蜻蜓姿态与蜻蜓起飞的关系,重点指导收回竹蜻蜓的方法。

(3) 教师请几个成功飞起竹蜻蜓的幼儿进行示范,并引导幼儿讲述自己是如何操作才能让竹蜻蜓成功飞起的,重点鼓励幼儿讲述绳子的收放方法。

(4) 游戏时引导幼儿注意人与人之间的安全距离,寻找较空的地方进行游戏,确保游戏时的安全。

3. 欣赏各种蜻蜓玩具,感受不一样的玩法。

(1) 引导幼儿欣赏竹蜻蜓的不同造型,用自己的话说一说竹蜻蜓的样子。

(2) 教师介绍几种竹蜻蜓，引导幼儿认识。

(3) 鼓励幼儿尝试玩一玩其他的蜻蜓玩具。

各种各样的竹蜻蜓

玩其他的蜻蜓玩具

活动延伸

★ 在日常生活中寻找更多的有关蜻蜓的玩具玩一玩。

★ 尝试和家长一起合作制作竹蜻蜓，并进行游戏。

★ 按小组或全班举办“竹蜻蜓飞行大赛”。

★ 玩一玩、做一做类似竹蜻蜓的玩具，如纸风车、旋转飞镖等。

活动反思

竹蜻蜓是需要靠快速拉线才能起飞的，这需要一定的技巧。幼儿在刚开始游戏时，由于线拉得慢了、线没拉紧、竹蜻蜓没有直立导致蜻蜓都没有飞起来。教师通过示范、手把手教帮助幼儿总结失败的原因，学会飞竹蜻蜓，慢慢地大家都能成功飞起竹蜻蜓。收竹蜻蜓其实也是一个技术活，很多幼儿在收的时候只会把线绕在竹竿上，这样的方式导致玩竹蜻蜓时线会拉不动。当大家发现这个问题后开始摸索，在多次的尝试后他们发现只要转动竹竿就能很快地收起线再次进行游戏。就这样，在一步步地发现问题、尝试解决问题中，幼儿能灵活地飞起竹蜻蜓，熟练地收起竹蜻蜓。另外，当幼儿学会玩后就非常起劲，会在一起比试谁的竹蜻蜓飞得高，飞得远，飞得久。竹蜻蜓的游戏深受幼儿的喜爱，我们可以以此为契机，进行更多关于竹蜻蜓或飞行话题的探索，如去寻找会飞的玩具，制作纸风车，玩旋转飞镖，研究会飞起来的玩具的原理，让幼儿获得更多有益的经验。

方案4　七巧板

活动由来

七巧板是我国传统的儿童益智类玩具,七巧板以其多变的特性深受幼儿的喜爱。近期,我们认识了七巧板,了解了七巧板的由来,当我们路过幼儿园布满七巧板作品的楼梯时,幼儿驻足痴望,深深地被七巧板拼搭出的图形所吸引。喜欢动手、动脑、热爱拼图的他们,一下子对七巧板产生了浓厚的探究欲望,因此我们在民间游戏馆针对幼儿的这一兴趣开展了七巧板的探究活动。

活动目标

1. 认识七巧板,能看图完成简单的拼图。

2. 激发对拼图游戏的兴趣,体验成功的快乐。

活动准备

经验准备:幼儿欣赏过七巧板拼搭的图形、作品等,已认识七巧板。

活动过程

1. 回顾知识,找出图形。

(1) 出示七巧板,引导幼儿回忆七巧板是由哪七种图形组成的。

(2) 教师将几副七巧板打乱,引导幼儿快速找出一副七巧板中的七个图形。

2. 播放视频,介绍来历。

(1) 播放视频《七巧板的由来》。

(2) 教师对视频中的重要信息进行总结概括。

3. 依图成形,限时拼图。

(1) 教师在磁力板上拼小狗(或别的图形),鼓励幼儿说一说小狗各个部位所用到的形状。

(2) 引导幼儿对照教师示范的小狗进行拼搭,教师巡回指导。

(3) 教师出示范例图本,引导幼儿在规定时间内对照图例进行拼搭。

指出小狗身体部位图形

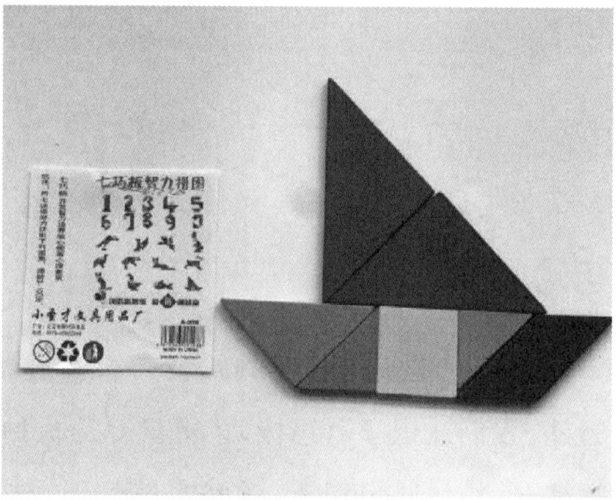

根据图示拼搭帆船

4. 自创图形，发挥想象。

（1）引导幼儿自主选择图形创意拼搭，探究不同的造型。

（2）展示幼儿作品，鼓励幼儿说一说拼搭的造型以及用到的图形有哪些。

（3）引导幼儿将拼好的图形沿其轮廓画一画，并把图形保留在七巧板区，供下次游戏的幼儿进行拼搭。

5. 见影排形，多种拼法。

（1）小组成员互相交换图形轮廓图，教师引导幼儿从别人的轮廓中拼出相应的图形。

（2）比较同一个轮廓图中不同幼儿拼搭的方法是否一样，说说能有几种拼法。

自由拼图

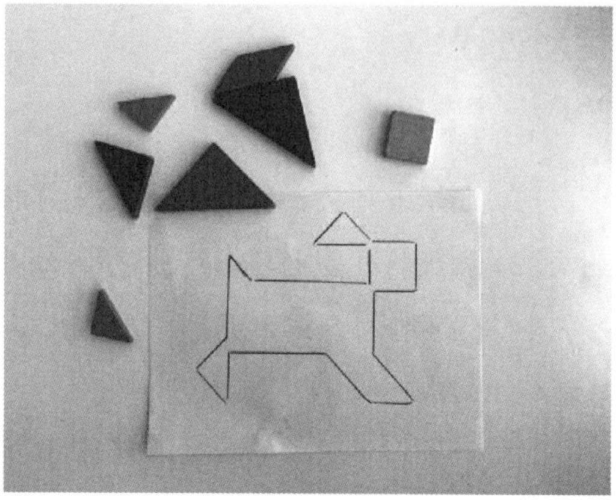

按轮廓图拼

6. 回顾历史，拓展了解。

（1）出示实物，引导幼儿了解其他古老的拼搭玩具，如四巧板、孔明锁等。

（2）鼓励幼儿观看古老拼搭玩具的游戏视频并尝试玩一玩。

活动延伸

★ 引导幼儿用七巧板拼出多种图形并将其编成简单的故事分享给同伴。

★ 在益智区投放四巧板、鲁班锁、孔明锁等，供幼儿进一步探究。

★ 尝试运用各种材料制作七巧板，例如通过折纸、剪纸、泥塑等来完成制作，并用自制的七巧板开展玩一玩、拼一拼、贴一贴等游戏活动。

★ 和幼儿一起探索七巧板的发展历史，引导幼儿寻找生活中的几何图形元素，感受各种图形在生活中的运用。

活动反思

开展七巧板游戏活动能充分发挥幼儿的想象力与创造力，幼儿能用语言清晰地表述自己拼搭的图案，并且在相互评价和交流中，幼儿的探究兴趣和探究能力都得到了提高。在活动中，“依图成形”环节遇到的最大问题是平行四边形的拼搭，幼儿容易忽略两边边长不同的细节，有时拼搭不出相应的图形，有时摆放好后也没有发觉自己拼搭的图形与原有图形有差异。基于此，教师在平时可渗透有关平行四边形的知识，多利用平行四边形进行拼搭活动，帮助幼儿构建良好的空间感。另外，由于幼儿第一次接触见影排形的玩法，此玩法是按照轮廓图进行拼搭，这具有一定的挑战性，难度较大，部分幼儿一开始无从下手。对此，教师可从小三角形与大三角形、三角形与正方形之间的转换来引导幼儿寻找不同的排法。总之，七巧板可以培养幼儿的空间想象能力，提高数学核心素养，在后续的活动中教师可以继续开展七巧板的探索活动。

方案 5　定制高跷

活动由来

幼儿在户外玩高跷时发现玩长棍高跷太困难，塑料高跷却又太简单。他们想找适合自己的高跷，怎样的高跷难度介于这两者之间呢？在民间游戏馆中他们发现了竹筒高跷，以及一些半成品竹筒，这给他们带来了灵感，他们决定定制一副属于自己的竹筒高跷。

活动目标

1. 了解高跷的构造，尝试制作简单的高跷并装饰。

2. 掌握正确的踩高跷方法，提高动作的协调性和灵活性。

3. 乐意与同伴一起参加游戏活动。

活动准备

经验准备：幼儿已有踩高跷的经验。

活动过程

1. 展示高跷，观察构造。

(1) 教师出示竹筒高跷，引导幼儿观察了解高跷的构造。

(2) 组织幼儿讨论：制作竹筒高跷需要用到哪些材料和工具？

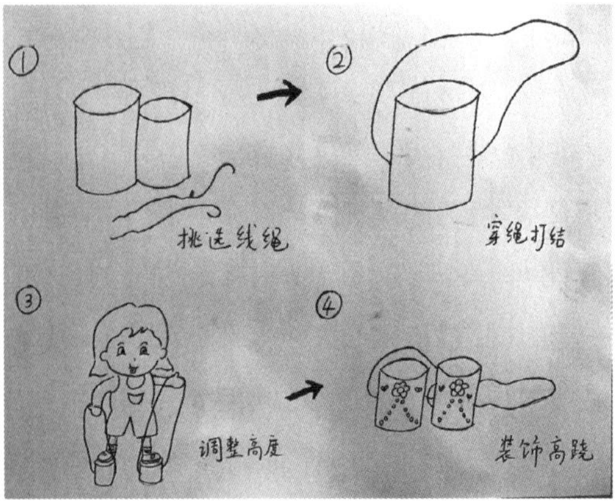

高跷制作步骤图

高跷制作材料

2. 出示材料，观察异同。

(1) 教师出示竹筒和线绳，引导幼儿观察竹筒高低、粗细的不同，以及线绳材质的不同。

(2) 引导幼儿说一说自己心目中高跷的样子。

3. 观看步骤，探索制作。

(1) 引导幼儿观看高跷的制作步骤图，讨论高跷的制作方法。

(2) 教师示范讲解穿孔以及线绳打结的方法。

4. 制作高跷，巡回指导。

(1) 引导幼儿自主选择竹筒和线绳，根据自己所需的高度裁剪线绳。

(2) 教师提示制作时注意安全，打结时教师可提供相应的帮助。

(3) 鼓励幼儿试验制作好的高跷，引导幼儿从两个竹筒对称的高度、粗细以及线绳材质、高度等方面找出不足之处，并说说如何改进。

5. 改进制作，装饰高跷。

（1）幼儿根据不足之处改进高跷，教师鼓励幼儿合作互助。

（2）幼儿制作完成后，教师引导幼儿装饰高跷。

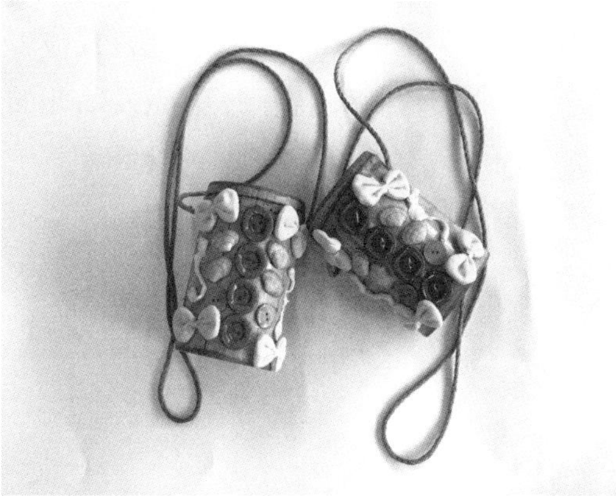

高跷作品

试验踩高跷

6. 体验高跷，接力比赛。

（1）教师介绍游戏规则：幼儿分为红蓝两队，以接力的形式进行比赛，哪队最快便获胜。

（2）幼儿做热身运动，准备比赛。

（3）幼儿根据规则进行比赛。

活动延伸

★ 制作其他材料的高跷，如易拉罐、奶粉罐、毛纱筒等。

★ 引导幼儿绘制定制单，根据定制单为他人制作高跷。

★ 户外开展高跷游戏活动，鼓励幼儿挑战更高难度的高跷。

★ 了解高跷的由来，欣赏不一样的高跷表演，感受传统文化的魅力。

活动反思

本次活动中，幼儿在各个环节都非常专注投入，在制作的过程中虽然遇到困难，但他们能主动分析原因并解决困难，如在发现高跷不稳时，他们会通过改变竹筒的高低与粗细、调节绳子的长度、改变线绳的材质等方式来解决问题。在用线穿洞的过程中，部分幼儿需要教师的帮助，教师可在活动中投放毛根、牙签、回形针等辅助材料，引导幼儿利用其他工具穿线。在打结环节，大部分幼儿无法完成，教师可在平时的区域活动中增加穿鞋带、系鞋带等有关打结的游戏来增强幼儿的动手能力。

在装饰高跷的环节，有的幼儿用对称的方式进行装饰，对此教师也进行了鼓励，并引导其他的幼儿用对称的方式将一副高跷装饰得更协调、美观。制作环节结束后，我们开始了比赛活动。由于高跷是幼儿自己制作的，即使有的高跷较高，有一定的难度，幼儿还是勇于尝试，没有退缩，最终顺利完成了比赛。由此可见，幼儿的潜能是无限的，教师可以引导幼儿制作更多的高跷，如利用更高的竹筒制作，制作竹制长棍高跷等，激发幼儿的潜能，让他们获得更好地发展。

方案6　投　　壶

活动由来

在一次游园活动中，投壶项目引发了幼儿的热议，他们交流着自己投进了几支箭，如何投才能提高命中率。教师还和幼儿一起观看了古装戏中有关投壶的片段。在观看视频的过程中，有幼儿提出问题：我们游园会上用油桶来做的壶没有电视里的好看。古时候的人用来投壶的玩具现在还有吗？带着这样的疑问，我们来到民间游戏馆，这一次带领幼儿玩不一样的投壶游戏，让他们感受传统的投壶玩具所带来的不同感受。

活动目标

1. 用正确的投掷方法成功将箭投入壶中。
2. 能够准确点数出投进壶中的竹箭数量并进行比较。
3. 愿意挑战更高难度的投壶游戏。

活动准备

经验准备：幼儿已玩过投壶游戏，会进行5以内数量的点数。

活动过程

1. 出示传统的投壶玩具，介绍投壶游戏的起源。

（1）教师出示传统的双耳投壶玩具，并简单介绍投壶游戏的起源。

（2）引导幼儿分享上次游园会上玩投壶游戏的感受和投掷的方法。

（3）教师在幼儿分享的基础上补充讲解投壶游戏的投掷技巧。

投壶游戏规则

投壶游戏

2. 自由游戏，挑战高难度投壶游戏。

（1）幼儿自由玩投壶游戏。

（2）教师帮助幼儿总结成功投中的方法。

（3）引导幼儿用纸笔记录自己投中的箭数。

（4）鼓励幼儿挑战更高难度的投壶，如投双耳、投更小口径的壶。给挑战更高难度投壶游戏的幼儿点赞，激励更多的幼儿参与挑战活动。

（5）指导幼儿小组合作自定规则进行投壶比赛。

（6）关注幼儿自定的规则，鼓励幼儿用绘画的方式记录下规则及游戏过程。

游戏记录表 1

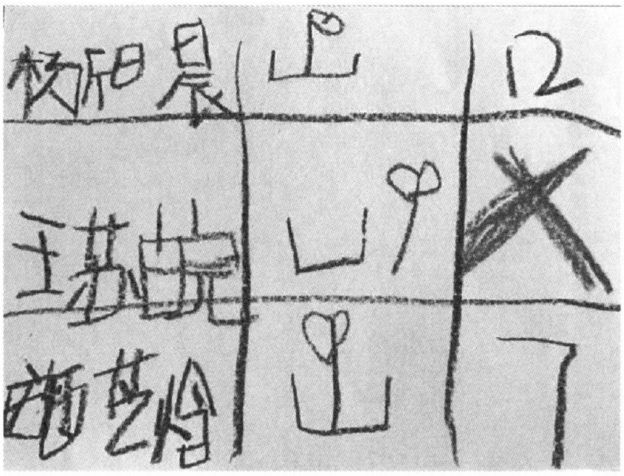

游戏记录表 2

活动延伸

★ 带领幼儿尝试制作投壶玩具并玩一玩。

★ 户外活动中进一步开展投壶游戏，可加大投壶游戏的难度、创设游戏情境等让幼儿更投入地参与活动。

★ 鼓励家长和幼儿在家寻找能替代投壶的玩具，亲子玩不一样的投壶游戏。

★ 创新投壶游戏并把它渗透到班级管理中，如通过投壶决定值日生的轮流顺序。

活动反思

投壶游戏能提升幼儿动作的协调性、灵活性，最主要的是让他们在活动中锻炼坚强、勇敢、不怕困难的意志品质。在活动中，幼儿对于传统的双耳壶非常诧异，这跟他们玩过的壶不一样，并且壶的口径也比他们玩过的小，这勾起了他们的挑战欲。趁着这股劲幼儿开始了挑战。但当很多次都不能投进时，他们逐渐气馁。此时，教师的示范与参与鼓励了他们，教师还调整了投射的距离，让幼儿再次挑战。这次他们成功了，越来越多的幼儿成功投进一支箭，紧接着两支箭、三支箭……这时，教师开始引导他们用纸笔记录自己投中的箭数，在边记录边游戏中，他们找到了乐趣，也激发了斗志。有幼儿开始尝试把箭投向壶的双耳中，或是挑战更小口径的壶。发现这个现象后，教师鼓励幼儿投进双耳和更小口径的壶可以记两分。刹那间，活动进入了高潮，幼儿的脸上都洋溢着自信和满足。慢慢地，教师又引导他们自由组队、自定规则进行比赛活动。就这样，在不断的挑战中幼儿的手眼协调能力得到了锻炼，不怕困难、勇于挑战的意志逐步提升。一个小小的投壶游戏激起“千层浪”。在后期的活动中教师可以继续引导幼儿对投壶游戏的探索，可以逐步加大投壶的难度，可以让幼儿了解投壶游戏的发展，创新投壶游戏，从投壶游戏出发，拓展幼儿的知识面。

方案7　打陀螺

活动由来

会打陀螺对于小时候的我们来说是一件非常值得骄傲的事，在水泥地上轻松挥几下鞭子就能让陀螺不停地转动，这是打陀螺者的最高境界。为了到达这一境界，我们小时候一有空就偷偷背着同伴练习，等认为自己能和同伴一较高下时就组队进行比赛，乐此不疲。而现在，陀螺的种类越来越多，玩法也不再局限于抽打，琳琅满目的陀螺同样深受现代幼儿的喜爱。由此我们开展了“陀螺转转转”的主题活动，在开展前期我们来到了民间游戏馆，幼儿一下子就被馆内的陀螺展吸引了。

活动目标

1. 知道陀螺的构造,会玩各种陀螺。

2. 乐于和同伴合作游戏,体验陀螺游戏的乐趣。

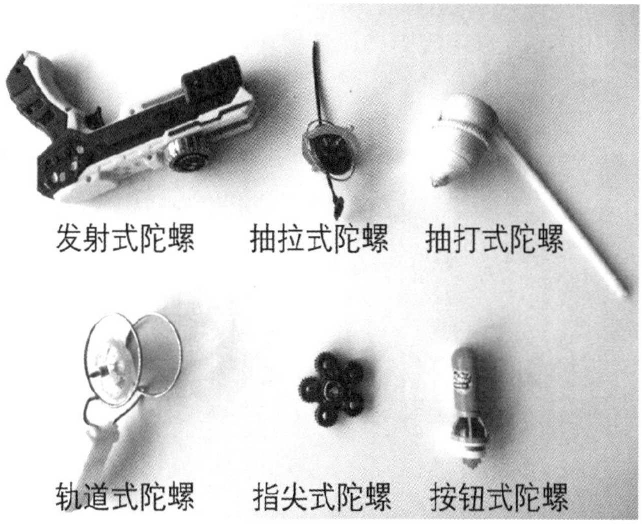

各种各样的陀螺

活动准备

经验准备:班级里开展陀螺收集活动,幼儿会玩一些简单的陀螺。

活动过程

1. 出示陀螺,引导幼儿认识。

(1) 教师:这里有很多陀螺,你认识它们吗?

(2) 引导个别幼儿说说认识的陀螺,并介绍相关陀螺的玩法。

(3) 教师根据幼儿的讲述总结幼儿玩相关陀螺的游戏方法。

2. 自主游戏,探索各种陀螺。

(1) 鼓励幼儿自主选择陀螺和场地进行游戏。

(2) 引导幼儿在游戏中掌握玩各种陀螺的基本方法。

(3) 引导幼儿在游戏中探索陀螺的构造和陀螺旋转的秘密。

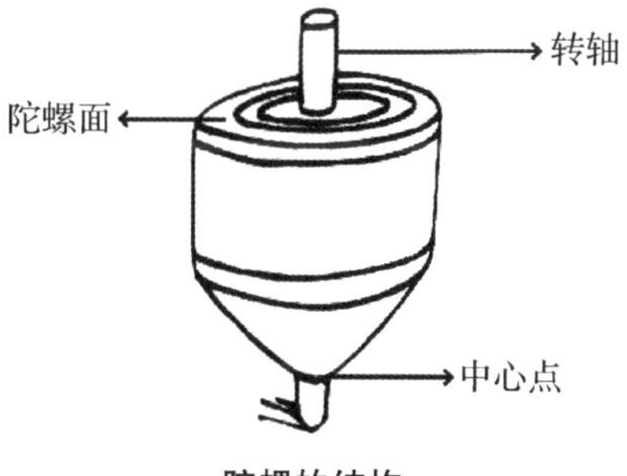

陀螺的结构

3. 教师观察，指导幼儿游戏。

（1）教师提醒幼儿游戏时注意人与人之间的距离和游戏时的安全。

（2）鼓励幼儿学习玩各种陀螺，教师示范指导传统抽打式陀螺的玩法，鼓励幼儿大胆尝试。

（3）引导幼儿交流哪个陀螺最好玩，原因是什么。组织幼儿统计出最受欢迎的陀螺。

（4）组织幼儿自由结对、自定规则进行最受欢迎的陀螺大赛，并鼓励他们用记录表记录比赛结果。

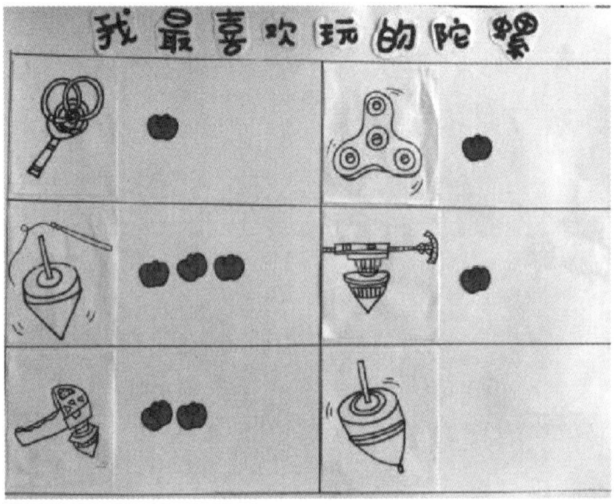

最喜欢玩的陀螺统计表

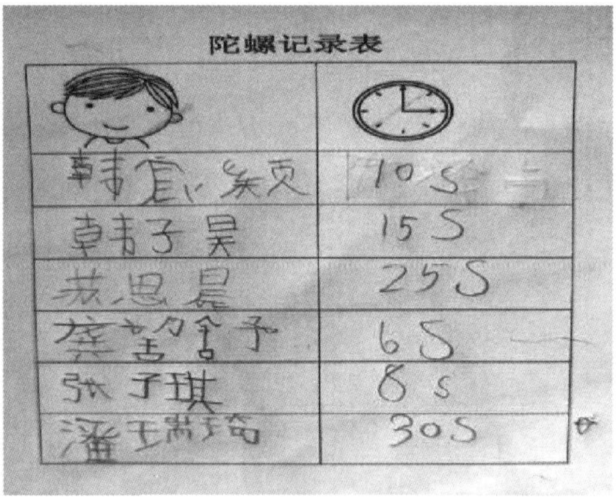

陀螺记录表

4. 回顾总结，拓展幼儿认知。

（1）组织幼儿分享玩陀螺游戏时遇到的问题和解决的方法。

（2）观看陀螺的介绍视频，了解陀螺的发展史。

（3）引发幼儿思考：你还见过不一样的陀螺吗？你知道陀螺在生活中的用途吗？

活动延伸

★ 收集更多不一样的陀螺，在班级布置一个陀螺展。

★ 引导幼儿探索陀螺旋转的秘密，尝试制作一个能转动的陀螺。

★ 引导幼儿学会玩三种以上的陀螺，并记录陀螺转动一次的时间是多少。

★ 让幼儿在生活中寻找类似陀螺旋转的事物，了解旋转事物与人们生活的联系，进一步探索旋转的秘密。

活动反思

本次活动是主题活动“陀螺转转转”的前期经验铺垫，活动激发了幼儿对陀螺的浓厚兴趣，让幼儿通过了解不同形状、材质、大小的陀螺，认识陀螺，激发他们探究陀螺的欲望。活动中，幼儿虽然都选择色彩鲜艳、形状特别的陀螺进行游戏，但是在说最喜欢的陀螺时，幼儿给出的结果却是出人意料的，他们居然最喜欢的是传统抽打式的陀螺，他们给出的理由是这个最难，会玩这个就是最厉害的人。由此可见，幼儿对于有难度的事物是有一定挑战意识的。在活动中教师也适时抓住了这一点引导他们学玩传统的抽打式陀螺，重点指导线的绕法、抽打的位置与方法。除了实操讲解，教师还播放一些打陀螺的视频来激发幼儿挑战的欲望。

活动最后，教师进行了回顾总结并带领幼儿观看陀螺演变的视频，让幼儿在体验陀螺游戏的同时进一步了解陀螺的历史及演变过程。最后的一些思考更是帮助幼儿打开了陀螺探索的话匣子，从最开始的喜欢到愿意主动去玩陀螺，去发现影响陀螺转动变化的一些因素，去寻找旋转与人们生活的关系，从而尝试在探索和比较中发现问题、分析问题，体验自主探究发现的乐趣，初步感受科学就在身边的快乐。

方案 8　挑小棒

活动由来

在开展“民游小达人”的主题活动时，教室益智区里投放了小棒的玩具，有的幼儿喜欢用小棒玩比数量的游戏，有的喜欢用小棒拼图形……小棒的传统玩法是怎样的呢？其实小棒是我们 80 后这代人上学课间非常喜欢的玩具之一，我们把此游戏称为“挑小棒”。这个游戏考验了一个人的耐心和细心，因此那时候女孩子都是玩挑小棒的高手。今天就让我们和幼儿一起去民间游戏馆重温儿时美妙的回忆。

活动目标

1. 学玩挑小棒游戏，提高观察能力，促进手部小肌肉群的灵活性。
2. 喜欢参与挑小棒的游戏活动，能自觉遵守游戏规则。

活动准备

经验准备：幼儿能单手挑拨东西。

活动过程

1. 出示小棒，导入活动。

（1）教师：你们都用小棒玩过哪些游戏？

(2) 请个别幼儿介绍用小棒玩过的游戏。

2. 演示玩法,自主游戏。

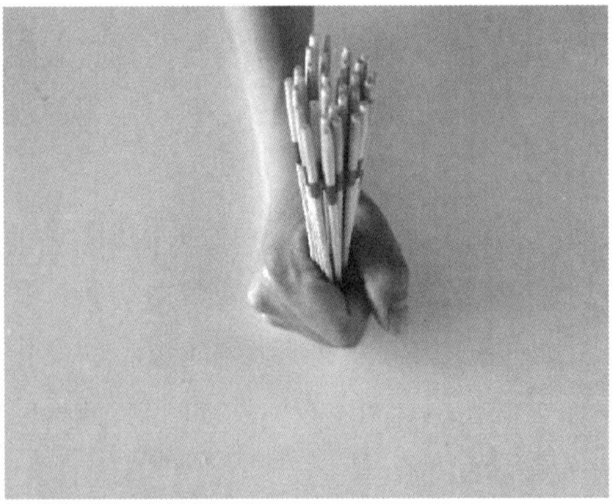

撒小棒

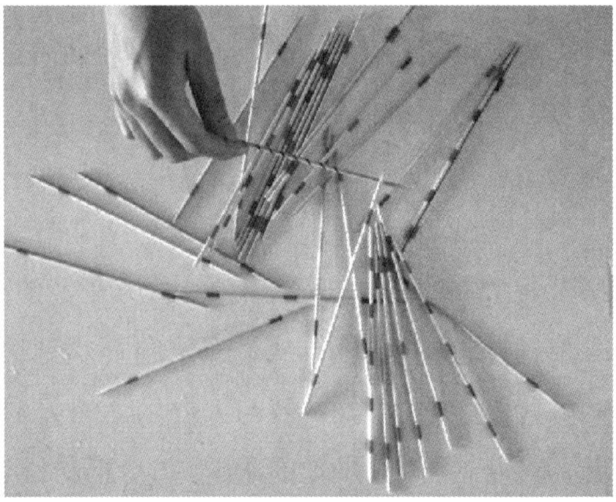

用手或棒挑

(1) 教师展示传统挑小棒游戏的玩法。

(2) 引导幼儿了解挑小棒游戏的规则。

规则:首先把小棒理整齐握在手中,松手后小棒自然散落在桌面上。然后用手或棒挑其他小棒,挑到的小棒归自己所有,其间如碰到其他小棒则轮给下一位继续游戏。小棒挑完,获得小棒数最多者为胜。

(3) 幼儿自由结对进行游戏。

3. 游戏观察,巡回指导。

(1) 教师巡视幼儿的游戏,引导幼儿互相协商确定游戏顺序。

(2) 提醒幼儿遵守游戏规则,挑小棒时不要碰到其他小棒,碰到要自觉地让下一个小朋友玩。

轻压一端拿起小棒

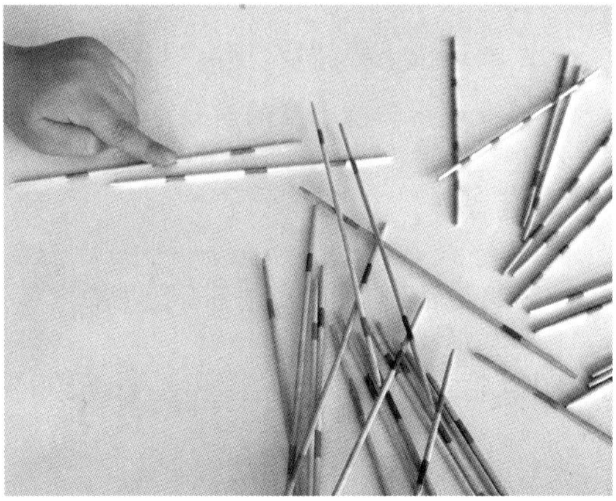

用手轻捻出小棒

（3）提醒幼儿要关注其他幼儿在挑小棒时是否碰到，一起监督。

（4）帮助幼儿总结挑的方法，如先挑单独散落在外的小棒，搭在一起的小棒可用手指轻轻压住上面小棒的一端，使其翘起后用另外一只手轻轻拿起。

4. 游戏分享，回顾总结。

（1）教师组织幼儿分享挑小棒游戏的过程和成功挑起小棒的方法。

（2）教师在幼儿分享的基础上进一步总结挑的方法。

（3）教师介绍小棒上面蓝、红颜色所代表的含义，引出挑小棒游戏的新规则。

活动延伸

★ 引导幼儿日常活动中寻找更多可用于玩挑小棒的材料并和同伴一起玩一玩。

★ 引导幼儿挑战新规则的挑小棒游戏，感受不同规则带来的乐趣。

★ 鼓励幼儿回家和家长一起寻找材料玩亲子挑小棒游戏。

★ 请让家长说说自己小时候玩挑小棒游戏的故事，引出更多儿时玩民间游戏的趣事。

活动反思

“挑小棒”的游戏活动能使幼儿的手部小肌肉群得到较好的锻炼，也能使幼儿的观察、判断能力得到较大的提高。在刚开始出示小棒时，幼儿能发挥想象百变玩小棒，有的把小棒拼搭成图形，有的抓一把比比谁抓得多……当教师出示传统“挑小棒”游戏时，幼儿都非常惊讶，原来小棒还可以这么玩，这样的玩法似乎更有趣。由于游戏方法很简单，幼儿一下子就上手玩了起来，但是要想不碰到其他小棒是需要一定技巧的，因此幼儿游戏时很难成功，而他们也没有发现碰到了其他小棒，所以游戏在他们默认的规则中也进行了下去。针对这一现象，教师再次重点讲解游戏的规则，提醒旁观的幼儿要仔细观察挑小棒的幼儿在挑的过程中是否碰到了其他小棒，如碰到就马上顺延到下一位。经过提醒，幼儿的规则意识逐渐提升。游戏时，幼儿也在多次尝试中慢慢地掌握了挑的技巧，教师也适时地引导幼儿总结使更多幼儿获得成功的方法。

整个游戏过程中幼儿不仅变得有耐心和细心，也提升了数数能力。本次活动中教师所演示的规则和方法是最简单的一种，在幼儿熟练了游戏技巧后教师可以介绍新的玩法，如按照小棒的不同花纹确定小棒代表的分数，按照小棒所代表的分数计算获得的总分，不再局限于通过数小棒数量来分胜负。这加大了游戏的趣味性，也能提升幼儿的运算能力。此外，教师还可引导幼儿自己寻找材料制作小棒，在原有玩法的基础上创新出更多的玩法，让“挑小棒”游戏发挥最大的价值。

方案9 打竹板

活动由来

在探索百草园竹林的奥秘时，乐乐提出："竹子可以做什么?"欣欣说从电视上看到竹子可以变成说唱的工具(竹板)。这引起了其他幼儿的好奇：说唱是什么? 竹板是什么样的呢? 竹板怎么跟说唱结合? 怎样打竹板呢? 联想到民间游戏馆内有多种竹板，于是大家来到民游馆探索打竹板。

活动目标

1. 学习打竹板的方法，感受竹板独特的节奏韵律。

2. 了解打竹板说唱的艺术特点，对民间艺术产生兴趣。

活动准备

经验准备：幼儿会念方言童谣《十月十》，欣赏过快板表演。

物质准备：《十月十》节奏图谱，各种竹板图片及简介。

活动过程

1. 导入活动，尝试让竹板发出声音。

(1) 教师：你们知道怎么让竹板发出好听的声音吗?

(2) 引导个别幼儿边展示边用语言讲述让竹板发出声音的方法。

(3) 教师根据幼儿的讲述总结让竹板发出声音的方法。

2. 出示实物，让幼儿了解不同的竹板。

(1) 教师：你知道竹板是怎么来的吗?

(2) 引导幼儿了解竹板的来源。

(3) 鼓励幼儿根据竹板的大小、形状、组合方式等，观察并了解各种不同的竹板。

(4) 引导幼儿说一说喜欢哪一种竹板，为什么喜欢。

(5) 根据幼儿的选择，重点介绍一种竹板的打法，如小快板(四个竹板，其中一个竹板长点，三个竹板短点)。

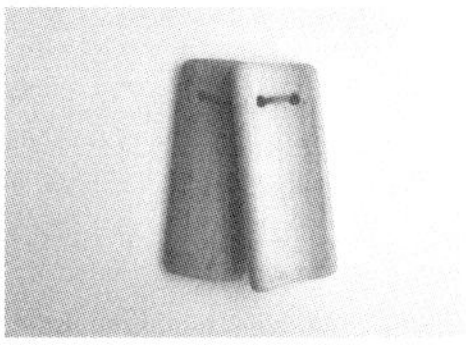
大快板

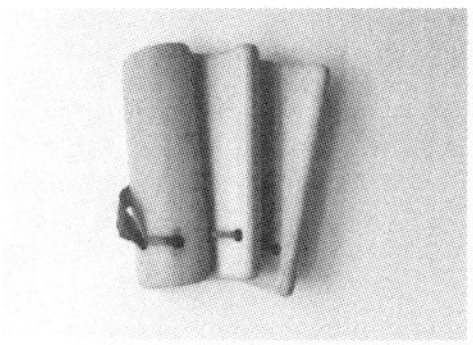
大快板

小快板

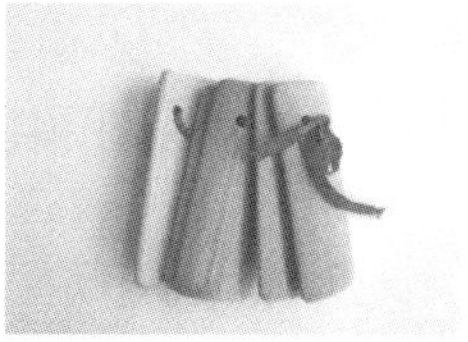
大快板

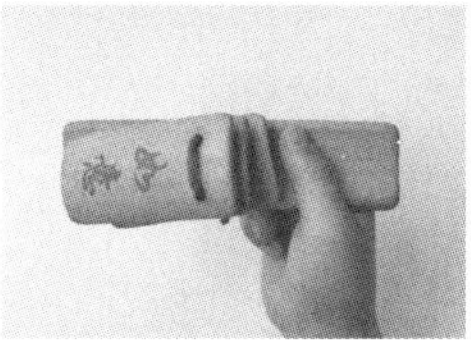
右手拇指放在板的正面，其他四个手指放在另一边，握住底板。握板的位置在穿绳处的下端

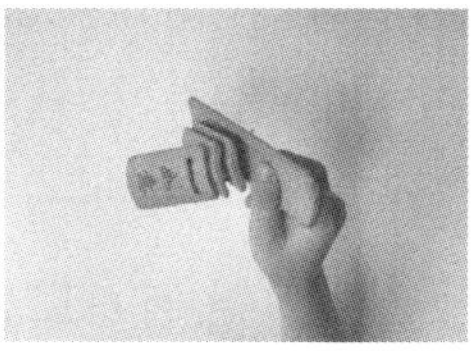
前板向上、向下撞击底板发出“呱”的声音，松手握住竹板，发出洪亮的声音

打竹板的方法

3. 自主尝试，探索打竹板的方法。

(1) 鼓励幼儿自主选择最喜欢的竹板进行探索。

(2) 引导幼儿探索打竹板的要领，重点强调握板的方式。

(3) 请个别幼儿边演示边说说打竹板的方法。

(4) 教师根据幼儿的讲述总结打竹板的方法，提醒幼儿动作要伸展，里外前后，左右上下，运用自如。

(5) 引导幼儿敲打节奏时要有“强”“弱”的控制，五指间互相配合，控制音量。

4. 欣赏表演，小组表演《十月十》。

(1) 教师示范表演快板《十月十》。

小组表演《十月十》

《十月十》节奏图谱

(2) 引导幼儿看图谱，理解图谱符号的含义。

(3) 鼓励幼儿根据节奏自主表演竹板《十月十》。

活动延伸

★ 在班级中投放各种竹板，让幼儿探索竹板多样的玩法。

★ 让竹板与更多童谣、儿歌结合，创新节奏，培养幼儿的节奏感。

★ 引导幼儿欣赏其他的民间艺术活动，如竹竿舞、皮影戏等。

★ 引导幼儿在竹匠的带领下去百草园竹林区制作竹板。

活动反思

活动中，教师介绍各种竹板的时候语言不够生动，可以增加点故事情节进行讲解或通过说唱表演的形式进行介绍，增强幼儿探索竹板的兴趣。幼儿在尝试打竹板时，由于拿竹板的方式不对很难发出声音，于是他们拿竹棒敲击使其发出声音，这是一种创新的游戏方法，大部分幼儿都加入了敲竹板的行列中。为了引导幼儿正确练习打竹板，教师通过播放竹板表演的视频来吸引他们，再通过示范、引导他们观看打竹板的视频帮助他们学会用正确的方法打竹板。当幼儿能用正确的方法打竹板后，教师表演了快板《十月十》，有趣的表演方式一下子勾起了幼儿的兴趣，他们开始看图谱进行表演，但是部分幼儿的节奏感不强，在合作表演时整齐度不够。教师可以让幼儿在表演前试着用手拍打《十月十》的节奏，在会拍打节奏的基础上，再进行《十月十》的快板表演。

此次活动将竹板与童谣结合，这样新颖的活动深受幼儿的喜爱。在接下来的活动中教师可以继续引导幼儿玩竹板游戏，让竹板与更多的童谣、儿歌相结合，提升幼儿的节奏感，也可以引发他们去关注其他形式的民间艺术活动(如竹竿舞等)，感受传统文化的魅力。

方案 10　竹节人

活动由来

大操场上，几名幼儿在玩木头人的游戏。月月说："不许动。"其他幼儿都固定一个姿势摆造型。旁边的乐乐说："这些木头人真像个竹节人一样，说不动就不动了。"菲菲好奇地问："竹节人？什么是竹节人？竹节人是怎么玩的呢？"乐乐说上次在民间游戏馆看老师玩过，于是幼儿都想去看看。

活动目标

1. 初步了解竹节人的基本构造。

2. 乐于和同伴合作游戏,体验竹节人游戏的乐趣。

活动准备

经验准备:幼儿玩过木头人的游戏。

活动过程

1. 观察竹节人,了解竹节人的构造。

(1) 引导幼儿观察,说说竹节人的构造。

(2) 教师根据幼儿的讲述总结梳理出竹节人的构造。

2. 游戏演示,介绍竹节人的玩法。

(1) 教师边展示边用语言讲述竹节人的游戏方法。

(2) 引导幼儿说说竹节人游戏的基本原理和方法。

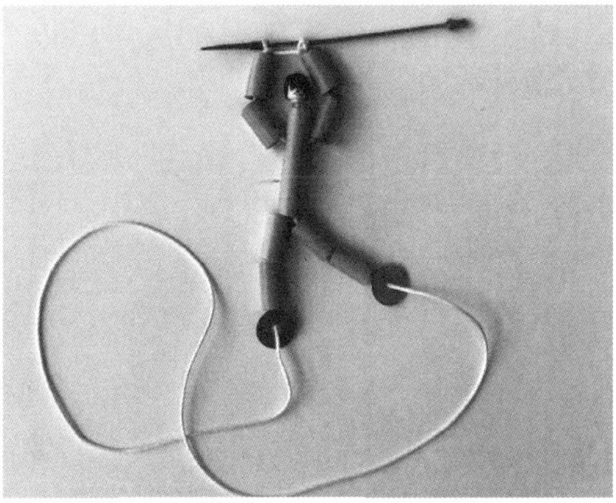

竹节人

竹节人游戏

3. 自由游戏,探索竹节人玩法。

(1) 引导幼儿自主探究竹节人游戏的玩法。

(2) 组织幼儿说说成功玩竹节人的经验。

(3) 鼓励幼儿自主选择竹节人和场景进行竹节人游戏。

合作玩竹节人游戏

竹节人游戏手部操作图

4. 教师观察，指导幼儿玩竹节人。

（1）教师提醒幼儿游戏时注意把竹节人下面的线嵌入桌子缝里，把线拉紧，竹节人才能站起来。

（2）引导幼儿通过控制线的松紧来活动竹节人。

（3）鼓励幼儿尝试把不同的辅助工具放在竹节人的“手上”当成道具进行情境游戏。

（4）鼓励幼儿自由结对、自选主题进行竹节人表演活动。

5. 游戏分享，总结回顾玩竹节人的经验。

（1）组织幼儿分享玩竹节人时遇到的问题和解决的方法。

（2）幼儿分享展示竹节人表演。

活动延伸

★ 在班级美工区投放竹节人半成品，让幼儿制作竹节人。

★ 寻找有趣的故事或创编故事让竹节人和故事相结合进行游戏。

★ 欣赏木偶戏、皮影戏，尝试在幼儿园中办一场竹节人演出。

活动反思

竹节人作为一个传统游戏，对于幼儿来说比较陌生。在游戏时，很多幼儿没能把竹节人立起来，有的幼儿能把竹节人立起来但是不能控制自如，部分幼儿游戏时都挤在同一个桌子的缝隙里，空间狭小，不方便操作。

教师前期可以让幼儿观看玩竹节人视频，再请个别幼儿上前演示，通过幼儿的演示，发现问题，并有针对性地再次进行竹节人游戏的讲解，为后面幼儿自主游戏做铺垫。教师还要引导幼儿寻找不同的缝隙，不要局限在两个桌子间的缝隙，方便幼儿操作。当幼儿能灵活操控竹节人时，教师可让幼儿自由结对、自创情境、寻找道具玩情境游戏，让竹节人游戏与故事相融合，丰富游戏内容。同时教师也可让幼儿欣赏更多类似的表演活动，如木偶戏、皮影戏等，丰富幼儿的经验，尝试办一场竹节人的演出活动。

四、民间竹木类游戏资源

(一) 竹木类游戏汇总表

民间游戏馆内陈列的竹木类玩具众多，由于空间有限，幼儿每次体验到的游戏数量并不多。考虑到种类过多也不利于幼儿的反复体验和经验的获得，我们梳理了 30 个游戏，可以让幼儿和教师有充分选择的空间。建议各班教师以学期为单位，选择 4 到 5 种游戏进行重点体验，对于幼儿特别感兴趣的玩具，教师可以从民间游戏馆的资源中心借到班级，也可带领幼儿自行收集、制作竹木类玩具开展各类游戏活动

表 5－2　竹木类游戏汇总表

序号	游戏名称	所用玩具、材料	制作步骤或玩法	备注
1	挑小棒	竹签、塑料棒、木棒	选择比较平整的桌面，游戏者用石头剪刀布或手心手背的方式决定游戏顺序。 玩法：第一个游戏者将竹棒整齐地握在手中，然后松开，用手或小棒挑出小棒，挑的时候不能碰到其他竹棒，若碰到了则换另一位游戏者，最后获得棒子最多的为胜。	玩法、规则可由游戏者自己协商制定。
2	七巧板	木质、塑料、纸制的七巧板	七巧板的制作步骤：用一个正方形对折成两个三角形并剪开；拿其中一个三角形对折剪开；另一个三角形从顶角向下折，碰到底边中点后剪开，然后剩下一个等腰梯形；对折梯形后剪开，拿其中一半沿着剪出一个三角形和一个正方形，然后用另一半沿着剪出的三角形对比后，剪出一个三角形和一个平行四边形。 玩法：将七巧板从底板中取出，按照图案，拼出各种图形，也可以按照自己的意愿拼搭，拼搭结束，放回底板。	利用七巧板拼贴组合造型，要求七块板都要用到，不能重叠、分离或缺少。

续 表

序号	游戏名称	所用玩具、材料	制作步骤或玩法	备注
3	啪啦子枪	竹筒枪、野果子、湿纸团	将野果子或压紧的湿纸团(正好卡紧竹筒的大小)塞入竹筒内,用竹撞针将它顶到一端,再将一个野果子或湿纸团塞入一点点,左手握住竹筒朝着空旷的地方,右手拿着竹撞针对准竹筒,使劲推入,竹筒中的填充物就会被冲出去。可以和同伴一起选定一个目标进行打枪子比赛,比比谁能射中目标。	用作子弹的可以是园子里随处捡到的噼啪子、马甲子、酸藤子、香樟树果子等。
4	打水枪	竹筒水枪	先把有竹节的一头伸进水里,再将缠了布巾的活塞杆往后抽,竹筒中就产生了负压,水就会从小眼儿被吸到竹筒里,待水吸满后,再将活塞杆用力向前一推,竹筒里的水受到挤压,就会喷射出来。可以向高处射、向远处射。	
5	竹节人	几段竹子用线串成的小人、不同的小“兵器”	将线嵌入桌子的缝隙处,两只手分别拉一根线,并把线拉紧,竹节人就会站起来。将线一松一紧地拉动,竹节人就会动起来,摆出不同的动作。在熟练操作的基础上,给竹节人手上系上棍子、钩子等“兵器”,可以两人进行搏斗。	
6	竹蜻蜓	竹蜻蜓(将削好的竹片中间钻孔,把竹柄插入孔中穿过固定)	两手夹住竹柄,快速一搓,双手一松,竹蜻蜓就飞了起来。幼儿可比试谁的竹蜻蜓飞得高。	
7	吹泡泡	竹制泡泡器(将竹筒截成若干圆环,将圆环依次粘连,最后在底部粘上竹棒)、肥皂水	将竹制泡泡器蘸取一些肥皂水,将嘴对准圆环向外吹气,或拿着泡泡器迎风奔跑,便可吹出泡泡。	
8	投壶	壶、竹筒、竹签	制作步骤:截取 25 厘米左右的竹筒当壶;取 25 厘米竹签,一头粘上箭头,一头装饰星星,当箭。玩法:选取一块比较空旷的场地,把壶放在固定位置上,在一定距离的位置上画线。幼儿站在线上,手拿竹签,瞄准壶口往里投,投进多者为胜。	若没有壶,可以用竹筒或者其他宽口的容器替代。
9	射箭	自制弓箭、靶子	选择一处开阔场地,固定好靶子,根据自己的能力站离靶子一定距离,左手持弓,右手抓箭搭在弓上并拉弦,瞄准靶子,用力拉弦,随后松开弦和箭,将箭射出,射中靶子为胜。	树枝一头做好软包等安全措施。

续 表

序号	游戏名称	所用玩具、材料	制作步骤或玩法	备注
10	骑竹(木)马	自制小竹马、红缨枪、小木刀、木剑等	竹马制作步骤:截1米左右的竹竿,在其一端安装用儿童袜子填充的软质材料当马头。 玩法:两手握住小竹马,两脚分开跨在小竹马上,向前跳跃,让小竹马跟着前进,口中喊"驾、驾……"	通过游戏模仿小英雄形象。
11	独轮推车	竹制独轮车	独轮车制作步骤:将1米左右的竹竿从一头的中间劈开,把圆形的木片中间穿孔并穿上竹筷,固定在劈开的竹竿两面。竹竿劈开处做好防护,防止裂开,并用磨砂纸把竹棒打磨光滑。 玩法:一手握住竹竿沿着小路向前推动,边推边念童谣《卖糖糕》。	游戏童谣: 卖糖糕 吱吱吱,小车叫, 推上小车卖甜糕。 啥人要?啥人要? 我要,我要。 囡囡吃得眯眯笑。
12	踩高跷	竹子制作的高跷	双手拉住绳子,两只脚分别踩到高跷上,上身稍稍往前倾,站稳后将绳子拉直,迈步时眼睛要尽量往前看,步伐要小,速度要慢。	
13	赶小猪	赶猪棒和小猪(竹棒、竹编球)	创设小猪的家,用竹棒将"小猪"赶回家去。赶"小猪"时要用竹棒紧贴着"小猪"往前赶,尽量控制好"小猪"。可进行多人比赛,看谁能又快又稳地将"小猪"赶回家。	
14	玩花球	竹编的花球	将小球抛向空中,然后接住。也可两人对抛对接或者多人传接抛接。还可用于投掷、踢球游戏等。	
15	梅花桩	自制梅花桩	梅花桩按照一定的间距逐个摆放,幼儿站在梅花桩上走动,尽量保持平衡不掉下来。	梅花桩可以是木桩子,也可以是竹筒捆绑而成。
16	套圈	自制套圈及装饰好的竹筒等	手拿套圈,站在游戏起始线外,将套圈向着目标物抛出去,圈落地后能将整个竹筒套住即为胜,可将所套的竹筒拿走,或奖励一张小贴画,最后以竹筒或小贴画的数量多少决定胜负。	
17	打陀螺	各种材料的陀螺玩具	选择平整的场地,用绳子绕住陀螺后,弯腰用力将绕在陀螺上的绳子抽开,让陀螺在地上快速旋转,并用绳子不停地抽打,使陀螺继续旋转下去。多人玩时陀螺旋转时间长者为胜。	

续 表

序号	游戏名称	所用玩具、材料	制作步骤或玩法	备注
18	打弹弓	弹弓、子弹、靶子	弹弓的制作步骤：用一条牛皮筋绑在木头或树枝两端，牛皮筋中间放一块小布。 玩法：确定好靶子，左手握住弹弓柄，右手拿住中间小布，把子弹包在小布中，往后拉紧，瞄准靶子，松手将“子弹”射出，弹中靶子为成功。	用废旧纸揉成的纸团或者其他柔软的材料来当子弹，以确保游戏中的安全。
19	抖空竹	空竹	把空竹悬系在两根小棍顶端的细绳上，玩者两手各持一棍来回拉动，便可产生旋转，并随速度加快发出“嗡嗡”的响声。当空竹转到一定速度时，玩者还可将它抛向空中，做出种种花样动作，然后再将它接住。	玩空竹游戏前可以先玩溜溜球积累经验。把绳子绕在溜溜球的轴承处，将溜溜球抛出，让溜溜球连续不断来回跑动。
20	抬轿子	自制轿子	轿子制作步骤：用红布条编织成网状，然后固定在1米长的两根竹竿上。 玩法：每五人一组，四名轿夫前后各两人手握轿杆站好，坐轿人两手抓握住两侧的竹竿坐在“轿子”里，抬轿人步调一致地向前行进。	建议选择个子小的幼儿来当坐轿人。
21	打连厢	竹棒、彩带	幼儿手持连厢棒，随音乐做敲击身体各部位的动作，或两两相互做敲击的动作。	
22	跳竹竿	竹竿若干	负责竹竿开合摆放的幼儿手拿竹竿面对面蹲下，用竹竿同时分合敲击，其余幼儿在中间看准竹竿的分合节奏跳进、跳出。	
23	拨浪鼓	拨浪鼓	拨浪鼓的制作步骤：鼓身用竹子制作，鼓下有柄，在两侧钻孔用绳子系上弹丸。 玩法：将拨浪鼓鼓柄夹在两手手心中间，来回交替搓动手掌，使弹丸击鼓发出声音。	
24	打竹板	竹板、大板、节子	竹板的制作步骤：用编织的线绳将两块竹片拴好扣，留出穗子做成大板；用编织的线绳将五块竹片配上铜钱，拴好扣，留出穗子做成节子。 玩法：用手握、挑、扬等方式让竹板发出有节奏的声音。	
25	竹地笼	竹条、网做成的竹地笼	幼儿排好队弯腰依次钻过渔网，模仿小鱼自由自在地游泳。	游戏童谣： 小鱼游 小鱼小鱼游呀游， 摇摇尾巴点点头。 这边游游那边游， 看到渔网快快逃。

续 表

序号	游戏名称	所用玩具、材料	制作步骤或玩法	备注
26	竹片滑道	竹片、木块、弹珠、滚动的豆子、计时器	用竹片搭建起不同坡道，让弹珠、豆子等从坡道的一端向下滚动，幼儿进行观察和比较。	
27	平衡竹圈	竹子、蓝色记号笔	平衡竹圈的制作步骤：截取竹片和半圆形竹筒制成“工”字形架，在竹片上画上蓝色的刻度线，截取直径、高度相同的竹圈若干。 玩法：将竹圈套在竹片的两边，使其平衡；观察竹圈所放位置与竹圈数量的关系。	
28	竹片排排队	散掉竹席的竹片	将竹片按一定距离单线排列，推倒第一块竹片，观察其他竹片的状态，看谁的竹片排得多、排得远。	可以想象不同的图案并进行排列。
29	小小演奏家	大小不等的竹节通过锯、钻、打磨等加工制作而成的打击乐器	幼儿根据自己的意愿用不同的力度有节奏地敲打乐器，使乐器发出不同的声音。	
30	木琴	长度不同的竹节，通过锯、削、打磨等工序加工自制而成	幼儿手持乐器，随音乐有节奏地做敲击的动作。	

（二）竹木类游戏资源的更迭

竹木类民间游戏玩具品种丰富多样，有些玩具虽然随着时代的发展被其他材质的玩具所代替，例如木枪、竹剑被塑料制品所取代，制作陀螺的材料有金属、橡胶等材质。但竹马、木枪等玩具已成为一种童年的文化元素进入到人们的视野中，现在又再次流行起来，各景区都有一些复古的玩具在售卖。竹木类玩具牢固易保存，但也不能因为这样的特性而长期不更换，竹木类民间游戏区作为幼儿探索这一特定材料的区域，需要保持一定的新鲜感，激发幼儿持续参与的热情，增强活动效果。因此，竹木类游戏区的资源要根据幼儿园课程计划、幼儿的兴趣以及季节的变更等进行更迭。

1. 教师根据课程实施更迭游戏场景

竹木类游戏区第一空间的“套圈”和“投壶”场景是根据课程实施来进行更迭的。在“民间游戏节”主题活动开展中，幼儿对这两类游戏有着浓厚的兴趣，因此在馆内长期设置了这两个游戏场景。但随着主题活动的变更，例如小班开展“蜻蜓飞飞”的主题活动时就会更换成各类竹蜻蜓的游戏场景；中班组开展“推小车”主题活动时，就会呈现各种竹木制作的小推车，吸引幼儿去探索小推车的使用、制作、游戏。

2. 幼儿根据兴趣变化调整玩具展示位置

竹木玩具种类丰富，在偌大的展示架上，陈列的玩具方便幼儿进入这个区域后可以直接拿到手里把玩，这些玩具作为资源的更迭更多地体现在摆放位置的不同。应该将幼儿感兴趣的玩具放置在幼儿方便取放的视觉对应处，而将幼儿不大感兴趣的转移到展示架的最高层或者最低层，这个调整由幼儿自己来完成。同时幼儿可以将自己收集到的一些有趣的竹木类玩具添置进来，如果展示架已经满了，那就由幼儿来决定更换哪一个玩具。

3. 管理者根据季节变化做更迭

竹木类游戏还有着明显的季节特点，比如冬春交替时，幼儿园正在修理树木和竹林，被砍伐下来的材料经过加工就可以进入资源中心，幼儿可以挑选适合的材料，并将其添置到竹木类游戏区域；夏季的时候，幼儿可以收集各类冰棒棍，玩“挑小棒”等游戏。

竹木类游戏是最为古老的游戏之一，取材于大自然，幼儿在玩游戏的同时也是在亲近大自然。

第六章　民间游戏馆综合类游戏区的组织与指导

有的民间游戏要用到纸、绳、竹等特定材料制作的玩具，更多的游戏所运用到的玩具和材料具有可变性，例如用于踢毽子游戏的毽子种类很多，有鸡毛毽子、纸毽子、线毽子。许多民间游戏玩具的制作需要用到多种材料，就像鸡毛毽子制作的时候需要用到布、鹅毛管子、铜板和鸡毛，当然其中一些材料也可以用其他材料来替代。也有许多民间游戏使用的材料格外简单，半块瓦片、一根羽毛、一把稻草、几个果核……用这些材料玩的民间游戏，我们都将其归置到综合类游戏区。

一、综合类游戏区的总体规划

(一) 区域布局

综合类游戏区位于馆内南面靠窗的一侧，东西两头分别与纸类游戏区和线绳类游戏区相邻。该区域布局较为简单，借助墙角设置游戏情境，靠墙壁放置橱柜，将综合类游戏区使用到的材料和需要的游戏空间规划出来。

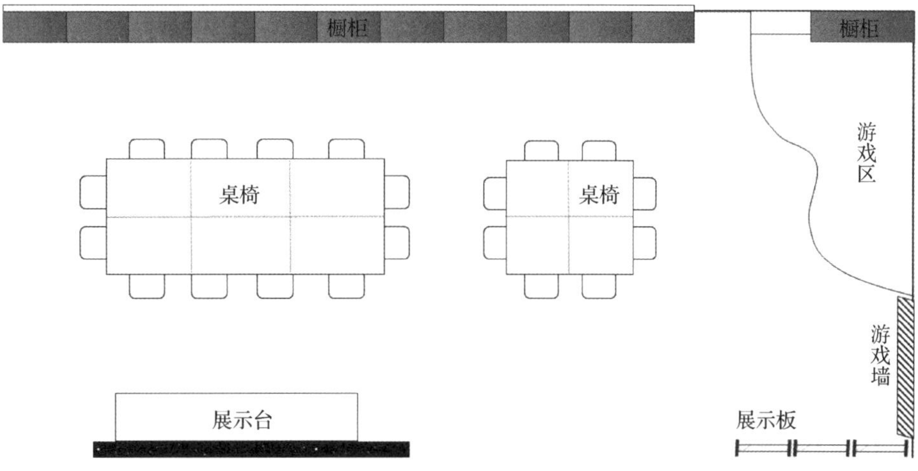

▲综合类游戏区布局示意图

（二）区域设置

综合类游戏区是整个民间游戏馆开放度最高的一个区域，在东南角布置了打弹珠、挂灯笼的场景。地面铺了挖好圆孔的人造草坪，模拟户外打弹珠的场地，可供幼儿开展打弹珠的游戏。靠窗一长溜放置了矮柜，分门别类地呈现了各类综合类游戏材料。橱柜里还摆放着各类游戏玩法的图文说明指示牌，这些指示牌是活动的，幼儿可以根据需要来移动它们。橱柜旁边放置了供幼儿操作、游戏的桌椅，还有供幼儿陈列作品的展台。

二、综合类游戏区的设备与材料

综合类游戏区的材料很杂，师幼通过共同整理，将同一类别的材料放置在一起，分为成品玩具、自然材料、日常生活材料、工具与辅助材料等。这些玩具和材料都被放置在篮筐里，被收纳到橱柜里。有些常用的材料则用分类盒放置在综合区的操作台上，方便幼儿随时取用。

（一）成品玩具

综合类游戏区的成品玩具主要包括购买、收集来的玩具，成人、幼儿制作的玩具，如不倒翁、万花筒、弹珠、鸡毛毽子、七子等。

（二）自然材料

自然材料包括幼儿、教师共同收集到的园内外的自然类材料，有石头、沙子、瓦片、砖头等可以用于建筑的材料，也有在大自然中捡拾到的稻草、树叶、草根、种子等，还有鸟毛、鸡毛、蚬子壳、贝壳、蚌壳、螺蛳壳等，以及开心果壳、核桃壳、花生壳、椰子壳等。

瓦片

砖头

豆子

丝瓜瓤

石子

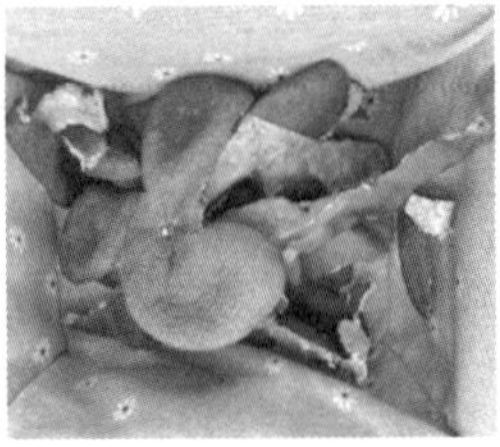

橘子皮

芦苇花

贝壳

鸡、鸭、鹅毛

芦苇杆

树叶

树皮

（三）日常生活材料

日常生活中常见的生活用品也是玩民间游戏的好材料，有扎辫子的皮筋、铜板、塑料袋、麻将、扑克牌、零布条、手帕等。

麻将

彩色皮筋

纽扣

铜板

水牛皮筋

塑料袋

布条

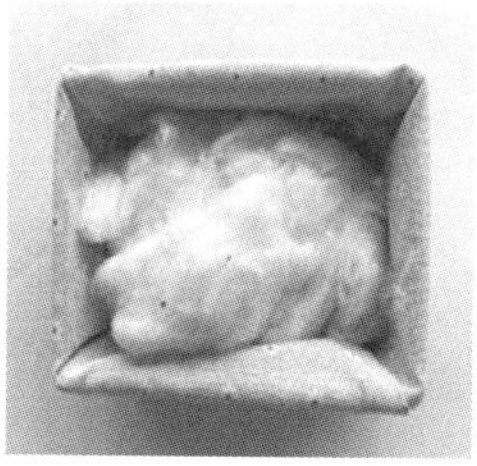

棉絮

（四）工具与辅助材料

综合类游戏区里特有的工具有充电胶枪、胶棒等，可用于各类壳类材料的创意制作。辅助材料有一些玩具的制作步骤图、置物筐、陈列架等，用于辅助幼儿自主游戏，展开探索活动。

三、综合类游戏区活动方案

(一) 活动总表

综合类游戏区有好玩的万花筒、各种各样的花毽子、形状各异的灯笼……这些玩具吸引着幼儿进入这个区域,他们在这里玩“打弹珠”“花毽子”“捉七子”“吹羽毛”“转铜钱”等游戏。幼儿可以抓一把蚬子壳玩“炒蚬子”“粘蚬子”的游戏,也可以探索壳类的不同,玩出属于自己的精彩。有的喜欢蚬子壳就可以用蚬子壳制作各种创意作品;有的喜欢螺蛳壳就可以用线串联起一条条属于自己的私人订制项链;有的喜欢其他壳类的,可以随意组合,随心所欲地创作。除了用这些壳来创作作品,还能用它们来玩各种不同的游戏,比如用蚬子壳来下翻翻棋、下飞行棋等,还能用各种壳来学习数的组成,将各种壳按不同的特征进行分类等。

表 6-1 综合类民间游戏区活动表

对应活动方案	活动内容	领域	关键经验	年龄班	活动形式
方案 1	转铜钱	健康	手眼协调	小班	小组、集体
方案 2	不倒翁	科学	探索	小班	小组
方案 3	万花筒	科学、语言	探索、表达	小班	小组
方案 4	捻皮筋	健康	手指动作、比较	中班	小组
方案 5	炒蚬子	数学	配对、计数、排序	中班	小组
方案 6	兔耳朵	美术、语言	折叠、表达	中班	小组
方案 7	拉哨	科学	旋转、声响	中班	小组
方案 8	打弹珠	科学	滚动、手眼协调	大班	小组
方案 9	粘蚬子	美术	创意、欣赏	大班	小组
方案 10	挑五角星	健康	精细动作	大班	小组
方案 11	捉七子	数学、健康	数量、手眼协调	大班	小组
方案 12	花毽子	健康	下肢动作、平衡	大班	小组

（二）活动方案展示

方案 1　转铜钱

活动由来

小时候，我们能用一枚小小的铜钱玩出不同的花样，有时单手转铜钱，有时双手转铜钱，看看谁的铜钱转得久，看看谁能猜中正反面。民间游戏馆里就收集了好多铜钱，铜钱的式样、花纹都深深吸引着幼儿。在好奇心的驱使下，幼儿来到民间游戏馆里探索铜钱的玩法。

活动目标

1. 认识铜钱的正反面，尝试用双手把铜钱转起来。

2. 愿意与同伴一起游戏，体验转铜钱游戏的乐趣。

活动准备

经验准备：幼儿了解过铜钱的由来，认识铜钱的式样。

活动过程

1. 游戏展示，引出活动。

（1）教师引导幼儿观察铜钱，发现一面是有汉字的，一面是没有汉字的，和幼儿共同商定铜钱的正反面。

（2）教师将铜钱玩转起来，在铜钱没有停之前用手盖住，让幼儿猜正反面，给猜中的幼儿一定的奖励。

（3）多次游戏让幼儿猜测。

2. 自由游戏，探索玩法。

（1）教师鼓励幼儿和同伴自主选择空桌，尝试把铜钱转起来。

（2）教师引导幼儿根据自己的操作说一说铜钱转起来的方法。

（3）教师根据幼儿的讲述进行总结：双手握住铜钱的两端，使其立起来，然后两手同时向相反方向发力使铜钱转起来。

双手转铜钱

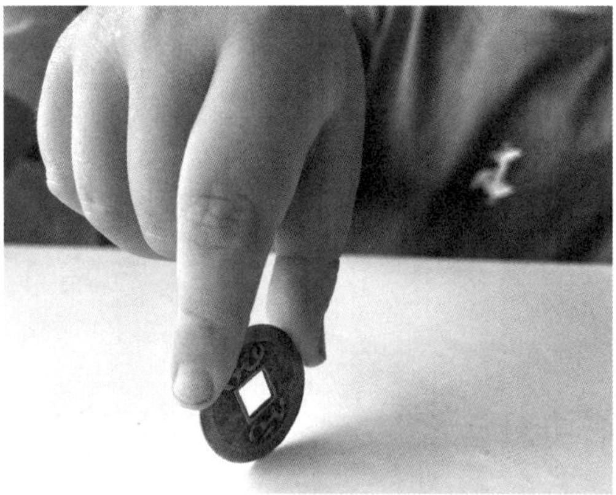

单手转铜钱

(4) 幼儿自由结对,一起玩转铜钱游戏。

3. 游戏观察,巡回指导。

(1) 帮助幼儿学会用双手转铜钱的方法,让幼儿在多次尝试中掌握技巧。

(2) 鼓励幼儿自由结对,进行转铜钱猜正反面的游戏:每人三个铜钱,猜正反面,猜错一次把一枚铜钱给另一方,看看最后谁得到的铜钱多。

(3) 关注幼儿结对游戏的过程,引导幼儿自主解决游戏时出现的矛盾。

(4) 针对学会双手转铜钱的幼儿,引导他们尝试单手转铜钱。

4. 游戏分享,总结回顾。

(1) 鼓励幼儿分享自己把铜钱转起来的好方法。

(2) 组织幼儿交流游戏时的感受。

猜正反面游戏

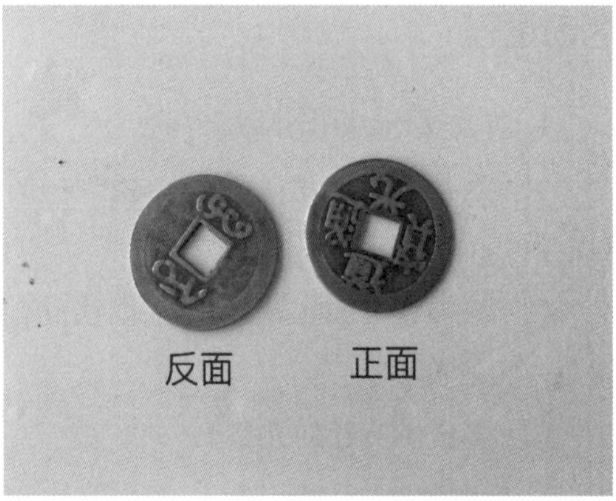

铜钱的正反面

活动延伸

★ 收集一些铜钱或硬币继续开展转铜钱或硬币的游戏,分享转动的好方法。

★ 日常生活中引导幼儿探索铜钱或硬币的不同玩法，如：比一比谁的铜钱转得最久。

★ 了解不同铜钱或硬币，尝试利用铜钱或硬币开展相关的艺术创意活动。

活动反思

活动中，首先让幼儿观察铜钱，通过转铜钱猜正反面的游戏，激发幼儿的兴趣。转铜钱的要领是要两手将铜钱立于桌面上或平地上，两手同时向相反方向发力才能将铜钱转动起来。但是对于小班来说，部分幼儿一开始掌握不了这个转动的技巧，铜钱往往在桌子上转动一下就停了下来。基于这点，后续游戏中我们要及时关注到能力较弱的幼儿，鼓励幼儿敢于多次尝试，增强他们的自信心，在多次操作中及与同伴的游戏中，熟悉转动方法。

在找同伴一起进行猜正反面的游戏时，有幼儿发现：手盖住铜钱再抬起来的时候，铜钱吸在手掌上后会再次掉落下来，正反面发生了变化，不知道该如何猜测。后期教师需要鼓励幼儿说出自己的想法，引导幼儿找到解决方法，如重新转动再来猜等，不断鼓励他们在游戏中找到转铜钱的乐趣。小小的铜钱还蕴含着很多秘密，如不同花纹代表着不同的含义，我们可以继续探索下去，也可以拓展认识其他的钱币。

方案2　不倒翁

活动由来

民间游戏馆里有一个大的不倒翁，幼儿每次经过的时候，都忍不住想要去玩一玩。民间游戏馆里还有各种不同的小不倒翁，有收集来的，有购买来的，也有自制的，色彩鲜艳、形状可爱的不倒翁是幼儿最喜爱的玩具之一。这不，我们又来到了民间游戏馆，开启与不倒翁的游戏之旅。

活动目标

1. 感受不倒翁游戏的有趣。
2. 积极探索不倒翁，探索不倒翁“不倒”的秘密。

活动准备

经验准备：幼儿玩过大的不倒翁。

活动过程

1. 玩具展示，引出活动。

（1）教师：民间游戏馆里有各种不同的不倒翁，让我们一起来看一看、玩一玩这些不一样的不倒翁吧！

（2）引导幼儿认识并玩一玩不同的不倒翁，说一说自己的感受。

不同的不倒翁

幼儿玩不同的不倒翁

2. 自主游戏，探索不倒翁。

（1）引导幼儿选择不同的不倒翁和同伴一起进行游戏，比较、探索不同的不倒翁是不是都能“不倒”。

（2）鼓励幼儿探索不倒翁“不倒”的秘密。

3. 自主游戏，模仿不倒翁。

（1）组织幼儿说一说自己发现的不倒翁“不倒”的秘密。

不倒翁游戏分享

模仿不倒翁

（2）鼓励幼儿与同伴一起用身体动作来模仿不倒翁进行游戏。

活动延伸

★ 组织幼儿自己制作简易的不倒翁进行游戏。

★ 收集各种各样的不倒翁，感受不倒翁的多样。

★ 带领幼儿模仿不倒翁，创新不倒翁游戏。

活动反思

活动开始，有趣的不倒翁激发了幼儿的兴趣，通过游戏观察、体验，幼儿在游戏中探索了不倒翁“不倒”的秘密。在探索过程中，教师还引导幼儿去发现在力度不同的状态下，不倒翁摇摆情况（速度、幅度）的变化。由于很多不倒翁是自制的，玩多了会出现倒的现象，对此，教师可引发幼儿探索这些不倒翁倒下的原因，思考怎样才能让这些不倒翁正确地摇晃起来，并引导他们尝试自己制作一个不倒翁进行游戏。在模仿不倒翁时，很多幼儿模仿的方式都比较单一，用身体的摇晃来表示，在通过教师引导幼儿用手臂、脑袋等做出其他肢体动作来模仿后，幼儿的模仿方式逐渐变多。活动后，教师可对此进行延伸，充分利用家长资源进行亲子探究之旅。

方案3　万花筒

活动由来

在参观中班民游博览会的时候，教师问幼儿最喜欢的游戏是什么，许多幼儿都说能转出不同颜色、花样的玩具最好玩。那就是万花筒！确实，万花筒里变化多端的花纹特别神奇，根本看不够。幼儿也表示民游博览会上玩万花筒的人太多了，只玩了一小会。趁着幼儿兴致满满，我们一起去了民间游戏馆，决定好好地玩一玩万花筒。

活动目标

1. 玩转万花筒，观察万花筒中的不同花纹，体验不同花纹的视觉感受。
2. 尝试用简单的语言描述看到的花纹。

活动准备

经验准备：幼儿参加过中班的民游博览会。

活动过程

1. 游戏导入,激发兴趣。

(1) 教师引导幼儿自主选择万花筒进行游戏。

(2) 引导幼儿说一说是怎么看到万花筒里面的花纹的。

2. 自主游戏,探索花纹。

(1) 鼓励幼儿自主结伴,观察并交流万花筒内的花纹。

(2) 引导幼儿将万花筒打开来看一看,探索万花筒的构造。

(3) 尝试换换影响万花筒花纹的材料,组装后看花纹是否有变化。

3. 游戏分享,回顾总结。

(1) 鼓励幼儿大胆地用简单的语言描述自己观察到的花纹,可以从颜色、图案等方面进行讲述。

玩万花筒

组装万花筒

说说自己的发现

万花筒内的花纹

(2) 引导幼儿说一说在拆玩万花筒时的发现。

活动延伸

★ 鼓励幼儿向爸爸妈妈了解民间自制的万花筒,了解万花筒的历史发展。

★ 引导幼儿简单了解万花筒的成像原理,一起用简易材料制作万花筒。

★ 带幼儿欣赏与万花筒花纹相类似的名画或工艺艺术品等。

★ 鼓励幼儿尝试用自然材料拼贴或绘画的方式表现万花筒的花纹。

★ 引发幼儿探究光的反射,做一些简单的光反射实验。

活动反思

万花筒的美妙蕴藏在它设计精妙的镜体结构和流动的图案当中。本次的探索让幼儿进一步感受到了万花筒里变化的花纹,在拆解、组装万花筒中初步了解万花筒的基本构造。大部分幼儿都积极参与其中,但有个别幼儿玩了一会儿就缺乏兴致,这是因为这些幼儿不会闭上一只眼睛,看不到花纹从而对游戏失去了兴趣。后期活动中教师可以让幼儿互相交流看到花纹的方法,学会闭着一只眼睛用另一只眼去看万花筒里的世界。在对万花筒花纹的简单描述中,幼儿的语言表达单一,不能用更多的词汇去表达自己的想法。在日常生活中,教师要潜移默化地丰富幼儿的词汇量,让幼儿能更大胆、清晰地去表达,同时发挥幼儿的创造想象,尝试用一些生活中的材料、自然材料拼贴万花筒的花纹,或是用绘画的方式进行表现。

万花筒是利用光学原理的玩具,它的成像原理在于光的反射,利用镜子把光反射来形成图像。对此,教师可以带领幼儿继续探索这一有趣现象,例如做一些光的反射小实验,由万花筒里的三棱镜探索将各类镜子组装在万花筒里会出现的现象等,初步萌发幼儿的科学探究欲望。

方案 4 捻皮筋

活动由来

在民间游戏馆游戏时,乐乐发现了综合游戏区柜子上的皮筋,他拿起皮筋问:“这是用来干什么的?”“这种皮筋是老师小时候用来玩游戏的。”教师回应道。“可以玩什么样的游戏呢?”幼儿好奇地问。“有好多游戏呢,可以用手指捻住皮筋比比谁的皮筋‘跳’得远，可以把皮筋当作小枪发射出去。”教师边演边说。“哇，这么有趣，老师，我也要来试试看。”就这样，我们的游戏开始了。

活动目标

1. 会用手指捻皮筋，尝试让皮筋“跳”得更远。

2. 与同伴合作，创新玩捻皮筋游戏。

活动准备

经验准备：幼儿已经认识不同的皮筋。

活动过程

1. 演示捻皮筋游戏，掌握捻的要领。

(1) 教师演示捻皮筋的方法，重点讲解如何用手指捻皮筋使其“跳”起来。

(2) 鼓励幼儿尝试捻皮筋，使皮筋“跳”起来。

(3) 请个别幼儿展示用手指捻皮筋的技能。

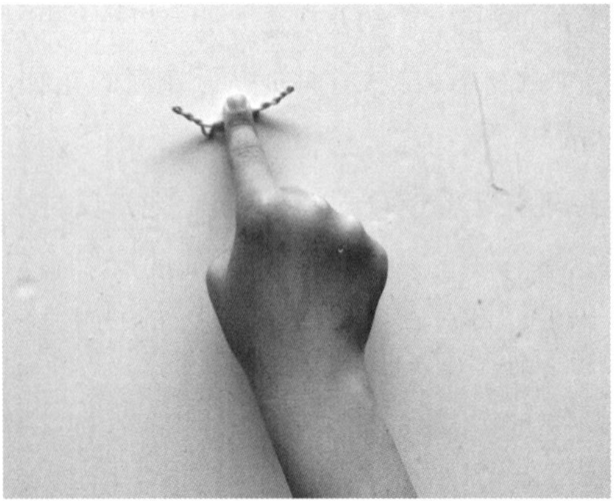

手指压住皮筋往下拉

松掉皮筋，皮筋向前“跳动”

2. 幼儿体验游戏，教师巡回指导。

(1) 鼓励幼儿自由结伴玩捻皮筋游戏，比比谁的皮筋“跳”得远。

(2) 指导幼儿尝试用其他手指捻皮筋，对幼儿捻的动作进行指导。

(3) 引导幼儿寻找辅助材料捻皮筋，创新皮筋的玩法。

3. 幼儿分享捻皮筋游戏，展示不同的捻法。

(1) 组织幼儿分享自己捻皮筋的玩法。

（2）鼓励幼儿说说哪种方法能够让皮筋“跳”得更远。

往不同方向捻皮筋

用不同手指捻皮筋

用竹棒和不倒翁捻皮筋

用螺壳和笔捻皮筋

活动延伸

★ 鼓励幼儿收集皮筋，了解皮筋的弹性和用处。

★ 引导幼儿用不同的皮筋玩捻皮筋游戏，继续创新游戏玩法。

★ 启发幼儿玩更多有关皮筋的传统游戏，如皮筋小枪、皮筋编织等。

活动反思

活动前，通过教师讲解、演示捻皮筋的方法之后，幼儿在体验游戏时虽然基本能够掌握动作，但皮筋却“跳”不远，甚至“跳”不起来。在观察中教师发现有的幼儿手指没力气，压不紧皮筋，有的幼儿捻完皮筋后手松得太快或太慢，还有的幼儿用手指尖捻皮筋，导致皮筋“跳”不起来。针对这些现象，我们进行了重点指导，在多次的尝试中成功让皮筋

“跳”起来的幼儿越来越多了。当他们不再满足于用食指捻皮筋后，教师引导他们尝试用其他手指、其他材料试一试。在尝试中，他们发现了皮筋不仅可以往前“跳”，还可以往后“跳”，用小木棒、积木等辅助物也可以使皮筋“跳”起来。

一根简单的皮筋还能玩出其他有意思的游戏，在后续的活动中，我们可以继续去玩如皮筋小枪、打弹弓、皮筋编织等传统游戏，也可以玩一些创新的游戏，还可以收集更多不同类型的皮筋去认一认、玩一玩。一根皮筋就是一种游戏材料，幼儿通过皮筋游戏得到启发，感受从不起眼的生活物品中找到乐趣。

方案 5　炒蚬子

活动由来

近期我们收集了很多的蚬子壳、蚌壳、螺蛳壳等各种贝壳，对壳进行了清洗、晾晒，并把这些壳分类整理到了民间游戏馆资源中心。看到资源中心有全园幼儿收集来的壳，小朋友们震撼了。他们终于又可以肆无忌惮地用壳来玩各种游戏了。今天，我们就先来玩最传统的“炒蚬子”游戏吧。

活动目标

1. 会玩炒蚬子游戏，能按蚬子的正反面配对。

2. 观察、比较、判断 10 以内的数量关系，体验炒蚬子游戏的乐趣。

活动准备

经验准备：幼儿收集、清洗、晾晒蚬子壳，并将蚬子壳进行分类。

活动过程

1. 教师介绍炒蚬子玩法一，幼儿自由游戏。

（1）教师介绍炒蚬子游戏的材料及玩法。

（2）幼儿自由结对游戏，教师指导巡视。

① 指导幼儿撒的动作，尽量把蚬子壳撒开。

② 指导幼儿认识壳的正反两面，把正面朝上和反面朝上的两个蚬子壳配成一对，教师注意引导幼儿不要把两个同样面朝上的蚬子壳组合。

炒蚬子材料(一)

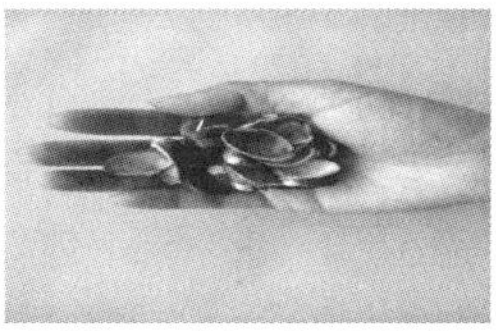

步骤一：抓一把蚬子壳

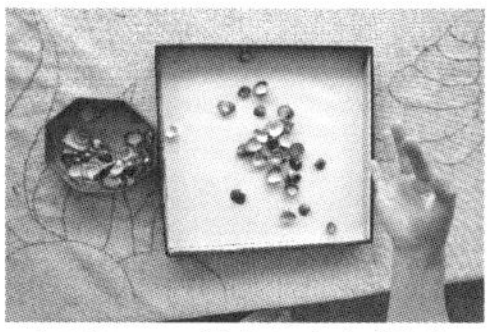

步骤二：将蚬子壳撒在纸盒内

步骤三：将正反的蚬子壳盖在一起成为“一碗饭”

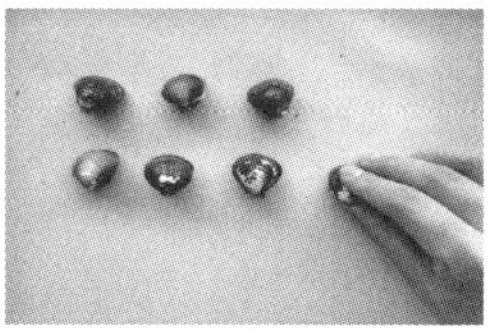

步骤四：比较“饭”的多少

炒蚬子“一碗饭”的玩法

③ 指导幼儿仔细观察，尽可能地将两个大小、花纹、颜色相近的蚬子壳组合成“一碗饭”。

④ 引导幼儿把找到的“一碗饭”按照大小进行排列。

⑤ 鼓励幼儿比一比谁获得的“饭”多，尝试用不同的方法进行比较，如点数、一一对应等。

一一对应进行比较

点数进行比较

2. 介绍炒蚬子玩法二，幼儿自由游戏。

（1）教师介绍炒蚬子游戏的材料及玩法。

（2）幼儿自由结对游戏，教师指导巡视。

① 指导幼儿“撒蚬子”“舀蚬子”动作，提醒他们一个一个地舀，舀的时候不能碰到边上的蚬子。

炒蚬子材料(二)

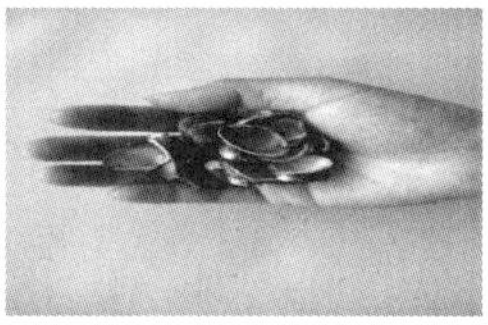

步骤一：抓一把蚬子壳

步骤二：将蚬子壳撒在纸盒内

步骤三：用蚌壳将蚬子壳舀起来

步骤四：蚌壳碰到其他蚬子壳则停止游戏

“舀蚬子”的玩法

② 鼓励幼儿发现更快地舀起蚬子的方法，总结并分享给同伴，如：反面朝上的蚬子壳更容易舀起，靠着纸盒边比较容易舀起等。

用蚌壳快速舀起蚬子壳

点数谁的蚬子壳多

哪两个蚬子壳最大

谁的蚬子壳最小

③ 引导幼儿尝试用自己的方法数一数舀起蚬子壳的数量。

④ 引导幼儿在比蚬子壳大小、比舀起蚬子壳的数量中感受壳的不同。

活动延伸

★ 引导幼儿认识不同的壳类，对其外形、颜色、硬度等进行探索。

★ 引导幼儿饲养蚌、龙虾、螺蛳等生物，了解壳类生物的生长环境和特点。

★ 引导幼儿体验蚬子棋、翻蚬子、套蚬子等游戏。

★ 引导幼儿探究壳的用处，感受壳用品与人们生活的关系。

活动反思

“炒蚬子”游戏是临近太湖边的人们儿时经常玩的游戏。在调查壳类民间游戏时，听老人讲述他们与壳的游戏故事是一种享受。那时他们会玩炒蚬子，会穿螺蛳壳项链戴身上，用蚌壳煮食物……这样就地取材的游戏淳朴、自然又富有意义。本次活动中，幼儿在教师的带领下了解了游戏材料和玩法，在游戏体验过程中，他们也遇到了各种问题，如把两个反的蚬子壳当作“一碗饭”，撒的蚬子壳都堆在一起，选太大的蚌壳容易碰到边上的蚬子壳，有的蚌壳不能“舀”起蚬子壳，有的蚬子壳不容易被“舀”起来，比较多少的时候也会出现分歧等。遇到这些问题后，教师没有直接去干预，而是在旁边提醒，鼓励他们自己解决问题，最终他们能很好地把问题解决。

通过此次游戏体验，幼儿认识了蚬子壳的正反面，知道了如何组合成“一碗饭”，了解到撒蚬子的时候要控制好力度才能够将蚬子壳撒得开，蚌壳要选择大小适中且用薄的一边来“舀”更容易，知道反面朝上的蚬子壳较容易被“舀”起来。一次蚬子体验游戏就能让幼儿获得如此多的发现，在后续的探索中，我们定能和幼儿一起获得更多好玩有趣的知识。

方案6　兔耳朵

活动由来

在没餐巾纸的年代，人们擦汗、擦嘴、擦鼻涕都是用手绢，每个人的兜里都会藏一块手绢。那时，一到课间大家就把藏在兜里的手绢拿出来玩丢手绢游戏，丢手绢玩累了就在树荫底下折手绢，将手绢一折一卷，一只兔耳朵就出来了，将手绢四个角打个小结，一顶帽子就戴在了头上。手绢还能变出老鼠、扇子、钱包呢。现在我们身上基本不带手绢了，但是我们的民游馆里却收藏了各种式样的手绢。这些手绢，一下就勾起了教师儿时美好的回忆。今天，我们就一起重温儿时的游戏，把这份美好传递给幼儿。

活动目标

1. 会用手绢对折、卷、打结折出兔耳朵。

2. 在情境游戏中体验手绢游戏的乐趣。

活动准备

经验准备：幼儿了解《小兔乖乖》的故事。

物质准备：《小兔乖乖》的音乐、图片等。

活动过程

1. 情境导入，引发兴趣。

（1）教师出示手绢折的兔耳朵，情境表演故事《小兔乖乖》。

（2）引导幼儿认识手绢折的兔耳朵，让他们说说兔耳朵的特点。

2. 演示讲解，学折兔耳朵。

（1）教师边演示边讲解折兔耳朵的步骤，重点演示卷和打结的步骤。

（2）幼儿自由选取一块手绢，尝试看着视频折兔耳朵。

（3）教师巡回指导，注意提醒幼儿要压紧手绢，并协助幼儿打结。

步骤一：将手绢对折成三角形

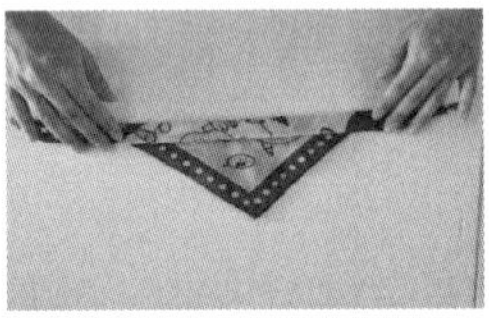

步骤二：将三角形卷成长条对折

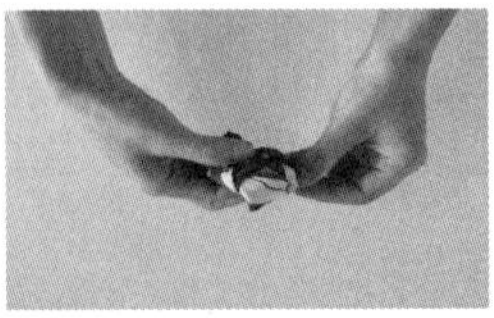

步骤三：将对折部分打单结

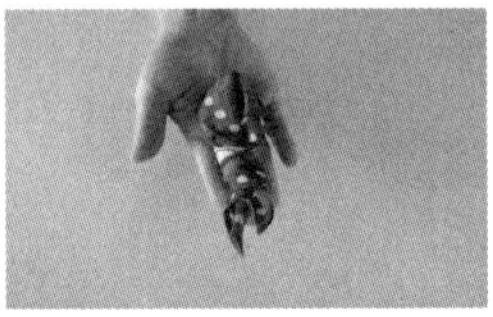

步骤四：整理单结，拉出兔耳朵

折兔耳朵的步骤图

3. 进行情境游戏和兔耳朵表演。

（1）播放《小兔乖乖》的音乐，引导幼儿分角色进行表演。

（2）交换角色再次游戏。

（3）创编故事，再次利用折好的兔耳朵进行游戏。

（4）教师把幼儿的表演用视频记录下来。

玩小兔乖乖游戏

创编故事进行游戏

活动延伸

★ 鼓励幼儿欣赏手绢的相关作品，继续进行情境表演。

★ 鼓励幼儿收集手绢，在区域中尝试用手绢折不同的作品。

★ 鼓励幼儿观察手绢上的花纹，用绘画、扎染等方式制作一块特别的手绢。

活动反思

手绢不同于彩纸，它比较软，折的过程中很容易散架，因此幼儿在折的时候要压紧。幼儿对于手绢对折成三角形并卷起来这个步骤都能掌握，但最大的问题就是打结。有的幼儿力气小，捏不紧手绢；有的幼儿打结时不知道要往哪个方向绕。教师通过手把手教，鼓励幼儿多次尝试，帮助他们学会最后一步打结。

当每个幼儿手上都有兔耳朵时，他们就自发地进行了情境游戏。这时，教师又适时提供了小兔子的图片、背景音乐等帮助幼儿更好地表演。幼儿所表演的内容都比较单一，语言交流也较少。因此，教师可以多提供一些手绢折的其他动物或图片等来丰富幼儿的游戏情境。

方案7 拉　　哨

活动由来

今天我们阅读了绘本故事《要是陀螺转起来》，大家对绘本里的陀螺产生了疑问：绘本里的陀螺怎么跟我们平时玩的陀螺不一样呢？其实，绘本里的陀螺以前叫拉哨，手捏住线的两端，向外或向内把线绕紧后，一拉一松线，中间的圆盘就会旋转并发出声音。幼儿对于会发声的玩具非常好奇，纷纷表示要去玩一玩、做一做。

活动目标

1. 能用不同的材料制作拉哨，会玩拉哨。
2. 感受不同的拉哨发出的不同声音。

活动准备

经验准备：幼儿玩过陀螺并制作过陀螺。

物质准备：制作拉哨的材料，秒表。

活动过程

1. 游戏导入，激发兴趣。

（1）教师展示拉哨游戏，引发幼儿制作的兴趣。

（2）教师出示材料，介绍拉哨制作的方法。

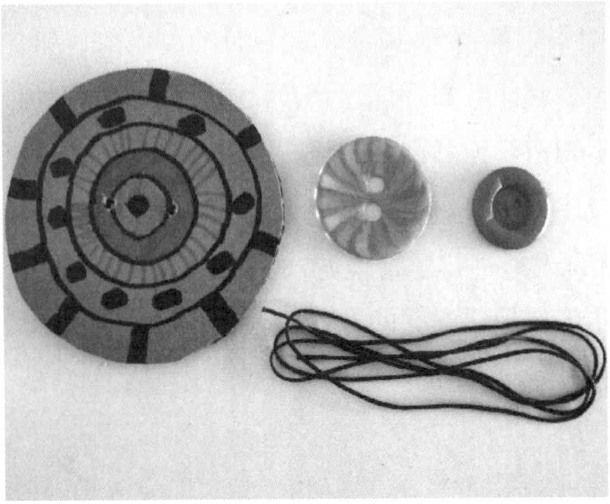

制作材料

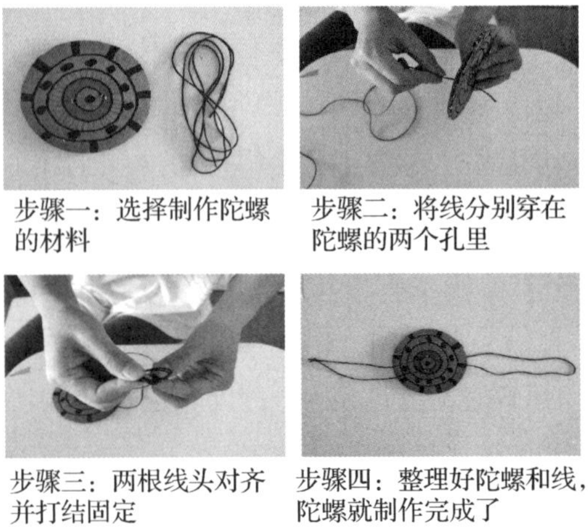

步骤一：选择制作陀螺的材料

步骤二：将线分别穿在陀螺的两个孔里

步骤三：两根线头对齐并打结固定

步骤四：整理好陀螺和线，陀螺就制作完成了

拉哨制作步骤图

（3）引导幼儿选择自己需要的材料进行制作。

（4）教师指导幼儿制作拉哨。

① 指导不会穿线的幼儿，寻找材料帮助穿线。

② 个别指导幼儿将线打结固定。

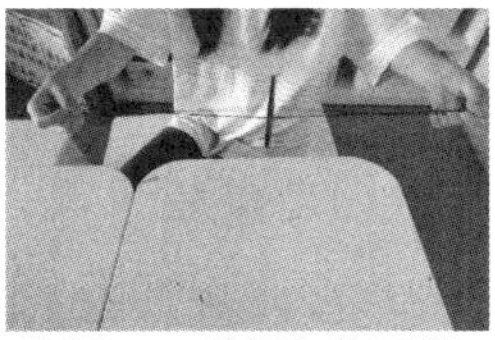
步骤一：手指勾住两端的线圈

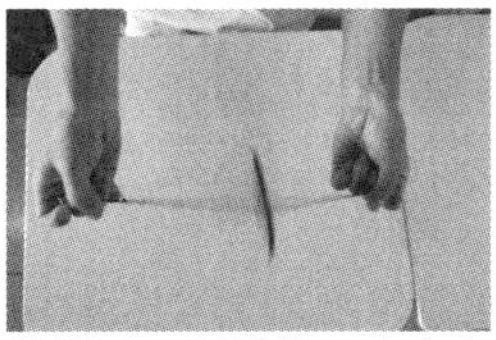
步骤二：双手往一个方向甩动陀螺

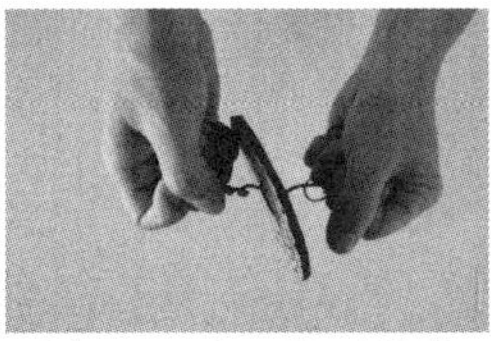
步骤三：直至绕到线卷起来

步骤四：线卷起来时双手同时往外拉

拉哨的玩法

幼儿游戏

2. 自由游戏，趣玩拉哨。

（1）幼儿自由游戏，用“甩”“一拉一回”的动作玩拉哨。

（2）教师指导不会玩的幼儿。

（3）幼儿和同伴一起玩，比一比谁转的时间长，尝试用秒表记录转的时间。

（4）引导幼儿发现不同材料的拉哨在转动时发出的声音也不同，感受材料硬度与声音之间的关系。

（5）交流分享：哪种材料做的拉哨发出的声音最响？如何让自己的拉哨转得更久？

活动延伸

★ 鼓励幼儿寻找更多的材料制作拉哨并玩一玩，对比不同材料的拉哨转动的乐趣。

★ 鼓励幼儿了解更多不同式样的拉哨，如发光拉哨等，初步了解其发声、发亮的原因。

★ 引导幼儿收集、体验更多会旋转的玩具，如陀螺、溜溜球等。

活动反思

拉哨玩具是一个比较有意思的玩具，线一拉一放就能转动并发出声音，如果掌握好拉的节奏就能一直转动下去。在制作环节，幼儿遇到的问题是如何穿线和打结，教师在平时的活动中可以提供一些穿针引线的活动锻炼幼儿的手眼协调能力。对于打结的技能，教师可渗透在日常生活中让幼儿学习。游戏时，大部分幼儿虽然能让拉哨转起来，但是转的时间比较短，主要原因是幼儿甩动线的速度较慢、两端的线拉得比较紧，导致两边的线绕不起来，另外当线卷起来之后，幼儿手臂很难协调地控制“一拉一回”的速度，因此也使得拉哨不能长时间地转起来。教师在指导的过程中，主要针对幼儿的这两个问题进行指导，通过重复地指导、尝试，部分幼儿在甩动拉哨和“一拉一回”方面的能力有所提升。

制作成功的幼儿发现拉哨转起来时会发出“呼啦呼啦”的声音，拉线的速度越快，声音越紧密。他们还发现不同材料制作的拉哨发出的声音是不同的。幼儿对此玩具有着浓厚的兴趣，后期我们可以继续探索拉哨，玩一玩更多会转动的玩具，寻找它们的共同点，感受转动玩具的乐趣。

方案8　打弹珠

活动由来

以前很多人家的地面是泥地，坑坑洼洼的地面特别适合玩弹珠游戏。小朋友们常常比拼谁能赢到别人心爱的弹珠。在幼儿园的合欢树下就有这么一片坑洼泥地，我们也会带着幼儿去玩弹珠游戏。但是每次游戏过后一些弹珠就会不翼而飞，慢慢地弹珠越来越少了。怎么办呢？幼儿想起了我们的民间游戏馆。

活动目标

1. 掌握传统打弹珠的基本玩法，感受民间游戏打弹珠的趣味性。

2. 乐于和同伴合作游戏，体验竞赛游戏的乐趣。

活动准备

经验准备：幼儿收集各种弹珠，有一定的打弹珠经验。

活动过程

1. 游戏展示，引出打弹珠活动。

(1) 教师：最近小朋友们都非常喜欢玩打弹珠，你们是怎么玩的？

(2) 引导幼儿边展示边用语言讲述游戏方法。

(3) 教师根据幼儿的讲述总结游戏方法。

2. 自由游戏，尝试传统打弹珠的玩法。

(1) 教师播放打弹珠游戏视频，引导幼儿了解打弹珠的传统游戏玩法：在地上画线为界，谁的弹珠被打出去就输了，这叫“出纲”；或在地上挖 5 个小圆洞，谁先打完 5 个洞，就变成老虎，然后再打着谁，就把谁的弹珠吃掉，这叫“打老虎洞”。

“出纲”游戏玩法

“打老虎洞”游戏玩法

(2) 鼓励幼儿复述传统打弹珠的玩法，进一步了解传统玩法。

(3) 教师展示打弹珠的基本动作，鼓励幼儿积极尝试：将食指和中指弯曲，中指朝里，食指向外，然后用食指、中指第一节指弯和拇指中间的指节骨夹住弹珠，之后用拇指中间的指节骨用力向外拨，弹珠就会直射而出。

(4) 鼓励幼儿自主选择场地学习传统打弹珠的玩法，感受传统玩法的乐趣。

3. 教师观察，针对问题个别指导。

(1) 提醒幼儿在游戏中注意遵守游戏规则，并积极与伙伴合作游戏。

(2) 鼓励幼儿尝试几种传统的玩法打弹珠，并记录游戏结果。

(3) 引导幼儿探索游戏形式，如蹲着、趴着、站着，利用不同的姿势尝试打弹珠。

(4) 帮助幼儿总结游戏方法，鼓励幼儿将打弹珠的游戏过程和结果记录下来。

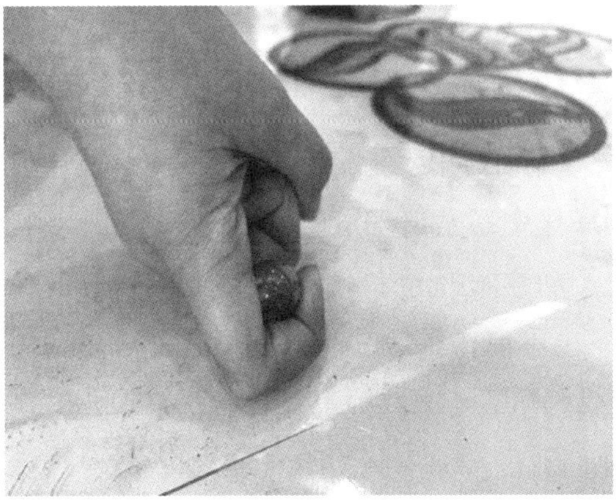

利用食指和中指夹住弹珠

利用拇指指骨节向外拨射

4. 分享回顾，交流游戏的过程。

(1) 组织幼儿分享打弹珠过程中遇到的问题与解决方法。

(2) 鼓励幼儿结合记录表格，展示游戏过程。

(3) 幼儿自主交流：你最喜欢玩哪种打弹珠游戏？

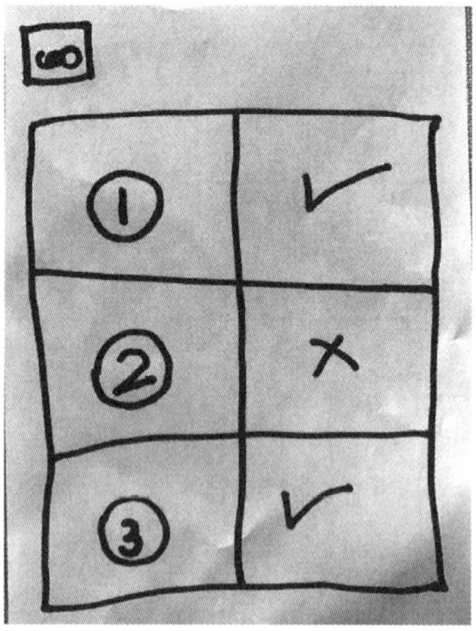

记录“出纲”游戏结果

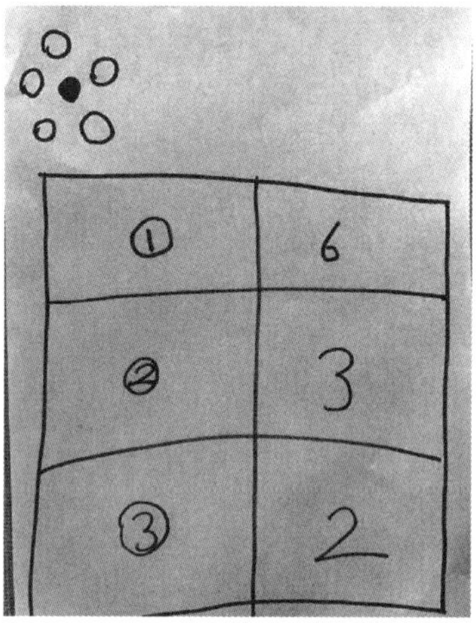

记录“打老虎洞”弹珠数量

活动延伸

★ 寻找可代替弹珠的游戏材料，尝试使用不同材料进行“打弹珠”游戏。

★ 收集弹珠，观察弹珠的不同花纹，把最特别的弹珠收藏起来，培养收藏意识。

★ 鼓励幼儿与家长在家中开展打弹珠游戏活动。

★ 创新弹珠游戏新玩法，用图示将其记录下来并分享给更多的伙伴。

活动反思

打弹珠就是童年的高尔夫球运动，能锻炼幼儿的手指灵活度，也能培养他们的专注力。幼儿通过观看打弹珠的视频就能明白玩法。但如何用手指打出弹珠是一个难点，教师反复示范让幼儿看清动作要领，可在实际的操作中还是出现了问题，一是食指夹不紧弹珠，二是拇指弹射时食指不会同时松开。由于动作掌握起来有难度，因此幼儿打的弹珠都没有弹射力，只是靠滚动进行，弹珠进洞率也不高。在后续的活动中教师可以利用晨间活动、户外活动的时间多带领幼儿进行游戏。在活动中教师也要善于观察幼儿的表现，针对动作掌握良好的幼儿，教师可以引导他们通过增加离洞的距离、增加人数对抗挑战等提升游戏的难度。而对于动作掌握相对弱的幼儿教师要重点关注，鼓励他们寻找最适合自己的姿势去打弹珠，瞄准目标，耐心准确地打出即可，再进行一些简单的动作练习辅助幼儿学会打弹珠基本动作：如单纯用拇指进行敲击弹珠，练习拇指弹射；或右手单个手指持弹珠，左手辅助弹出，练习手指夹弹珠的动作，将动作分解，达到良好的游戏练习效果。也可在对抗赛分组时尽量让掌握不太好的幼儿与掌握相对好的幼儿组队，通过同伴间的相互学习引领来更好地玩打弹珠游戏。

弹珠游戏结束后教师要引导幼儿进行游戏的创新，可以是玩法的创新，也可以是场地的创新，还可以是玩具材料的创新，一起赋予传统游戏新的生命力，让传统游戏更贴近幼儿的生活。

方案9 粘蚬子

活动由来

四月是螺蛳、蚬子上市的季节。吃完的螺蛳壳、蚬子壳可以用来做什么呢？我们可以把吃完的蚬子壳放在桌子或地上随意摆弄，比如摆一个字让父母猜，或摆一个图案，看似随意的游戏却让我们乐此不疲。这么经典的游戏也被我们收藏在了民间游戏馆里，里面陈列了老师和历届幼儿用这种材料所做的作品，现在就让我们一起体验一下吧。

活动目标

1. 尝试用蚬子壳贴出各种图案并均匀上色。

2. 在创作过程中大胆想象，主动完成作品。

活动准备

经验准备：幼儿有粘贴画经验，涂画过蚬子壳。

活动过程

1. 作品展示，激发兴趣。

(1) 教师：我们之前玩过炒蚬子的游戏，你们觉得蚬子壳还可以做什么？

(2) 出示蚬子壳，引导幼儿从蚬子壳的外形讨论蚬子壳制作游戏。

(3) 展示蚬子壳粘贴板作品，引导幼儿观察制作方法。

2. 集体分享，规划制作。

(1) 教师：你们想用蚬子壳创作怎样的作品？

(2) 引导幼儿表达自己的想法。

(3) 教师展示准备的材料和工具，引导幼儿了解材料运用的方法。

3. 探索创作，巡回指导。

(1) 幼儿自主选择蚬子壳材料，进行粘贴创作。

(2) 教师讲解创作技巧：每一个蚬子壳都不一样，在进行线条作品制作时尽量选择大小较为统一的蚬子壳，根据画面来选择制作前上色还是制作后上色。

(3) 询问幼儿制作作品的形状与大小，根据幼儿不同的制作类型进行个别指导。如设计制作线型的作品，则引导幼儿尽量壳面朝上，增加粘贴面积，使其更牢固；如设计点状作品，可以尝试将里面朝上，在完成后用点画等方式装饰。

(4) 提出安全注意事项，提醒幼儿按压时注意蚬子壳较突出之处。

4. 展示作品，交流评价。

(1) 师幼共同整理材料，幼儿相互介绍和欣赏作品。

(2) 幼儿自评并说说前期规划及粘贴过程中遇到的问题。

粘蚬子游戏

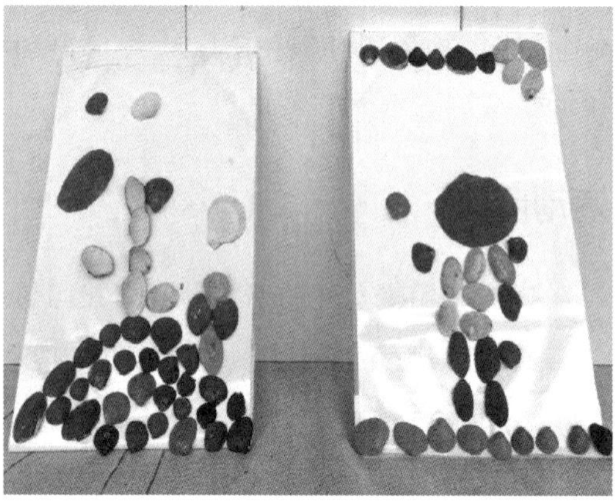

粘蚬子作品

活动延伸

★ 班级区域中继续尝试多样的蚬子创作活动，尝试运用彩纸、超轻黏土等材料进行组合创作。

★ 尝试通过打洞、打磨等方式创作不一样的壳作品，如贝壳风铃、蚌壳蝴蝶、蚬子壳工艺品等。

★ 收集各种各样的壳，如蛋壳、豆壳、榴梿壳等进行更多的创意活动。

★ 了解更多的壳作品，如贝壳梳子、贝壳首饰，感受更多的艺术表现形式。

活动反思

蚬子壳粘贴是基于幼儿对蚬子壳形状有一定了解的基础上开展的。在日常生活中，利用平面材料，如树叶、彩纸等制作粘贴画比较常见，但是运用立体的材料进行粘贴画创作较少。因此在创作前教师需要引导幼儿观察蚬子材料，通过展示作品、现象讨论、幼儿尝试等环节使其积累一些立体物粘贴的经验。

蚬子是一种特殊的材料，正反两面受力面积不同，在粘贴时如果没有很好地把握粘贴的面积，就会出现粘不牢、脱落等情况。教师在指导时必须重点观察，提醒幼儿注意壳的大小和受力面积问题，引导他们积极尝试。在创造构思方面，直接粘物造型需要很好的空间逻辑思维，因此在创作时教师需要帮助幼儿梳理更为具体的造型，可以先借助一些白纸进行线条绘画，并引导其挑选合适的面进行粘贴，会取得较好的效果。

虽然此次的创作活动遇到了一些问题，但是幼儿在反复探索中获得了一定的蚬子壳粘贴经验，并会合理运用蚬子壳的大小来构建画面，最终呈现的作品都非常富有艺术感。壳的创作远不止于此，当幼儿积累一定经验后我们可引导他们从探索平面的创作到立体的创作，从运用单一的材料到运用多元的材料进行组合，丰富他们的感性经验和审美情趣，激发他们表现美和创造美的欲望。

方案 10　挑五角星

活动由来

随着幼儿对挑花线游戏的进一步深入，他们开始热衷于挑战更高难度的编织游戏。一天，他们发现了民间游戏馆里呈现着用皮筋挑的五角星形状，顿时兴致盎然。短短的皮筋怎么能变出五角星呢？带着问题他们开启了探索之旅。

活动目标

1. 能通过手指拉、挑、勾、夹、压的方式挑出五角星。
2. 锻炼手指灵活度，体验挑皮筋游戏的乐趣。

活动准备

经验准备:幼儿有一定的挑花线经验。

活动过程

1. 游戏展示,活动导入。

(1) 教师展示挑皮筋游戏。

(2) 出示挑五角星步骤图,教师根据步骤再次演示挑法。

(3) 请个别幼儿根据步骤图尝试挑一挑,教师重点指导幼儿学看步骤图。

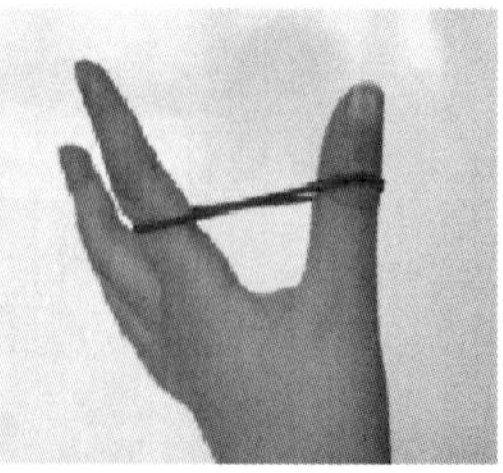

步骤一：将皮筋套在左手大拇指与食指上

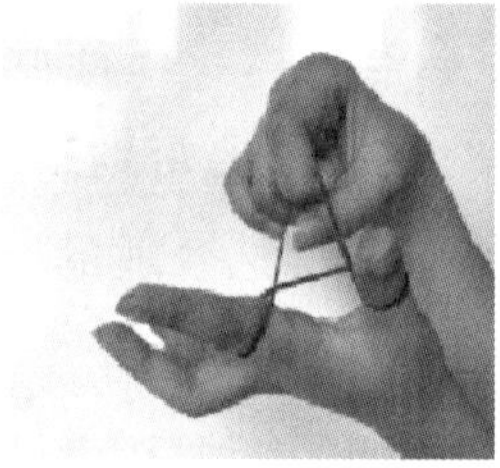

步骤二：右手食指将第一根皮筋从下往上拉出

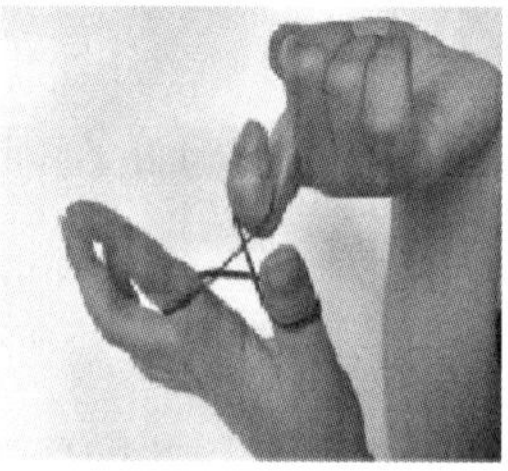

步骤三：将拉出的皮筋旋转180度

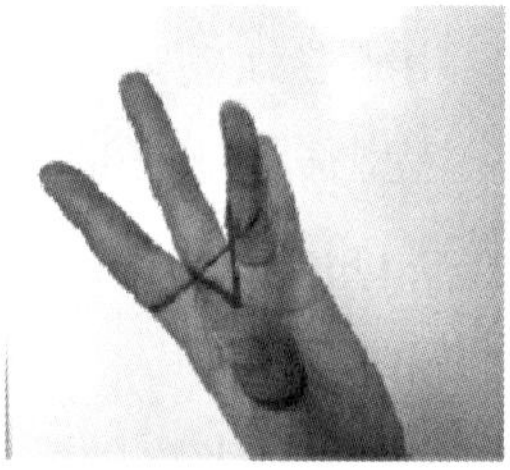

步骤四：戴在左手无名指上做出三角星

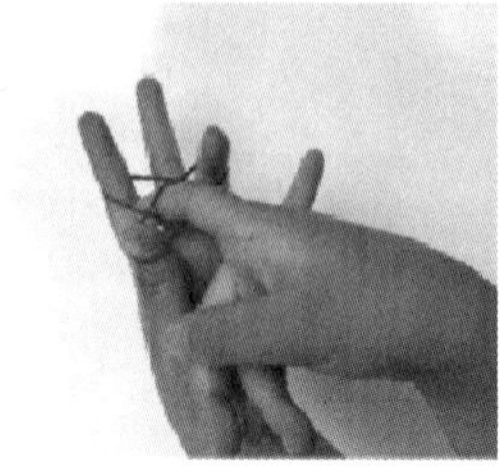

步骤五：右手食指从拇指皮筋处穿入

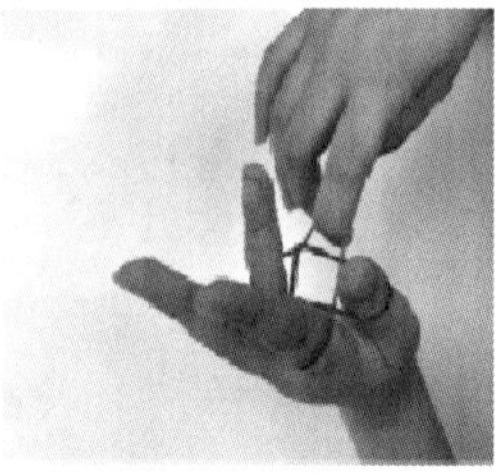

步骤六：将左手食指皮筋勾出变成四角星

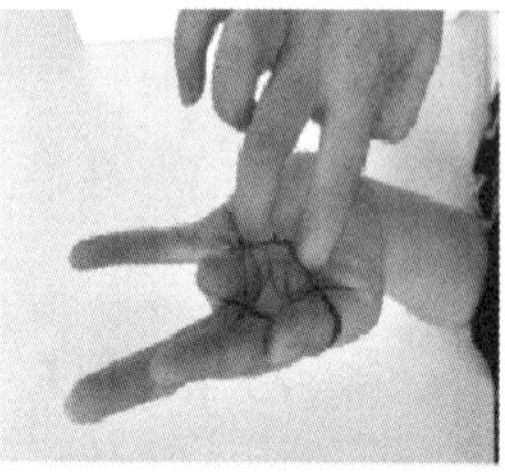

步骤七：中指由下穿入左手无名指皮筋

步骤八：将相对皮筋勾出变成五角星

挑五角星步骤图

2. 自由游戏,教师指导。

(1) 幼儿自主根据步骤图挑五角星。

(2) 教师巡回指导,关注幼儿挑的情况并给予帮助。

(3) 引导幼儿多次尝试,善于发现问题并改进。

(4) 鼓励会挑的幼儿尝试不看步骤图挑五角星,并能帮助其他同伴。

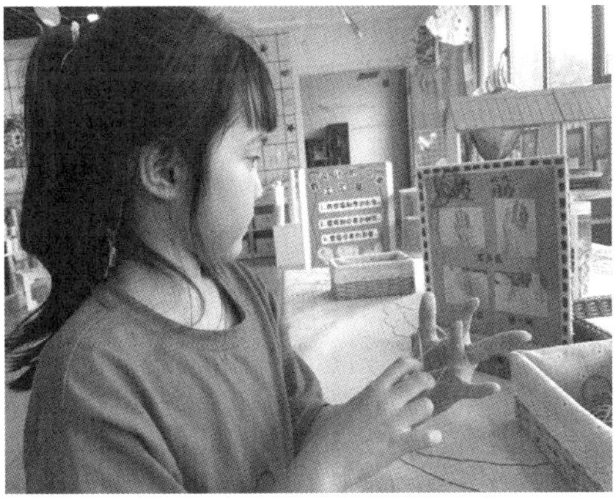

自主看步骤图挑五角星

双人合作挑五角星

3. 游戏分享,回顾总结。

(1) 组织会挑五角星的幼儿展示游戏成果。

(2) 分享挑五角星时遇到的困难及解决方法。

(3) 做手指放松运动。

(4) 教师展示挑双五角星的技能,激发幼儿再次挑战的欲望。

同伴分享展示

游戏后手部放松

活动延伸

★ 日常生活中继续玩皮筋挑五角星、双五角星的游戏并分享给周围人。

★ 调查更多关于皮筋的游戏,并尝试玩一玩。

★ 创新皮筋游戏玩法,并记录下来分享给更多人。

★ 探索皮筋弹性的奥秘,感受皮筋在生活中的作用。

活动反思

活动伊始，通过幼儿的分享我们可以了解幼儿基本的挑花线水平掌握情况，这有助于我们开展挑皮筋游戏时进行有针对性的指导。通过观察，幼儿对于看步骤挑五角星还是很有经验的，但是由于皮筋不同于线，它比较短且有弹性，因此幼儿虽然看懂了步骤但由于小指无力、大拇指勾挑不过来而导致不能成功挑出五角星。对于这个问题，我们建议幼儿在挑前把皮筋拉松，感受一下皮筋的弹力再次进行会好很多。后期，我们也可以开展一些能锻炼幼儿手指力量的游戏，如提供一些小指套练习钻的动作，练习拉橡皮筋扩展手指间的张力等，让幼儿能更加轻松地进行皮筋编织活动。

皮筋编织游戏能非常好地锻炼幼儿的手指灵活性，也能促进大脑的发展。在活动的最后，教师展示了更高难度——双五角星的挑法，就是为了激发幼儿继续探究、继续挑战的欲望，为后期开展更多的皮筋探索活动打下基础。

方案 11　捉七子

活动由来

在民间游戏节上，教师和保育员都展示了自己最拿手的民间游戏，其中一位保育员展示的捉七子游戏受到了幼儿的追捧。她灵活地一抛一接像变魔术一样把七个沙包都抓在了手上，大家看了都惊呆了，使劲为她鼓掌。这天，我们来到民间游戏馆，幼儿看到了那天保育员阿姨展示的捉七子游戏的小沙包，他们也玩了起来，可是抛上去一个沙包还没来得及抓另一个的时候，上面的沙包就已经掉下来，怎么回事呢？他们围在一起研究了起来。

活动目标

1. 了解捉七子游戏的由来，学玩捉七子游戏。
2. 能在游戏中锻炼手眼的灵活性、协调性。

活动准备

经验准备：幼儿看过玩捉七子的游戏，有抛接游戏的经验，具有一定的手眼协调能力。

活动过程

1. 游戏介绍，初步了解捉七子游戏。

（1）教师通过视频介绍捉七子游戏的由来。

（2）播放往届哥哥姐姐捉七子的游戏视频，再次引导幼儿了解传统捉七子游戏的玩法。

（3）引导幼儿边展示边用语言讲述观察到的游戏方法。

（4）教师根据幼儿的讲述总结捉七子的游戏方法。

步骤一：单手拿起一个沙包向上抛出

步骤二：向下抓握桌面上的沙包

步骤三：握住手中沙包将手翻转朝上

步骤四：接住空中掉落的沙包

捉七子玩法

比一比谁抓得快

2. 初步尝试，学玩捉七子游戏。

（1）鼓励幼儿自主选择场地并学玩捉七子游戏。

（2）邀请保育员、教师中有一定经验的人员现场指导。

（3）引导幼儿说一说自己在捉七子游戏过程中遇到的问题，如：手移动没这么快，抛接时抓不住，反应不过来等。

（4）鼓励幼儿从捉七子游戏的动作开始练习，如抛接、触碰、抓握、手部移动等，尝试探索不同数量沙包间的游戏玩法。

（5）组织幼儿之间互相讨论：谁能将更多的沙包抛接并抓起来？有什么好方法？

3. 动作分解，指导幼儿分步骤学习。

（1）鼓励幼儿尝试用不同的方法、借助不同的方式或辅助工具练习捉七子游戏。

（2）指导幼儿探索抛接练习，提升抛接动作的准确度，如将沙包单独向上抛接，逐渐增加抛的高度并准确接住，将同一沙包在左右手互相抛接等。

(3) 指导幼儿探索移动练习，提升手部移动速度，如利用毛纱筒架起小山洞，练习抛接一个沙包的同时将另外一个桌面的沙包穿过小山洞。

(4) 指导幼儿探索抓握练习，提升游戏抓握水平，如向上抛接一个沙包的同时保持抓握姿势触碰一下桌面的沙包，逐渐增加到碰触更多的沙包。

(5) 关注幼儿游戏时遇到的问题，帮助幼儿总结方法，逐步将练习的动作运用到游戏中去。

(6) 鼓励幼儿自由结对、自定规则进行捉七子比赛。

抛接练习

手部移动练习

4. 游戏分享，感受捉七子游戏的乐趣。

(1) 组织幼儿分享捉七子游戏的感受与技巧展示。

(2) 教师评价幼儿在捉七子过程中遇到的难点与问题，并表扬幼儿的解决方法。

活动延伸

★ 让家长在家庭中开展捉七子亲子游戏活动。

★ 鼓励幼儿寻找不同材料的“七子”，如果核、小石头、麻将等，感受不同材质间的差别。

★ 引导幼儿开展“抛接大小球”“沙包进筐”等户外游戏。

★ 创新捉七子游戏玩法，进行游戏大比拼。

活动反思

本次活动中引导幼儿对传统捉七子游戏玩法进行了探索。在自主探索的过程中，我们发现幼儿很难掌握传统捉七子游戏中的抛、接、抓的串联动作，幼儿玩着玩着就有了很大的挫败感，顿时失去了原有的那份热情。因此，我们邀请了有经验的保育员或老师给幼儿进行现场的展示和指导，通过这样的方式激发幼儿挑战的欲望，并请保育员或教师向他们分享一些儿时捉七子游戏的故事和练习小技巧，促使他们主动去进行分步骤练习，为顺利玩捉七子打好基础。

在巡回指导时，我们还发现幼儿在探索过程中会生发出很多新游戏玩法，基于这点我们需要根据幼儿探索的需求做一些调整，既要符合幼儿的动作发展，又能充分保留游戏的趣味性。教师需要更细致地观察，通过添加游戏材料、指导幼儿拓展玩法等方式，引导幼儿进行游戏探索，如在手部移动练习中设置“小桥”，抓握练习中设置“打地鼠”等游戏，增加练习的趣味性。

方案 12　花毽子

活动由来

民间游戏节期间，幼儿收集了很多爸爸妈妈小时候玩的毽子，有鸡毛毽子、鹅毛毽子、纸毽子、毛线毽子、布毽子……爸爸妈妈还拍摄了踢毽子的视频，这些都被我们收藏在了民间游戏馆里。幼儿看了爸爸妈妈高超的踢毽子本领的视频后，都高兴地鼓起掌来。他们自己去试了试踢毽子，只能踢一个，接不起来。几个孩子纷纷说，踢毽子太难了。乐乐说，我们可以用手来玩毽子。其他小朋友也提出了不同的想法。小小一个花毽子可以怎么玩呢？孩子们的想法肯定是多样的，于是，我们来到民间游戏馆，一起欣赏各种毽子，一起探索毽子的不同玩法。

活动目标

1. 尝试用踢、拍等方式玩毽子游戏。
2. 在游戏中探究毽子的不同玩法。
3. 乐于和同伴合作游戏，体验玩毽子的乐趣。

活动准备

经验准备：幼儿收集过毽子，对毽子有一定的了解。

活动过程

1. 游戏展示，引出活动。

(1) 教师：这几天我们开展了毽子收集活动，你们知道这些毽子可以怎么玩吗？

(2) 教师引导幼儿边展示边讲述看到的、想到的游戏玩法。

(3) 根据幼儿的展示及讲述总结已有的毽子玩法。

2. 自由游戏，探索玩法。

(1) 教师播放毽子游戏视频，引导幼儿了解毽子的基本玩法。

(2) 鼓励幼儿选择不同材质的毽子，在适当的场地探索毽子游戏。

3. 游戏观察，巡回指导。

(1) 教师鼓励幼儿尝试毽子的基本玩法。

(2) 播放爸爸妈妈拍摄的毽子玩法视频，引导幼儿照样子玩一玩。

(3) 继续创新毽子游戏方法，感受玩毽子的乐趣。

(4) 鼓励幼儿和同伴一起游戏，尝试双人、多人的玩法；用不同材质的毽子进行比拼；选择不同的辅助工具玩毽子，并和同伴一起设定游戏规则。

(5) 关注幼儿游戏时遇到的问题，让他们把自己的玩法及问题记录下来，帮助他们总结玩法，一起寻找解决问题的方法。

(6) 教师提醒幼儿游戏时注意人与人之间的距离及游戏环境的安全性，不要把毽子踢或拍到别人身上。

用绳子辅助踢毽子

无辅助材料进行踢毽子

头顶毽子向前行进

拍毽子

4. 游戏分享,回顾总结。

(1) 鼓励幼儿分享自己的毽子玩法。

(2) 幼儿交流:单人踢毽子、单人拍毽子、双人或多人传递拍毽子、双人或多人踢毽子等毽子玩法,你最喜欢玩哪一种?

双人拍毽子

多人踢毽子

活动延伸

★ 引导幼儿在户外开展各种毽子游戏:单双人踢毽子,单双人拍毽子,比一比谁能踢进规定圈子里,等等。

★ 日常生活中引导幼儿向爸爸妈妈了解毽子的花样踢法,继续探索毽子的不同玩法,了解中小学的踢毽子比赛等各种赛事。

★ 鼓励幼儿尝试自己收集不同材料,用毛根、纽扣、报纸、无纺布等材料来自制毽子进行游戏。

★ 引导幼儿开展更多与毽子有关的游戏,如吹羽毛。

活动反思

活动开始，通过分享前期游戏经验及观看毽子的游戏视频，幼儿激发玩毽子的兴趣。在活动中，我们与幼儿一起探索用踢、拍的方式玩毽子游戏。相对来说，拍的方式会简单一些，大部分幼儿都能够借辅助工具轻轻地把毽子拍起来；但是踢毽子比较考验幼儿的手、脚、眼的协调能力，在没有辅助工具的情况下，只有极少部分幼儿能把毽子踢起来。基于这两点我们可以进行一些指导，如引导幼儿寻找、选择合适的辅助工具拍毽子；引导拿一根长长的线系在毽子上，拎着毽子，再用脚把毽子踢起来，让幼儿有成功的体验感。

在创新玩法中，由于观看了爸爸妈妈拍摄的毽子玩法视频，幼儿一下子打开了思路，他们除了玩一玩视频里的游戏，还会找同伴一起玩毽子：有的比一比谁拍得多；有的把毽子你拍给我，我拍给你；有的拎着毽子，你踢一脚，我踢一脚，画一个圈圈把毽子踢进去；等等。不同的游戏让幼儿有了不同的探索，比如：探究不同材质的毽子玩起来会有什么不一样；自己制定踢毽子游戏规则；尝试把自己的游戏玩法及结果记录下来；尝试自制毽子来进行游戏等。

四、民间综合类游戏资源

(一) 综合类游戏汇总表

综合类游戏是排除了纸类、线绳类、竹木类这三类游戏之外，需要借助其他玩具材料的民间游戏的总和，数量较多。考虑到玩具材料收集的难易程度，幼儿开展游戏的适宜性等因素，教师选取了 29 个游戏，以便展开集体、小组或个别的游戏活动。汇总表内备注一栏所呈现的游戏提示及游戏童谣，也只是举例，民间游戏的多变性与生长性，让它在实践中越来越丰富

表 6－2　综合类游戏汇总表

序号	游戏名称	所用玩具、材料	制作步骤或玩法	备注
1	打弹珠	弹珠	玩法一：在地上划线为界，谁的玻璃珠被打出去就输了，这叫“出纲”。 玩法二：在地上挖出 5 个洞，谁先打完 5 个洞，就变成老虎，然后再打着谁，就把谁的玻璃珠吃掉，这叫“打老虎洞”。	打弹珠的玩法有很多，只要几个同伴共同制定好规则就可以。

续 表

序号	游戏名称	所用玩具、材料	制作步骤或玩法	备注
2	花毽子	鸡毛毽子、自制花样毽子（毛线毽子、彩纸毽子、打包线毽子等）	花样毽子制作步骤：将线或纸条剪成长短一样的线段，中间扎紧，整理成花状，在扎带处绑一个扣子或者铜钱即可。 玩法一：幼儿用手向上轻抛毽子，同时抬起小腿，用脚踢到下落的毽子。循环动作，比比谁踢得多。 玩法二：两人面对面站立，一人把毽子踢给对方，一人再用脚把毽子踢回来。看谁的毽子先落地。	游戏童谣： 踢毽歌 小毽子，真漂亮。 左一脚，右一脚， 踢个花样比一比。 一会儿高， 一会儿低， 像只小鸟飞呀飞。
3	玩沙包	自制沙包	沙包制作步骤：用布缝成3—8厘米的方形或其他形状的口袋，填充米、豆等，大一点的沙包可填充碎布、棉花等柔软的物品。 玩法：可两人抛接；还可以投掷，看谁扔得远。	
4	捻皮筋	小皮筋	玩法一：两人面对面坐在桌前，同时用手指向前捻皮筋，攻击对方皮筋，先将对方的皮筋压在下面为胜。 玩法二：两人同时捻使皮筋向前走，先到终点为胜。	
5	挑五角星	皮筋	将皮筋套在大拇指和小拇指上，拿着下面那根，逆时针拧一下，套在中指上，另一只手食指往右撑搭在上面的那个边上，给另一根搭在下面的线腾出空间，再用这个手的中指由上而下地撑这根线，就可以挑出“五角星”的图案。	幼儿可以先进行一根牛皮筋的绷法。待技能熟练之后，可挑战两根牛皮筋组合的绷法。
6	橡皮筋钉板	钉板、彩色橡皮筋	钉板制作步骤：找一块长度约15—25厘米的方形木板或泡沫板，用安全图钉钉成横平竖直的钉板。 玩法：幼儿在钉板上用橡皮筋拉出各种几何图案和各种组合造型。	幼儿可根据自身能力先进行简单的三角形、正方形等几何图案的创作，再挑战难度较高的混合型造型，如房子、树等。
7	捉七子	小石子、果核、小沙包	将7颗石子（或用布做的小沙包、果核）在桌面上丢开，拿起其中一颗石子向上抛，趁向上抛的石子未落在桌面前，抓起桌面上第二颗石子，再来接住刚才向上抛的石子。依此类推，抓起第三颗石子。如果三颗石子同时接住，再同时往上抛，此时手掌迅速翻过来，使三颗石子落于手背上；然后再往上抛，若能接住三颗石子，即游戏成功。如果抛起的石子没接住，或者桌面上的石子没抓起，就结束游戏，换对方开始。	游戏童谣： 捉七子 一手心，二手背， 三酒盅，四吃菜， 五拳头，六剪刀， 七只子，全捉牢。 建议幼儿玩时可适当降低难度，例如可以用双手抛接，每次就抓取一个等。

续 表

序号	游戏名称	所用玩具、材料	制作步骤或玩法	备注
8	转铜板	铜板、硬币、圆形纽扣	两手将铜板(或硬币、圆形纽扣)立于桌面上或平地上,转动手指使铜板转动起来,看谁转的时间长。	还可用铜板玩猜正反等游戏。
9	射铜板	铜板、直径大的平整纽扣、砖头、积木	玩法一:用两块砖头或者积木拼搭成一个斜坡,把铜板扔在斜坡上,让铜板向前滚,铜板落地最远者为胜。 玩法二:将十枚左右的铜板在地上整齐地叠起,再用铜板从高处对准地上的铜板向下扔,看谁射中后散落的铜板多。	
10	降落伞	自制的降落伞	降落伞制作步骤:将手帕的四个角系上长约30厘米的线,再将四根线的线头一起打结并系上有一定重量的小沙包或其他物品。 玩法:将降落伞抛向高处,让其自然下落,观察降落伞的飘落情况,争取用手接住。	
11	翻牌	麻将牌	将麻将牌背面朝上摆成一个方形,通过石头剪刀布的方式决定谁先翻牌,翻一张牌后,换另一个人翻,比比谁翻的麻将牌数字大,则两个牌就归谁。随后赢的人先翻,翻完比较大小,直到牌都翻完。最后看谁赢得的牌数量多,谁就胜利。	
12	配对子	麻将牌	将麻将花色那面朝上全部打乱后找出相同的麻将配对。两人比赛,在同一时间内找出的对子多者为胜。	
13	多米诺骨牌	麻将牌	将麻将竖着每个间隔适当的距离摆放成轨道形状,摆放完后将第一个麻将推向第二个使麻将依次倒下,全部顺利按顺序倒下即为成功。	
14	系红绸	红带子或红领巾	6人以上,2人站在圈外,其余人手拉手围成圈站立。圈外的人快速把红绸系在任意一名幼儿的手臂上,系完(都按顺时针方向)就跑前面去解下对方系的红绸,再快速把红绸系到圈上幼儿的手臂上,以此循环。如果对方速度慢还没有系好,就把他抓住,输的人换拉圈的幼儿继续系。	

续 表

序号	游戏名称	所用玩具、材料	制作步骤或玩法	备注
15	兔耳朵	手帕	兔耳朵折叠步骤:将正方形手帕对折成三角形,从三角形顶端开始打卷,卷成一根细长的卷,之后将长卷的两头对折,手指捏在三分之一处。给尾部向下转个方向,打个结。注意打结的时候把兔子的身子部位有折痕的地方隐藏到下面去。把结打紧,拉长耳朵,整理好身子,一只可爱的兔子就出来啦。	
16	粘粘手掌	具有黏性的塑胶手掌、人偶	将粘粘手掌的线圈一端套在食指上,用手大力向墙壁或门窗上甩,使粘粘手掌黏附在墙上或门窗上;或将粘粘人偶贴在墙上任其自动向下爬。	
17	扔石子	小石子、砖块、沙包等	玩法一:在水边随地找到的物品,大家一起扔到水里,看谁扔得远。 玩法二:在起点,拿起事先准备好的石子(或沙包、砖块),看谁投掷得远或者是投中目标。	
18	打水漂	碎瓦片、石片、瓷砖片等	随地找到碎瓦片等侧身向较为宽阔的水面削出去,让它旋转着飞出去,就会在水面上一跳一跳地抛出很远;水面上即出现一个一个的水圈。	
19	吹泡泡	空心麦秸秆、肥皂水	肥皂水制作步骤:准备一个水杯,放入1/3杯洗洁精,2/3杯清水,再放入半勺白糖,搅拌后即成泡泡水。 玩法:幼儿将麦秸秆的一头蘸肥皂水,嘴对着另一头吹气,吹出泡泡。	提醒幼儿注意游戏安全,不要误吸肥皂水。
20	玩泥巴	泥土、水、橡皮泥、面团	用水将泥和成柔软的团,根据自己的意愿来塑形。	寻找适合塑形的泥土,采挖、晾晒、过筛、储藏。
21	斗草	草根、草茎、纸条等	每人找到条状的野草根、草茎等,一方挽住一方,一起用力,看谁的草先断,先断者就算输。	适合在春夏交替时节开展游戏。
22	拓印	新鲜树叶、彩色蜡笔、颜料、白纸	玩法一:将树叶放在白纸下面,用蜡笔在放置树叶上方的白纸上均匀涂色,印染出不同树叶的叶脉,组合成一幅美丽的作品。 玩法二:将不同颜色的颜料均匀地涂抹在不同的树叶上,然后在白纸上印染出不同形状、颜色的树叶,组合成画。	也可在自然界里用白布、白纸贴在树干上拓印出树干或其他物品的纹理。

续 表

序号	游戏名称	所用玩具、材料	制作步骤或玩法	备注
23	压干花	新鲜花朵、树叶、厚的书本、皱纹纸、抹布	选择完整、平整的树叶、花朵，用抹布清洁树叶、花朵。用皱纹纸吸干水分，或将树叶、花朵夹压在厚书中直至干燥、扁平。	
24	做书签	干花、双面胶、塑封纸、透明胶带、彩纸、打洞机、蜡笔、记号笔、流苏	将自制的干花、干树叶用双面胶粘贴在大小合适的长方形彩纸上，再用蜡笔或记号笔在彩纸周围添画上边框或简单的花纹，然后用透明胶带或塑封纸封好。 将塑封好的书签下方的中间处用打洞机打出一个圆孔，再穿上流苏，制作成书签。	
25	炒蚬子	蚬子壳、蚌壳	玩法一：两名幼儿面对面，用石头剪刀布的方法决定先后顺序，赢的幼儿先抓一把蚬子撒在盒子里，蚬子朝上和朝下盖起来变成“一碗饭”拿走，最后拿的“饭”多的为胜。 玩法二：两名或多名幼儿通过石头剪刀布的方法决定游戏的先后顺序，幼儿抓一把蚬子壳撒在盒子里，用一个大蚌壳将蚬子壳一个一个舀起来，舀出蚬子壳多的为胜。	
26	抓一把	螺蛳壳、花甲壳、蚬子壳、记录单、笔	玩法一：一名幼儿随机抓取不同的壳，然后按标记进行数量的记录，找出最多或最少的数。 玩法二：两名幼儿各抓取同类的壳，先猜测谁多谁少，再通过点数或一一对应的方法验证。	
27	比大小	内部标有不同数字、点数的贝壳	玩法一：幼儿随机拿出两个贝壳，翻开标有数字或点数的一面进行大小比较。 玩法二：多人一起玩，每位幼儿拿出一个贝壳，翻开标有数字或点数的一面进行大小比较。 玩法三：两两竞赛，将贝壳内部朝下摆在桌面上，两名幼儿依次翻开贝壳，数字点数较大的幼儿赢走两个贝壳，最后谁赢得的贝壳多即获胜。	

续　表

序号	游戏名称	所用玩具、材料	制作步骤或玩法	备注
28	拈蚬子	蚬子壳	手拿一把蚬子壳轻轻地将它撒开在桌子上，背朝上的先将它拿过来归为自己，口朝上的用手指拈住提起来并能翻过来者归为自己，反之停止游戏，让给下一个玩游戏的幼儿。	
29	蚬子壳棋	棋盘若干、上好颜色的蚬子壳、骰子	玩法一：2—4 人一组，选择颜色不同的蚬子壳为棋子，同时从起点出发，以掷骰子的方式轮流下棋，最先到达终点的为胜。 玩法二：幼儿自主选择蚬子壳的颜色，轮流按照骰子投掷的大小移动蚬子壳的步数，谁的蚬子壳最先到达终点，就赢得胜利。其余颜色的蚬子壳也要依次投掷骰子到达终点才能结束比赛。 玩法三：幼儿自主选择蚬子壳的颜色，按照五子棋的方法相互下棋子，吃掉较多蚬子壳棋子的颜色获得胜利。	

（二）综合类游戏资源的更迭

该区域资源的更迭较为简单，是将各个时期收集到的有趣、好玩的玩具逐步添加进去，将幼儿长时间把玩后损坏的玩具及时替换。操作桌面上呈现的材料会根据幼儿不同时期的制作需求及时更换，更换的过程需要在教师的协助下进行。幼儿通过对活动的记录和反馈，向游戏馆的管理人员提出相关的需求，也可在活动过程中主动去资源中心拿取需要的资源。管理者通过阅读幼儿及教师的活动记录本，或者是阅读“问题与发现”专栏中所呈现的便笺纸上的内容，找到相关的人员，进行及时沟通，获取更为精准的信息，与问题提出者一起进行该区域的资源更换，满足幼儿活动的需求，同时满足幼儿自我管理、主动解决问题的需求，实现资源的有序更迭。

第七章　民间游戏馆的管理与保障

民间游戏馆作为幼儿园公共的、开放的环境，是整个幼儿园共有的课程资源。民间游戏馆的优势在于能弥补班级环境中空间和资源的不足，利用特定的空间，进行专题的布置，可以让幼儿进行专门的活动，有利于幼儿相应智慧与能力的发展。为了发挥民间游戏馆的优势，我们在使用中需要制定相应的制度，确保其运行的功效。

一、民间游戏馆的制度建设

幼儿园民间游戏馆的制度建设，包括民间游戏馆的使用制度、日常维护制度、活动评价制度等。

(一) 民间游戏馆的使用制度

我们根据幼儿在民间游戏馆的前期体验式活动，制定出一套相对合理、适合于本园幼儿活动开展的方法。从最为简单的单个班级进入到多个班级互动进入，逐步过渡到跨年龄的混龄活动，虽然在运行的模式探索上有先后，但这些运行模式都值得我们去尝试，相互补充、改进。在使用过程中，我们根据幼儿的兴趣与发展需求，不断调整活动开展的方式方法，制定出适宜的民间游戏馆使用制度。

1. 固定的轮班制度

对于幼儿园的公用活动室的使用，最为基础的做法是制定全园性的固定轮流排班制度。固定轮流排班制度由幼儿园保教处负责人根据全园幼儿活动的需求，对民间游戏馆及其他公共区域进行统筹安排，确保每个班级在一个学期里能有四次或以上的活动机会。这四次的安排可以相对集中在一个月内，也可以分散到整个学期里。常规的做法是有两到三次相对集中，一般以每周一次的频率安排，另外一到两次的安排可以较为分散。具体安排、负责制定排班表的教师要切实根据幼儿园课程的开展情况以及民间游戏馆常态化的调整做好适宜的安排。同时考虑到班级预约和申请长期持续使用的情况，固定轮流排班时间基本固定在上午的十点到十一点。

2. 灵活的预约制度

民间游戏馆作为幼儿园课程实施的重要场所，馆内区域多，材料丰富，可以体验的游戏有很多，每个学期轮到四到五次的活动远远不能满足幼儿的活动需求。各班根据课程开展的需求，可向保教处提前预约民间游戏馆的活动时间。每周四下午，活动室负责人会将活动预约表发在教师群里，班级教师可根据需求在线预约空余时间段。如有班级在需求上有冲突，由负责人协调处理。

3. 特需的申请制度

当班级里开展持续性的项目活动时，轮班和预约不能满足一组幼儿甚至是全班幼儿持续的在民间游戏馆的活动，教师可以提出特需申请。对于班级里的特殊需求，教师要提前和保教处提交使用民间游戏馆的申请，在申请表内填写好相关的信息，如有的班级需要一周内持续三个半日在馆内活动，那就需要协调预约活动甚至是固定时间排班的活动，为了更好地保证幼儿活动的持续性，这种情况适合班级在没有其他班级干扰下活动。也有班级内开展小组项目活动，需要申请一组幼儿持续进入民间游戏馆，甚至还希望园方给予指导人员的支持，这些特殊的情况都将在申请制度中有所体现，并尽可能地满足幼儿活动的需求。

（二）民间游戏馆的日常维护制度

民间游戏馆的日常维护与其他公用活动室有所区别，场馆内区域众多，教玩具繁杂，参与人员流动性大，这些对于日常维护提出了更高的要求。

首先，场馆卫生由专室负责人及使用者共同承担，要求使用者活动结束后整理好所有物品，打扫好基础的卫生，公用活动室卫生负责人负责器材和教玩具的消毒、清洗等。

其次，对于场馆内的物品，使用者需要将使用过的工具、材料进行归位，未完成的作品等进行明确的标识，放置到固定的区域。

最后，对于场馆活动要从两个方面进行及时的记录：一方面是对于使用的基本情况，如使用班级、人数、时间、活动的内容进行记录；另一方面要记录活动中发现的问题，例如某区域的消耗性材料快使用完了，需要添加材料，也可记录下活动中存在的疑问，例如某班级幼儿对于纸类游戏区的活动不感兴趣，需要更新活动的主题，提供新的材料等。需要说明的是，民间游戏馆内的记录鼓励幼儿自主记录，教师给予相应的指导。

（三）民间游戏馆的活动评价制度

民间游戏馆活动中的评价主要从幼儿的游戏现状、发展水平以及情感态度等方面入手，侧重于多元化的形成性评价，这种评价是持续的、动态的、循环往复的、逐步完善的过程，评价的目的是更好地促进幼儿的游戏，优化民间游戏馆的环境与活动。

民间游戏馆活动评价采用幼儿自我评价、教师评价和家长评价相结合的方法。其中幼儿自我评价最为重要，包括他们在活动中或者活动后运用语言、图文符号、作品表征等进行的交流、分享。教师可以通过文字、视频等记录幼儿的语言，从中看出幼儿对于民间游戏馆活动的自我感受和活动成效，例如在玩洋片活动中，幼儿交流时说："我觉得我设计的洋片最好看，我画的小公主和这里的洋片都不一样。"幼儿之间还可以互相阅读他们的"游戏护照"，了解同伴对于民间游戏馆各区域的喜爱程度。

教师通过专业的观察评价，关注幼儿的发展轨迹，基于对幼儿活动持续的观察与分析，探索出更适宜的管理策略，提升民间游戏馆活动的功能。家长参与活动的评价其实是将游戏引向家庭的一种方式，也是激发家长参与课程建设的一种途径，这为民间游戏馆的运行拓展了思路。

二、民间游戏馆的安全保障

幼儿园应当严格执行国家和地方幼儿园安全管理的相关规定，民间游戏馆的创建与使用都要将幼儿的健康和安全放在工作的首位。安全的环境最起码的保证是消除明显的安全隐患，定期检查场馆的安全隐患，做到及时发现及时调整，把发生伤害的可能性降到最低。

（一）民间游戏馆的设施与装修安全

幼儿园民间游戏馆地理位置相对独立，通过楼梯和连廊，连接着幼儿园的所有班级，幼儿进入民间游戏馆不会受到天气变化等因素所导致的不便。民间游戏馆作为幼儿园的公用活动室，馆内的各类设施设备、装修装饰材料、用品用具和教玩具等，都符合国家相关的安全质量标准和环保要求。我们对于采购和收集的物品，会把好安全关，做好安全防范。民间游戏馆装修时都选用符合国家标准的材料，在每个学年的设施更新中，也会考虑材质的安全和使用的长期性。

（二）民间游戏馆的教玩具安全

民间游戏馆内的教玩具品种杂、数量多，还涉及许多日常生活中的可回收物，在使用中必须加强卫生安全的检查，对于进入民间游戏馆的材料都要进行严格的筛选。民间游戏馆的教玩具是供全园所有幼儿使用的，使用频率高，常态使用的玩具如陀螺、洋片、空竹等要选择坚固的材料，自制的竹木类玩具如竹马、弹弓等要经过仔细的磨光、打平，且一定要经过谨慎的干燥、防虫处理。气候潮湿的地区，特别是每年的梅雨季节里，应更注意防止教玩具的发霉、长虫等问题，定期对教玩具进行检查与维护，及时更新，确保教玩具的安全。

（三）民间游戏馆材料与工具的安全

民间游戏馆内材料品种多样，所使用的工具既有常规的各类笔、剪刀、勺子等，也有幼儿平常不大接触到的针、竹签子、大头钉等，有一定的危险性。在材料方面有提供的自然材料如石头，但在收集、整理中也要考虑石头是否存在安全隐患，石头大小的把握、形态的挑选等都要有幼儿的参与以及教师的把关。有一定危险性的材料和工具需要放置到特定的位置，在幼儿使用的时候指导人员需重点关注，对于使用中的安全规范需提前讲解，并以图文结合或者视频的方式提醒幼儿安全使用。

（四）民间游戏馆的活动安全

当物质环境安全的时候，幼儿就可以自由地探索，尝试新的挑战。在安全的环境中，成人一方面依然要保持警觉，另一方面可以放松地和幼儿进行游戏，通过观察、互动等为幼儿营造一个安全的心理环境。

民间游戏馆的活动是比较开放的，很多时候，幼儿会与陌生的同伴一起活动，加之场馆面积大，分区活动多，在开放活动之前，教师必须帮助幼儿熟悉场馆的整体环境，并与幼儿一起建立安全规则。幼儿在进入民间游戏馆后，未进入各区之前，教师先请幼儿坐下来讨论，可请幼儿轮流拿一些比较重的教玩具，例如大陀螺，感觉陀螺的重量，或轻轻敲敲自己的额头、脚指头，感觉看看会不会痛；请幼儿思考如果陀螺旋转的时候撞到别人，会不会有人受伤，以及如何避免受伤。教师和幼儿共同讨论出安全规则，在大家同意之后由教师将规则写下来，贴在民间游戏馆的墙上。

民间游戏馆使用规则

不能在民间游戏馆里跑来跑去。

不能抢玩具、材料和工具等。

不能破坏别人的作品。

作品未完成，可以写保留卡；作品完成，可以写作品卡。

幼儿园的工作者必须监管建筑物、场地、设备的安全，教育幼儿合理地使用材料和设备，幼儿年龄小，对于安全和危险还没有清晰的认识，因此教师绝不能对幼儿放任不管。教师要通过多种方式改善物质环境，把潜在的安全隐患最小化，这是化解危险的一种方法。还有一种方法是教师在日常生活中注重对幼儿进行安全教育，同时教师自己也要保持学习的状态，提升安全意识，掌握相关的安全知识与技能。

传统的保障健康和安全的方法是避免幼儿接近危险，这很重要，但它不是一种教育方法。这不能教会幼儿任何事，因为不允许幼儿足够接近进而理解和掌控危险，这实际上会使幼儿更不安全，因为当成人不在场时，幼儿没有应对危险的经验。为了确保幼儿的健康和幸福，我们采取的方法是教幼儿学习如何保证健康和安全。学习需要行动，不要只是想着幼儿距离危险有多远，相反要考虑的是能给幼儿的行动提供什么样的支持。例如不能因为弹弓可能会让幼儿有危险，就把它拿走，教师可以调整与弹弓配套使用的“子弹”，通过让幼儿体验不同“子弹”弹射到手上的感觉来避免危险的发生，引导幼儿制作安全的“子弹”，如纸球、线球等。我们的目标和任务是使幼儿成为有能力的个体。

三、民间游戏馆的人员配备

（一）民间游戏馆的管理人员

在幼儿园的管理中，民间游戏馆虽然有专门的管理部门，但不管是管理责任人还是创建核心组成员，都是兼职的状态。每个参与到民间游戏馆的老师和保育员都是兼职的管理人员。

1. 民间游戏的传承人

在民间游戏馆的建设中，教师主动承担起了民间游戏传承者的角色，成为民间文化的传承人，这也是教师自身成长的一种体现。在民间游戏的传承中，在与幼儿的共同游戏中，教师成为幼儿最好的游戏伙伴，让幼儿充分地接纳、信任教师。教师作为民间游戏的传承者，以民间游戏的传承为己任，使得民间游戏成为师幼共玩最为频繁的游戏。

2. 幼儿游戏的伙伴

民间游戏馆最大的功能是供幼儿体验民间游戏，这种体验不是由教师来教授游戏，而是让幼儿通过与材料的互动，与成人的互动，对民间游戏从陌生到熟识的过程。这就需要教师跟随幼儿的兴趣，放弃以往教师做指挥者的角色，跟随在幼儿身后或者伴随幼儿的左右，做他们最亲密的游戏伙伴。这种角色的转变也说明了教师教育理念的转变，将先进的教育理念真正化为行动，正是教师专业成长的一种表现。

3. 学习的联结者

民间游戏馆各类活动的开展，让幼儿获得相应的经验，但仅仅靠场馆里的几次体验活动，幼儿还不能形成连续的经验，达不成深度的学习。因此需要教师将民间游戏馆的活动与班级里开展的主题活动、区域活动甚至是生活活动等联结起来，做好民间游戏馆内的活动向馆外的延伸，也将幼儿在班级里开展的活动与民间游戏馆的活动建立起联系，这样才能形成活动之间的互通，实现游戏到学习的联结，幼儿的游戏体验才是深刻的，他们获得的学习经验才可能是连续的、有益的。

（二）民间游戏馆的专家支持

民间游戏馆作为幼儿园独特的共同区域，在建设与运行中缺少相应的学习参考，需要借助更多专家的力量，让这一场馆发挥作用。这里的专家不仅仅指学前教育界的教授、博士，还包括民间的各类游戏高手、热心于幼儿园教育的家长等。

1. 民间游戏熟手型的家长

正如《纲要》所说的："家庭是幼儿园重要的合作伙伴。应本着尊重、平等、合作的原则，争取家长的理解、支持和主动参与，并积极支持、帮助家长提高教育能力。"让不同职业、不同专业背景的热心家长参与民间游戏馆的建设与运行，能够大大提高幼儿在民间游戏馆内活动的兴趣和积极性，还能将民间游戏馆内的游戏向家庭延伸，或者是将家庭中开展的民间游戏纳入民间游戏馆内，形成双向互通。

在民间游戏馆活动中，家长真正成为幼儿园的支持者和合作者，提高了家长实施家庭教育的能力。许多民间游戏需要家长（包括祖辈）搜集素材，一起切磋，如我们向全园分发民间游戏征集表，许多家长不仅认真撰写游戏规则，还能配上图式，更有家长带上游戏材料，向老师展示玩法。在这个过程中，家长开始从注重幼儿的知识获取转向注重幼儿的情感体验，从关注孩子"今天学会了什么"逐渐转向"你今天玩得是否开心"。家长观念的转变使得幼儿园开展的各项活动都易于被家长肯定与支持，这样家园之间才能更好地合作。

2. 幼儿园课程建设的专家

在民间游戏馆建设的过程中，我们多次邀请学前专业的高校教授以及科研、教研主管部门的领导专家来园指导。专家的现场指导，让教师们有了实践的勇气，坚持正确的建设之路，修正一些不当的实践，从而不断完善我们的民间游戏馆。我们积极参与各类专业学会的活动，争取机会在专业会议上进行交流，获得专家点评的机会，让专家高屋建瓴地指导修正我们民间游戏馆的建设与运行实践，开拓思维，积极创新。同时教师阅读大量专业书籍，积极上网查找资料，并参与网站上论坛交流，争取机会在网络上与专家交流思想。

3. 其他社区参与的人员

幼儿园还发挥自己的力量，与社区各单位建立联系，建设自己的教育活动基地，为幼儿开展民间游戏争取到更宽广的场所，如到广场上去开展放风筝活动，借用影剧院开展民间游戏展示活动等。这些基地的建立与各种丰富多彩的民间游戏活动的开展，也是本地民间游戏传承的最佳方式。通过对家长、对社会的开放，本地区的人们自然而然地回忆起自己童年的欢乐游戏，从而在家庭中、在社会生活中和幼儿一起创设玩民间游戏的良好环境。

四、民间游戏馆的资源管理

课程资源是幼儿园课程的重要载体，是课程建设的核心工作。随着教育改革的不断推进，搜集、整理、发掘和利用课程资源已成为幼儿园课程建设工作的关键，民间游戏馆的资源管理也遵循这一原则。资源分为物质资源和非物质资源。民间游戏馆的物质资源包括设施设备、教玩具、工具和材料，其中设施设备基本是固定的，而教玩具、工具和材料有一定的变动性；非物质资源主要是指各种民间游戏，需要收集、整理、挖掘适合在幼儿园民间游戏馆里呈现的民间游戏，并以幼儿能够接受的方式呈现出来。

（一）民间游戏馆资源的收集

1. 物质资源的收集

民间游戏馆内相对固定的物质资源由幼儿园专人采购或收集，例如桌椅板凳、隔断、工具材料等都按照幼儿园的采购流程进行采购。旧物再利用的材料与幼儿园内的物品资源收集在一起，根据活动需要提前发布信息，利用每周二的收集日活动收集。在资源收集时采用专人对口收集，当日收集当日归置到相关的资源库，例如各类纸盒由收集日轮值班级整理物品，到截止时间各资源室负责人到收集处领取符合需要的纸盒。对于积极发动收集倡议并参与收集活动的幼儿、家长和教师，幼儿园采用精神和物质双方面的奖励。

2. 非物质资源的收集

在民间游戏馆里要创建或更换新内容时，教师会发动幼儿、家长收集民间游戏的各类玩法以及支持这些玩法的各类物质资源及非物质资源。幼儿在教师和家长的指导下，用绘画、照片、视频等记录下各类游戏，并交给老师进行编辑、存档；同时，教师和家长也会将幼儿收集的各类信息存放到幼儿的个人成长档案，让幼儿随时可以进行文本翻阅和电子材料的阅览。

(二) 民间游戏馆资源的整理

对于收集到的各类资源,教师需要进行整理和筛选,并不是把所有的资源都放置到民间游戏馆内,而是要针对幼儿的需求有目的、有层次地呈现这些资源,要对收集到的资源进行登记、整理,筛选出适合的民间游戏馆资源。

1. 民间游戏的分类

对于民间游戏的整理要从合理的分类开始,从运用到民间游戏馆各区的分类方法来分,可以分为纸类民间游戏、线绳类民间游戏、竹木类民间游戏、综合类民间游戏等。这样的分类方法便于将不同材料呈现在各个区域内,同时为了馆内各区域呈现的游戏更具典型性和多样性,每个区域内分时段呈现两到三个游戏,例如纸类游戏区里,某一时段重点呈现的是翻洋片游戏,那就要对收集到的各类洋片进行分类、整理,并提供相应的材料和工具,鼓励幼儿自己制作洋片,还要留有一定的空间让幼儿尝试玩洋片。对于收集到的一些新的民间游戏,民间游戏馆创建的核心组成员要进行相关的价值判断,并在个别班级进行实践尝试,如果这个民间游戏受到幼儿的喜爱,并且对于幼儿的发展有独特的价值,就可以纳入民间游戏馆作为补充或者替换馆内不太受幼儿欢迎的游戏。

2. 民间游戏教玩具的整理

民间游戏教玩具有的是收集来的,有的是购买的,还有的是幼儿与教师共同制作的。教玩具的来源不同,可以为幼儿提供不同的体验。对于民间游戏馆教玩具的整理,除了分门别类地归置,还要整理出同一类教玩具随着时代发展而变化的线索,让幼儿在玩游戏的同时感受民间游戏的时代性。例如"打陀螺"玩具的种类有很多,在给幼儿呈现的时候,教师还要给予一定的图片提示,向幼儿讲述陀螺玩具的演变历史,让幼儿感受到古人的创造发明,从而激发幼儿自己的创造欲望。当然也不是所有的教玩具都要呈现在民间游戏馆,要根据活动的需要有序呈现,一部分要放置到民间游戏资源库内。同样,归置到民间游戏资源库的教玩具也要分类收纳,做好标识,方便随时取放,还需要设置一定的透明空篮筐,用于收纳新的教玩具以及更替下来的教玩具。

除了对民间游戏及其教玩具进行及时整理,对于馆内活动所涉及的相关材料与工具也要进行阶段性的整理。我们要根据幼儿的使用情况进行材料和工具的添置与替换,并根据幼儿活动的需求对各类物资的收纳进行优化。

(三) 民间游戏馆资源的更新

随着活动开展的不断持续深入,我们需要对民间游戏馆内的各类资源及时更新。民间游戏馆资源的更新是指增加幼儿活动所需要的各类资源，替换幼儿活动时不再需要的各类资源。

1. 实物资源的更新

民间游戏馆的实物资源指民间游戏馆内的各类家具橱柜、游戏器具、材料、工具等物品，也包括馆内指示牌、展板、装饰物品等，甚至包括地面标识。这些实物资源是满足幼儿在馆内活动必要的资源，品种繁多、数量不等。为了更好地发挥民间游戏馆的功能，让幼儿获得更好的体验，满足互动的游戏需求，民间游戏馆的管理者和使用者需要做好实物资源的更新。一种更新的方法是管理者（民间游戏馆课程核心组）根据本学期民间游戏馆所预设的各年龄段幼儿活动的具体方案，对照各方案所需求的实物资源，与目前馆内的实物资源进行对比，根据活动的需求适当提前进行资源的补充。对于各活动中不需要的实物资源进行归档，放置到隔壁的民间游戏资源库内。另一种更新的方法是使用者通过观察馆内幼儿的活动情况，从幼儿活动的需求进行实物的更新。例如幼儿在开展洋片的制作活动中需要参考更多种类的洋片花样，教师就引导幼儿发动家长一起开展洋片的收集、分类、整理活动，然后将不同的洋片补充到民间游戏馆内，减少幼儿不感兴趣的洋片种类。

2. 非实物资源的更新

民间游戏馆内的非实物资源指有关民间游戏的图文、视频，以及相关的制度、规则等。这些非实物资源也不是固定不变的，而是根据馆内活动的需求做相应的调整，做好非实物资源的更新。

首先，对于馆内呈现的各类游戏玩法的图文和视频，既要根据每学期活动的变化而做相应的更新，还要根据幼儿具体的活动需求和兴趣进行调整。例如幼儿在指导图册的引导下，在电脑上找到有关跳皮筋的文件夹，打开后看各类跳皮筋的视频。对于难易不同的跳皮筋视频，根据幼儿的喜好及后续的活动跟进，教师了解到幼儿对哪一类的跳皮筋游戏感兴趣就增加这一类的游戏视频。

其次，对于馆内各区域的民间游戏，通过一段时间的活动实践，将幼儿不感兴趣的、难易程度不适宜的及时替换。例如在竹木类游戏区有制作高跷体验活动，需要幼儿使用特定的工具，即使对大班幼儿来说也很难做到，因此教师及时更新材料，变为用纸筒制作高跷，或者事先帮幼儿在竹筒上钻好孔。

最后，馆内的制度和规则等非实物资源也需要经过一阶段的实践后，通过集体、小组研讨进行调整。随着幼儿园园本课程的推进，民间游戏馆承担了更多的主题推进的任务，管理者根据使用者的建议，及时调整使用制度，推出了“特需申请”的使用制度，虽然在具体操作时需要场馆责任人进行全园活动的调整，但民间游戏馆在课程实施中却发挥了更大的功能，实现了更大的价值。

课程资源的使用者首先是幼儿，为了实现幼儿使用资源的优先权，管理者必须要让全体幼儿了解馆内已有的资源情况，让幼儿充分了解不同类型资源的存放位置，以及获取资源的时候需要的程序。教师可以和幼儿一起制作资源图册，放在幼儿可翻阅的地方，帮助幼儿了解相应的规则，了解民间游戏馆资源库内有哪些资源。体验民间游戏是民间游戏馆最大的功能之一。为了让每一位进入民间游戏馆的幼儿真正体验民间游戏的魅力，我们必须充分尊重幼儿的意愿，提供适宜的活动资源，制定切实可行的管理机制，保障幼儿的活动安全，让幼儿在民间游戏馆内获得独特而有意义的经验。

后　记

在本书成稿之际，我深深地感到：民间游戏馆的建设与成长，伴随着教师、幼儿、家长以及社会许多热心人的参与与付出，伴随着众多领导、专家、同行的支持、指导与帮助。

从民间游戏馆建设开始至今，我们要感谢南京师范大学的虞永平、郑楚楚和南京师范大学出版社张莉等老师对我们民间游戏馆建设的指导。感谢苏州幼儿师范高等专科学校的张春霞老师一路的专业引领，一直以来，张老师关心我们民间游戏馆的研究进展情况，为我们指引前进的方向，有关于民间游戏的分类、环境的创设、活动的实施等等，张老师都和我们的一线教师展开研讨，具体指导民间游戏馆的创建和书籍框架的搭建。感谢苏州市吴江区横扇幼儿园所有的教职员工、孩子们和家长们，是我们的共同努力、共同参与才有了今天的民间游戏馆。我们都是这本书的书写者，都是幼教田野中勤劳的耕耘者，正因为我们集体的努力与付出，我们幼儿园的民间游戏馆才能成为最受幼儿喜爱的场所，我们的课程建设的脚步才能越来越稳健，越走越远！

本书是集体智慧的结晶，它凝聚着我们这群研究者付出的极大心血。全书共分为七章：书稿框架、文字部分由沈艳凤完成；第二章到第六章所涉及的各类活动方案由沈珍珍统稿；第二章的环境及材料等照片由孙伟青拍摄和编辑；第三章的活动方案由邱娟娥、沈小英和吕文艳撰写；第四章的活动方案由周华倩、孙翊、刘小娟和钱一凡撰写，游戏资源表由秦秀娟撰写；第五章的活动方案由王弘阳、孙翊、刘佳宇撰写，游戏资源表由秦秀娟撰写；第六章的活动方案由李晴燕、陈春红和沈一凡撰写，游戏资源表由秦秀娟撰写；第三章到第六章的游戏资源总表由秦秀娟、孙伟青统稿。还有一些老师积极参与了民间游戏馆的环境创设、活动实施，他们分别是沈伟芳、苏惠华、陈青、潘学琴、周旭青、钱婷、李晓萍、陈芳英等。

我园的民间游戏馆还处于不断变化的过程中，在馆内及馆外所开展的活动也还有很多不成熟的地方，再加上学识浅薄、理论素养不高，本书的偏差之处在所难免，恳切地向专家和同仁们求教，并希望得到批评与指正。

沈艳凤

2022 年 6 月于吴江